致 | 读 | 者

正式阅读本书前请务必第一时间扫描以下二维码,获取阅读权限后,方可扫描浏览对应章节电子数据资源。

温馨提示:一本书对应一个专有二维码,获得正版书官方授权后,方可再次扫描阅读书中其他丰富的二维码资源。

DATA ANALYTICS *for* ACCOUNTING

会计数据分析

[美] 弗农·J. 理查森（Vernon J. Richardson） [中] 山雨鑫（Yuxin Shan）
阿肯色大学 威斯康星欧克莱尔大学

[美] 瑞安·A. 蒂特（Ryan A. Teeter） [美] 凯蒂·L. 特勒尔（Katie L. Terrell） ◎著
匹兹堡大学 阿肯色大学

机械工业出版社
China Machine Press

图书在版编目（CIP）数据

会计数据分析 /（美）弗农·J. 理查森（Vernon J. Richardson）等著 . -- 北京：机械工业出版社，2021.6
书名原文：Data Analytics for Accounting
ISBN 978-7-111-68272-1

I. ①会… II. ①弗… III. ①会计 - 数据处理 IV. ①F232

中国版本图书馆 CIP 数据核字（2021）第 105072 号

本书版权登记号：图字 01-2020-6808

Vernon J. Richardson, Yuxin Shan, Ryan A. Teeter, Katie L. Terrell. Data Analytics for Accounting.

ISBN 978-1-260-37519-0

Copyright © 2019 by McGraw-Hill Education.

All Rights reserved. No part of this publication may be reproduced or transmitted in any form or by any means, electronic or mechanical, including without limitation photocopying, recording, taping, or any database, information or retrieval system, without the prior written permission of the publisher.

This authorized Chinese adaptation is jointly published by McGraw-Hill Education and China Machine Press. This edition is authorized for sale in the People's Republic of China only, excluding Hong Kong, Macao SAR and Taiwan.

Copyright © 2021 by McGraw-Hill Education and China Machine Press.

版权所有。未经出版人事先书面许可，对本出版物的任何部分不得以任何方式或途径复制或传播，包括但不限于复印、录制、录音，或通过任何数据库、信息或可检索的系统。

本授权中文简体字改编版由麦格劳 – 希尔（亚洲）教育出版公司和机械工业出版社合作出版。此版本经授权仅限在中华人民共和国境内（不包括香港、澳门特别行政区及台湾地区）销售。

版权 © 2021 由麦格劳 – 希尔（亚洲）教育出版公司与机械工业出版社所有。

本书封面贴有 McGraw-Hill Education 公司防伪标签，无标签者不得销售。

本书从会计和商业数据分析、建模与评估、可视化、审计数据分析、财务报表数据等角度分析了信息技术和大数据在会计、审计中的应用。全书着重强调了数据分析的实践操作，每章的主体内容以及每章末尾的实践案例为学生提供了数据库的使用方法，从而帮助学生提出问题、下载数据、执行测试以及交流测试结果。全书着重讲解了数据分析工具的使用方法，重点介绍了如何使用 Excel、Access（包括 SQL）、Tableau、IDEA 和 Weka 等工具进行数据分析，以便于学生比较不同的工具，从而选择适用于不同数据分析、数据可视化以及交流分析结果的工具。

本书适合会计学、财务管理、审计学等经管类专业的本科生、研究生作为教材使用，还适合作为会计、审计等从业人员的参考读物。

出版发行：机械工业出版社（北京市西城区百万庄大街22号		邮政编码：100037）	
责任编辑：施琳琳　　章集香		责任校对：殷　虹	
印　　刷：北京文昌阁彩色印刷有限责任公司		版　　次：2021年8月第1版第1次印刷	
开　　本：185mm×260mm　1/16		印　　张：19	
书　　号：ISBN 978-7-111-68272-1		定　　价：89.00元	
客服电话：(010) 88361066　88379833　68326294		投稿热线：(010) 88379007	
华章网站：www.hzbook.com		读者信箱：hzjg@hzbook.com	

版权所有 • 侵权必究
封底无防伪标均为盗版
本书法律顾问：北京大成律师事务所　韩光 / 邹晓东

前言

我们的生活被数据所环绕，数据分析也正在改变着商业世界！有了大量的有关我们每个人的数据（例如，我们的购物方式、阅读的内容、购买的商品、所听的音乐、旅行的地点、信任的人等），我们就可以通过分析数据回答基本的商业和会计问题并创造价值。

普华永道（PwC）发起的第 18 届年度全球 CEO 调查的结果显示，许多 CEO 都对数据分析给予了高度重视，其中 80% 的 CEO 将掌握数据挖掘和数据分析视为 CEO 第二重要的战略性技术。实际上，普华永道的第 6 次年度数字化 IQ 调查的结果显示，根据参与调查的 1 400 多位数字商务领导者的反馈，商业分析在 CEO 优先考虑的投资领域列表中被列为首位。⊖

这与我们认为的数据分析将对会计和审计产生的影响相类似。例如，我们认为数据分析未来将在审计中发挥越来越重要的作用。毕马威（KPMG）会计师事务所发表于《福布斯观察》（*Forbes Insights*）的报告"审计 2020：关注变化"（Audit 2020: A Focus on Change）显示，绝大多数受访者认为：

1. 审计工作必须更好地与技术相结合。
2. 技术将提高审计的质量、透明度和准确性。

审计工作将不再仅仅是检查财务报表中包含的错误、错报、舞弊和风险，或在审计结束时报告审计结果。通过运用数据分析，审计师将像商业分析师一样收集和分析公司的数据，从而帮助管理层做出更好的商业决策。在本书中，我们着重讲解了审计数据分析以及执行审计测试时将会涉及的测试内容。

数据分析同时也有可能对财务报告产生影响。基于财务会计中使用的诸多评估和估值，有些人认为使用数据分析可以大大提高评估和估值的质量。同样，会计人员对 XBRL 数据的使用为数据分析提供了更及时、更广泛的会计数据。

我们认为会计人员不需要成为数据科学家——会计人员可能不需要建立数据存储库或执行真正的核心数据分析或机器学习。但在新环境下，会计人员需要掌握 7 种数据分析思维的必备

⊖ PwC, "Data Driven: What Students Need to Succeed in a Rapidly Changing Business World," https://www.pwc.com/us/en/faculty-resource/assets/pwc-data-driven-paper-feb2015.pdf posted February 2015, extracted December 14, 2017.

技能，具体列举如下。

1. 数据分析思维模式——了解何时应用数据分析以及如何应用数据分析解决商业问题。
2. 数据清理和数据准备——理解数据分析之前所需的清理数据和准备数据的流程。
3. 数据质量——了解数据质量的含义，即数据的完整性、可靠性和有效性。
4. 描述性数据分析——通过执行基本的分析来了解数据质量，以及通过分析数据来解决商业问题。
5. 操控数据、执行数据分析——以提高分析能力为目的，排列、重组、合并和重新配置数据。
6. 通过统计数据分析来解决问题——采用某种方法，该方法将使用统计数据分析来得出结论，并及时提出建议。
7. 数据可视化和数据报告——针对不同的决策者，根据其特定的需求报告分析结果。

数据分析是一个流程。该流程始于提出可以用数据解决的商业问题，然后通过测试数据、优化测试，最终将数据分析结果传达给管理层。我们使用 Isson 和 Harriott[⊖]所建立的 IMPACT 循环模型来描述数据分析流程，如图 0-1 所示。

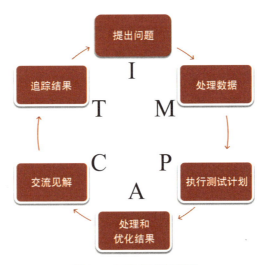

图 0-1 IMPACT 循环模型

资料来源：Adapted from *Win with Advanced Business Analytics: Creating Business Value from Your Data*, by Jean Paul Isson and Jesse S. Harriott.

1. 提出问题（identify the question）；
2. 处理数据（master the data）；
3. 执行测试计划（perform test plan）；
4. 处理和优化结果（address and refine results）；

⊖ Jean Paul Isson and Jesse S. Harriott, *Win with Advanced Business Analytics: Creating Business Value from Your Data* (Hoboken, NJ: Wiley, 2013).

5. 交流见解（communicate insights）；

6. 追踪结果（track outcomes）。

我们在本书前 4 章中描述了 IMPACT 循环模型，然后在后 4 章中说明了该模型在审计、财务会计、财务报告以及管理会计领域中的应用。

本书着重强调了实践操作的重要性。本书每章的主体内容以及每章末尾的实践案例为学生提供了数据库的使用方法。学生将练习如何提出问题、下载数据、执行测试，最后交流测试结果。我们在案例中应用了大量来自 Lending Club、College Scorecard、Dillard's、Sam's Club、State of Oklahoma 的真实数据以及其他数据。

同时本书着重讲解了学生将会使用到的数据分析工具。在本书中，我们重点介绍了如何使用 Excel、Access（包括 SQL）、Tableau、IDEA 和 Weka 执行数据分析。学生将比较不同的工具，从而了解适用于不同数据分析、数据可视化以及交流分析结果的工具。例如，理解哪种工具最适于执行内部控制测试，哪种工具最适于分析大数据集或执行大型 SQL 查询，等等。

作者简介

弗农·J. 理查森（Vernon J. Richardson）

阿肯色大学（University of Arkansas）山姆·沃尔顿商学院会计学特聘教授兼G. 威廉·格莱岑（G. William Glezen）系主任，并任西交利物浦大学客座教授。他获得了杨百翰大学（Brigham Young University）的理学学士学位、会计学硕士学位和工商管理硕士学位，并拥有伊利诺伊大学香槟分校的会计学博士学位。他曾在阿肯色大学、伊利诺伊大学、杨百翰大学、奥尔胡斯大学、堪萨斯大学以及中欧国际工商学院（上海）、西交利物浦大学和悉尼科技大学任教。

理查森博士是美国会计协会会员，曾担任美国会计协会信息系统方向主席。他曾担任 The Accounting Review 的编辑，现任 Accounting Horizons 的编辑。他有多篇文章发表于 Accounting Review、Journal of Information Systems、Journal of Accounting and Economics、Contemporary Accounting Research、MIS Quarterly、International Journal of Accounting Information Systems、Journal of Management Information Systems、Journal of Operations Management 和 Journal of Marketing。

山雨鑫（Yuxin Shan）

威斯康星欧克莱尔大学（University of Wisconsin-Eau Claire）商学院会计学助理教授，教授会计信息系统、会计数据分析和财务会计。她获得了利物浦大学的会计学学士学位、研究型管理学硕士学位和会计学博士学位。

瑞安·A. 蒂特（Ryan A. Teeter）

匹兹堡大学（University of Pittsburgh）卡茨商学院会计学助理教授，主要教授会计信息系统、审计和会计数据分析。在获得罗格斯大学（Rutgers University）会计信息系统博士学位之前，他曾在加利福尼亚州山景城的谷歌公司工作。此后，他曾与西门子、宝洁、美铝和联邦快递的内部审计部门合作，帮助公司开发自动化机器人程序并为其提供数据分析解决方案。

蒂特博士是美国会计协会会员，并在 Journal of Strategic Technologies in Accounting 和 Issues in Accounting Education 上发表文章。他已获得普华永道用于数据分析研究的专项拨款。

凯蒂·L. 特勒尔（Katie L. Terrell）

阿肯色大学山姆·沃尔顿商学院讲师。她获得了中央阿肯色大学（University of Central Arkansas）英文文学和西班牙语的学士学位，并获得了阿肯色大学的工商管理硕士学位。她曾在阿肯色大学、苏州大学（中国苏州）、都柏林大学学院（University College Dublin，爱尔兰）和智利天主教大学（Catholic University of Chile，智利比尼亚德尔马）下属的 Duoc UC 分校任教。

特勒尔是美国会计协会会员，并为管理会计师协会发布了"管理会计声明"，内容是关于运营变革计划中的管理组织变革。她具有创新性的研究生会计教学实践获得了 2016 年 Mark Chain / FSA 教学奖。她曾与泰森食品合作，在该公司信息系统方面担任多个职位，专注于商务分析、ERP 实施和升级的项目管理以及组织变革管理。

致 谢

我们真诚地感谢每一个帮助我们完成本书的人。

我们特别感谢麦格劳-希尔教育的工作人员 Steve Schuetz、Tim Vertovec、Allie Kukla、Fran Simon、Kevin Moran 和 Shawntel Schmitt，同时感谢以下每一个人的帮助：

- 感谢沃尔顿商学院企业团队帮助我们获取狄乐百货的数据（他们是 Paul Cronan、Ron Greeze、Michael Gibbs、Michael Martz、Tanya Russell）。
- 感谢毕马威的 Lucas Hoogduin 先生帮助我们审阅本书并提供了宝贵的建议。
- 感谢 LendingClub 的 Shane Lunceford 先生帮助我们获取 LendingClub 的数据。
- 感谢普华永道的 Julie Peters 女士为我们提供的帮助和反馈。
- 感谢明尼苏达大学克鲁克斯顿分校的 Ali Saeedi 帮助我们校正书稿。

此外，我们还要感谢以下帮助我们审阅书稿和在课堂上测试书中案例，并为我们提供思路的每一位老师，感谢他们对本书的贡献，他们是：

Amelia Annette Baldwin
南亚拉巴马大学

Andrea S. Kelton
中田纳西州立大学

Ali Saeedi
明尼苏达大学克鲁克斯顿分校

Drew Sellers
肯特州立大学

Dereck Barr-Pulliam
威斯康星大学麦迪逊分校

Elizabeth Felski
纽约州立大学杰纳苏分校

Heather Carrasco
得克萨斯理工大学

Joe Shangguan
罗伯特莫里斯学院

Kathy Nesper
纽约州立大学布法罗分校

Karen Schuele
约翰卡洛尔大学

Lorrie A. Metzger
纽约州立大学布法罗分校

Margarita Maria Lenk
科罗拉多州立大学

Marcia Watson
北卡罗来纳大学夏洛特分校

Partha Mohapatra
加州州立大学萨克拉门托分校

Sharon M. Lightner
美国国立大学

Uday Murthy
南佛罗里达大学

Vincent J. Shea
圣约翰大学

弗农·J. 理查森
山雨鑫
瑞安·A. 蒂特
凯蒂·L. 特勒尔

本书使用说明

本书包含大量的应用案例。为充分运用案例数据进行相关分析，读者可根据以下方式获取本书的数据和数字资源。

一、扫描书中对应的二维码

书中案例数据资源的相应位置都有二维码提示，请读者扫描二维码，按照二维码内容的提示从 PC 端下载相关数据资源，或者扫描"致读者"下面的二维码下载本书全部数据资源。

二、访问狄乐百货数据库的相关资料

读者如需狄乐百货的商业数据，首先需要获得一个远程桌面账户。读者可以通过扫描右侧二维码阅读远程桌面使用说明，申请开通远程桌面账户（获取用户名和密码）。⊖

远程桌面使用说明　　远程桌面账户（获取通道）

远程桌面账户使用指南简要步骤如下：

1. 获取远程桌面账户。
2. 通过浏览器访问：WALTONLAB.UARK.EDU。
3. 服务器名称：ESSQL1.WALTON.UARK.EDU。
4. 数据库名称：WCOB_DILLARDS。
5. 完成案例后，需要退出（log out）远程桌面，以免影响下次使用。直接关闭网页可能会影响下次使用。如因直接关闭网页造成无法再次登录，需等待几个小时，系统将自动修复此问题。

关于本书数据的相关问题，如有疑问可发邮件到：hzjg@hzbook.com，收到邮件后我们将在第一时间为您解答。

⊖ 因阿肯色大学审核开通远程桌面需要时间，请读者提前扫描"远程桌面账户（获取通道）"提交申请开通信息，审核信息通过验证后，我们会将账户和密码发送到您填写的邮箱（账户相关问题如需帮助请发邮件至 zjx@hzbook.com）。

目 录

前言
作者简介
致谢
本书使用说明

第 1 章 会计和商业数据分析 1

本章概览 1 / 下章预览 1 / 学习目标 1
开篇案例 阿里巴巴的数据应用 1
1.1 数据分析 2
1.2 数据分析对商业的影响 3
1.3 数据分析对会计行业的影响 3
1.4 数据分析流程：IMPACT 循环模型 6
1.5 具有数据分析思维的会计人员必备的技能 10
1.6 IMPACT 循环模型的应用实例 10
本章小结 16 / 关键术语 17
选择题 17 / 讨论题 18
简答题 18 / 参考答案 20
案例 1-0 如何完成本书中包含的案例 21
案例 1-1 数据分析在财务会计中的应用 22
案例 1-2 数据分析在管理会计中的应用 25
案例 1-3 数据分析在审计中的应用 28
案例 1-4 综合案例 狄乐百货数据分析 29

第 2 章 数据的准备和清理 33

本章概览 33 / 上章回顾 33
下章预览 33 / 学习目标 33
开篇案例 OkCupid 约会网站数据 33
2.1 数据在会计循环中的使用和存储 35
2.2 关系数据库中的数据及其关系 35
2.3 数据字典 37
2.4 数据的提取、转换和加载 38
2.5 数据提取 38
2.6 数据转换 42
2.7 加载数据 43
本章小结 44 / 关键术语 44
选择题 44 / 讨论题 45
简答题 46 / 参考答案 46
案例 2-1 创建数据提取请求 47
案例 2-2 使用数据透视表对数据进行去规范化分析 49

案例 2-3　解决 Excel 和 Access 中常见的数据问题　57

案例 2-4　在 Excel 中获得数据的统计摘要信息　61

案例 2-5　数据准备：顾客信息文档　62

案例 2-6　大学计分卡的数据提取和数据准备　66

案例 2-7　综合案例　狄乐百货数据分析：如何创建一个实体关系图　68

案例 2-8　综合案例　狄乐百货数据分析：如何从查询（Query）中预览数据　69

案例 2-9　综合案例　狄乐百货数据分析：将 Excel 连接到 SQL 数据库　72

案例 2-10　综合案例　狄乐百货数据分析：合并表　78

第 3 章　模型建立与评估：从商业问题出发，通过对可获取数据进行合理的分析来回答和解决问题　80

本章概览 80 / 上章回顾 80

下章预览 80 / 学习目标 80

开篇案例　BART 加班费用欺诈案例　80

3.1　数据分析的具体实施：认识和了解数据分析方法　81

3.2　剖析法　84

3.3　数据精简法　87

3.4　回归方程　88

3.5　分类法　90

3.6　聚类分析法　93

本章小结 94 / 关键术语 95

选择题 95 / 讨论题 96

简答题 96 / 参考答案 96

案例 3-1　数据精简法：模糊匹配　97

案例 3-2　数据精简法：提取连续序列中的缺失值　100

案例 3-3　分类法　104

案例 3-4　综合案例　狄乐百货数据分析：数据提取（SQL）和回归分析　105

第 4 章　可视化：使用可视化工具和书面报告等向利益相关者分享分析结果　113

本章概览 113 / 上章回顾 113

下章预览 113 / 学习目标 113

开篇案例　通过可视化视图展示总统选举得票情况　114

4.1　确定数据可视化的目的　114

4.2　选择正确的图表　118

4.3　进一步优化图表以更好地传达信息　128

4.4　沟通：使用文字传达有价值的信息　129

本章小结 131 / 关键术语 131

选择题 132 / 讨论题 133

简答题 133 / 参考答案 134

案例 4-1　通过数据透视表完成描述性数据可视化　135

案例 4-2　使用 Tableau 来执行探索性分析和创建仪表盘　137

案例 4-3　使用 Tableau 制作词云　145

案例 4-4　使用 Tableau 发现数据中的群集　152

案例 4-5　综合案例　狄乐百货数据分析：在 Tableau 中创建地理数据可视化　158

案例 4-6　综合案例　狄乐百货数据分析：Tableau 中的可视化回归　166

第 5 章　现代审计和持续审计　169

本章概览 169 / 上章回顾 169

下章预览 169 / 学习目标 169

开篇案例　普华永道的 Halo 软件　169

5.1　现代审计　170

5.2　审计计划自动化　173

5.3　持续审计技术　174

5.4　工作底稿和审计工作流程　175

本章小结 176 / 关键术语 177

选择题 177 / 讨论题 178

问答题 178 / 参考答案 178

案例 5-1　在云端设置文件　179

案例 5-2　查看对工作底稿的修改（OneDrive）　180

案例 5-3　确定审计数据要求　181

案例 5-4　准备审计计划　182

第 6 章　审计数据分析　184

本章概览 184 / 上章回顾 184

下章预览 184 / 学习目标 184

开篇案例　惠普内部控制案例　184

6.1　何时使用审计数据分析　185

6.2　描述性分析　189

6.3　诊断性分析和本福德定律　194

6.4　创建高级预测性分析和规范性分析　200

本章小结 201 / 关键术语 202

选择题 202 / 讨论题 203

简答题 203 / 参考答案 203

案例 6-1　评估地址中的异常情况　204

案例 6-2　对账户余额进行实质性检测　207

案例 6-3　查找重复付款交易　212

案例 6-4　综合案例　狄乐百货数据分析：假设检验（第一部分）　214

案例 6-5　综合案例　狄乐百货数据分析：假设检验（第二部分：数据可视化）　219

第 7 章　生成主要绩效指标　222

本章概览 222 / 上章回顾 222

下章预览 222 / 学习目标 222

开篇案例　肯尼亚红十字会案例　222

7.1　提出问题　227

7.2　处理数据并执行测试计划　228

7.3　处理和优化结果　229

7.4　交流见解和追踪结果　229

本章小结 230 / 关键术语 230

选择题 230 / 讨论题 231

简答题 232 / 参考答案 232

案例 7-1　评估管理需求并在列表中选择有用的 KPI　233

案例 7-2　在 Tableau 的仪表板中创建平衡计分卡　233

案例 7-3　综合案例　狄乐百货数据分析：在 Excel 中创建 KPI（第一部分）　241

案例 7-4　综合案例　狄乐百货数据分析：在 Excel 中创建 KPI（第二部分）　246

案例 7-5　综合案例　狄乐百货数据分析：在 Excel 中创建 KPI（第三部分）　252

案例 7-6　综合案例　狄乐百货数据分析：在 Excel 中创建 KPI（整合以上分析）　259

第 8 章　财务报表分析　264

本章概览 264　/ 上章回顾 264

学习目标 264

开篇案例　StockSnips 案例　264

8.1　XBRL　265

8.2　比率分析　268

8.3　文本挖掘和情感分析　271

本章小结 273　/ 关键术语 273

选择题 273　/ 讨论题 274

简答题 274　/ 参考答案 275

案例 8-1　使用 XBRLAnalyst 访问 XBRL 数据　276

案例 8-2　使用 XBRLAnalyst 创建动态的财务报表　279

案例 8-3　使用 XBRL 计算和分析财务报表比率：杜邦比率的运用　283

案例 8-4　使用 SQL 查询语句获取 XBRL 数据库的数据　285

第 1 章

会计和商业数据分析

本章概览

数据分析正在改变着商业世界。本章定义了数据分析的概念，解释了数据分析在商业和会计领域产生的影响，同时说明了数据分析的价值，即提供数据的内在价值。另外，本章进一步介绍了如何培养数据分析思维。本书通过 IMPACT 循环模型讲解了数据分析流程，并详细解释了如何通过数据分析来解决商业和会计问题。此外，本章还突出强调了提出合理的商业问题，以及通过数据分析解决问题的重要性。

下章预览

本书第 2 章将介绍数据分析流程的第二个环节——准备和清理数据，即数据分析的前期准备工作。本章将对数据的提取、转换和加载进行详细的描述，并进一步介绍如何验证数据和规范数据。另外，第 2 章还将解释统一的数据标准是如何促成发送者和接收者之间信息交换的。

学习目标

目标 1-1　定义数据分析
目标 1-2　理解数据分析在商业活动中的重要性
目标 1-3　解释会计人员学习数据分析的重要性
目标 1-4　使用 IMPACT 循环模型描述数据分析流程
目标 1-5　描述会计人员需要掌握的数据分析技能
目标 1-6　解释如何将常见的商业问题转换为字段和值

开篇案例　　　　　　阿里巴巴的数据应用

中国电商企业阿里巴巴可能已是世界上最大的线上企业。作为拥有几亿用户的企业，2013 年，阿里巴巴在淘宝、天猫和阿里巴巴网站上创造了约 2 480 亿美元的销售额（超过当年亚马逊（Amazon）和 eBay 的销售总和）。面对大量的交易和用户，阿里巴巴可以直接从网络和用户行为数据库中捕捉欺诈信号，然后通过机器学习实时分析这些数据，并对良性用户和非良性用户进行筛选和分类。阿里巴巴对用户欺诈行为的监测包含以下5个步骤：①账户检查；②设备检查；③活动检查；④风险战略检查；⑤人工检查。系统将根据以上各个步骤的监测结果对每个用户的风险水平进行评分。此欺诈风险防控评分对阿里巴巴和其他企业都十分有价值。阿里巴巴将生成的对现有客户和潜在客户的欺诈风险的评分分享并销售给其他企业和个人。那么，未来数据分析还会被怎样应用呢？

资料来源：J. Chen, Y. Tao, H. Wang, and T. Chen, "Big Data Based Fraud Risk Management at Alibaba," *The Journal of Finance and Data Science* 1, no. 1 (2015), pp. 1–10; and K. Pal, "How to Combat Financial Fraud by Using Big Data," 2016, http://www.kdnuggets.com/2016/03/combat-financial-fraud-using-big-data.html.

1.1 数据分析

我们的生活被数据紧紧包围。2020年，地球上的每个人每秒会产生1.7兆字节的新信息。事实上，人类社会在近两年来生成的数据已超过之前人类历史生成的所有数据之和。[⊖] 数据分析使我们有能力分析这些与我们的生活息息相关的数据（例如我们购物的方式、阅读的内容、购买的商品、收听的音乐、旅行的地点以及我们的人际关系等）。我们可以通过分析这些数据来回答更多的商业问题并创造商业价值。

在本书中，我们将**数据分析**（data analysis）定义为以解决商业问题并生成相关结论为目的的评估数据的过程。通过对大量结构性数据和非结构性数据进行检索与分析，有效的数据分析可以帮助我们发现数据中隐藏的趋势和联系。[⊜] 具体来说，数据分析通常采用不同的技术、系统、实践、方法论、数据库、统计方法和应用程序来分析多种多样的商业数据，从而为企业提供其所需的信息，帮助企业做出及时、有效的商业决定。[⊝] 也就是说，数据分析致力于将原始数据转化为可以创造价值的知识。

有时候，我们也将数据分析称为**大数据**（big data），并以此指代那些难以通过传统数据处理系统对数据进行检索、储存、管理和分析的量级较大或结构过于复杂的数据集。大数据的三大指标包括**数据数量**（volume，数据集的大小）、**数据速度**（velocity，处理数据的速度）和**数据种类**（variety，数据种类的多少）。数据分析和大数据有时可被替换使用，本书使用数据分析指代此概念，并着眼于强调将数据转化为知识、将知识转化为价值的能力。

| 阶段测试 |

1. 面对身边出现的越来越多的数据，我们应如何将其转化为可以为公司创造价值的信息？
2. 过去，当银行需要评估用户的信用等级时，银行常常通过外部机构生成的信用评分，以此决定是否向用户发放贷款。而现在，银行获取了越来越多的客户个人信息，银行

⊖ http://www.forbes.com/sites/bernardmarr/2015/09/30/big-data-20-mind-boggling-facts-everyone-mustread/#2a3289006c1d (accessed November 10, 2016).

⊜ Roger S. Debreceny and Glen L. Gray, "IT Governance and Process Maturity: A Multinational Field Study," *Journal of Information Systems* 27, no. 1 (Spring 2013), pp. 157–188.

⊝ H. Chen, R. H. L. Chiang, and V. C. Storey, "Business Intelligence Research," *MIS Quarterly* 34, no. 1 (2010), pp. 201–203.

是否可以使用数据分析来更全面地分析客户的信用水平？对此你有哪些建议？假设银行有权访问客户的历史贷款信息、信用卡交易记录、历史存款记录以及网上银行交易记录，银行将如何使用这些数据来评估用户偿还贷款的能力？

1.2 数据分析对商业的影响

毫无疑问，数据分析对商业的影响是巨大的。普华永道会计师事务所（Price Waterhouse Coopers Consulting, PwC，以下简称"普华永道"）第18届全球年度CEO调查结果显示，86%的CEO表示拥有数字技术对企业来说十分重要，并着重表达了将技术作为企业竞争优势的清晰愿景；85%的CEO表示，他们非常重视数据分析。根据同一项调查，许多CEO对数据分析给予了很高的评价，其中80%的CEO将数据挖掘和数据分析列为其第二重要的战略技能。此外，普华永道第6次年度数字化IQ调查收集了数字化企业领导者对商业分析的看法和意见，该调查收到了超过1400名数字化企业领导者的回复，结果显示商业分析被CEO列为优先考虑的投资领域。⊖

麦肯锡（McKinsey）全球研究所最近的一项研究表明，数据分析每年在相关行业可创造超过3万亿美元的价值。⊜ 数据分析在不久的将来将会很大程度地改变公司的运营模式。数据真正的价值来自数据分析。当公司拥有很多数据时，公司就可以通过数据分析发掘数据背后隐藏的顾客消费趋势、调查预期之外的异常现象以及预测未来可能出现的情况，等等。

例如，根据数据分析提供的内在信息，公司可以通过数据中隐含的趋势制定营销战略，并发现公司相对于其他公司的竞争优势。历史数据背后隐藏的规律和趋势可以帮助公司发现潜在的机遇与风险，并帮助公司为未来制订更好的计划。除了以上提到的数据分析创造的外部价值之外，数据分析也影响着公司内部运营的方方面面。具体来说，数据分析可以提高企业的生产力和资源使用率等，并推动企业向前发展。⊜

| 阶段测试 |

3. 假设三星（Samsung）的品牌经理发现年龄较大的消费者可能会担心苹果手机的辐射对其大脑的影响，该经理应如何通过数据分析来评估可能存在的问题？
4. 数据分析能否帮助企业衡量员工加班的高额成本是否合理？为什么？制造业企业如何通过数据分析来降低员工的加班费用？

1.3 数据分析对会计行业的影响

数据分析对审计、财务会计、税务和管理会计都产生了非常巨大的影响。在本节中，我们将详细阐述数据分析将会带来的影响。

⊖ "Data Driven: What Students Need to Succeed in a Rapidly Changing Business World," PwC, http://www.pwc.com/us/en/faculty-resource/assets/PwC-Data-driven-paper-Feb2015.pdf, February 2015 (accessed January 9, 2016).

⊜ "Open Data: Unlocking Innovation and Performance with Liquid Information," McKinsey Global Institute, http://www.mckinsey.com/insights/business_technology/open_data_unlocking_innovation_and_performance_with_liquid_information, October 2013 (accessed September 7, 2015).

⊜ Joseph Kennedy, "Big Data's Economic Impact," https://www.ced.org/blog/entry/big-datas-economicimpact, December 3, 2014 (accessed January 9, 2016).

1.3.1 审计

数据分析在未来的审计工作中扮演着越来越重要的角色。《福布斯观察》中 KPMG 的报告"审计 2020：关注变化"的调查结果显示，绝大部分参与者都相信：

（1）审计工作必须更好地与技术相结合。

（2）技术将提高审计的质量、透明度和准确性。

事实的确如此，"伴随着日趋复杂的商业结构和日益加快的商业脚步，越来越多的企业开始采用先进的商业分析技术来缩小关注的风险范围，获取对企业更深层次的认知。"① 很多审计人员都相信，审计数据分析将通过获取数据更深层次的内在信息来提高审计质量。在过去的几年中，人们渐渐意识到数据分析在审计工作中的重要性。大型会计师事务所加大了对技术和技术人员的投资，并期望通过数据分析采集、整理和分析财务报表中的数据，从而提高审计质量，扩大服务范围，增加服务的附加值。因此，数据分析被视为审计和会计行业改革中的下一个创新点。

CEO 渴望能够有效使用公司的运营数据，这些数据具有数据量大且易于收集和整理的特点。据此，很多会计师事务所正在改变其工作中的思维模式。具体来说，审计工作将不再局限于对财务报表中的错误、重大错报、欺诈和其他风险进行检查，或在审计工作完成之后报告审计结果。在新的模式下，审计师的工作将会与商业分析师的工作相类似。审计人员将对公司数据进行收集和分析，并依此帮助管理人员做出更好的商业决策。也就是说，在很多情况下，审计人员的工作范围将不再局限于审计工作，这将是审计工作的重大转型。传统的审计程序将被自动化技术所改进或替代，审计人员将从烦冗的数据收集过程中解放出来，从而将更多的精力放在调查和判断数据的逻辑性和合理性上。② 因此，审计工作将不再局限于提供财务方面的重要发现，审计师可以将更多的精力放在优化公司运营程序、提高公司的管理和生产效率以及预测未来可能出现的问题上。

"从传统的审计方法发展到审计和大数据分析的无缝衔接是巨大的飞跃。"③

数据分析同时也拓展了审计人员的业务能力，例如检测欺诈交易和自动监控合规活动的能力。传统的审计工作常常需要对审计样本进行抽样，而数据分析使审计人员可以对完整的数据集进行分析。数据分析还提高了审计人员在实质性分析和细节测试过程中评估风险的能力。

1.3.2 财务报表

数据分析对财务报表也有潜在的影响。财务会计包含了对许多财务数据的估算和衡量，

---

① Deloitte, "Adding Insight to Audit: Transforming Internal Audit through Data Analytics," http://www2.deloitte.com/content/dam/Deloitte/ca/Documents/audit/ca-en-audit-adding-insight-to-audit.pdf (accessed January 10, 2016).

② PwC, "Data Driven: What Students Need to Succeed in a Rapidly Changing Business World," http://www.pwc.com/us/en/faculty-resource/assets/PwC-Data-driven-paper-Feb2015.pdf, posted February 2015 (accessed January 9, 2016).

③ EY, "How Big Data and Analytics Are Transforming the Audit," https://eyo-iis-pd.ey.com/ARC/documents/EY-reporting-issue-9.pdf, posted April 2015 (accessed January 27, 2016).

因此很多人认为数据分析的应用将有可能持续提高估算和衡量财务数据的准确性。企业的内部和外部数据都有可能被用来解决财务报表准备过程中所遇到的问题。很多财务报表的数据依赖于会计人员对财务数据的估测。当会计人员估测这些财务数据时，可能会问自己以下问题，例如：

（1）有多少应收账款最终可以被收回？应计提的坏账准备金为多少？

（2）公司的库存有过期的吗？应该用哪种方法计算库存价值，是使用库存的历史成本还是库存的公允价值？库存什么时候过期？公司是否应该对可能过期的商品及时进行打折销售？

（3）商誉是否因为被收购公司利润的减少而受损？商誉在未来阶段是否有可能增加？

（4）我们应如何衡量或有负债，例如保修索赔或诉讼相关费用？我们对或有负债金额的衡量是否准确？

数据分析还可以帮助会计人员或审计人员根据客户、投资者和其他利益相关者在其博客等社交媒体（如 Facebook 和微博）中发布的信息，对商誉减值、保修索赔或坏账的可回收性进行评估。这些信息可以帮助公司根据当前的情况做出最佳回应，并对其财务报表进行适当的调整。

公司可以通过数据分析检索网络信息。例如，通过检索和分析搜索引擎与社交媒体（如 Instagram 和 Facebook）中的信息，发现公司将要面临的风险和机遇。例如，公司可以使用商业智能了解竞争对手和客户的活动，以帮助公司及时发现潜在的机遇和挑战。例如，当公司的竞争对手、客户或供应商面临财务困难时，公司可以抓住这个机会并与这些公司或个人进行合作。

1.3.3 税务

传统的税务工作主要依赖于已有数据来处理账目的合规问题。然而，当代的税务主管则将更多的精力放在复杂的税务筹划工作中，以帮助公司最大限度地减少税费，同时尽可能地减少被审计的可能或为可能发生的审计工作做好准备。

数据分析中的预测性分析可以更有效地帮助我们预测未来。上面提到的工作重点的转移显示出了数据分析在税务工作中的价值，即帮助税务人员预测将要发生的事情，而不再局限于对已发生的事情做出回应。例如，税务数据分析可被用来预测国际交易、研发投资、拟议的合并或收购将为公司带来的潜在税务后果。

在税务工作中应用预测性数据分析时面临的主要问题包括组织的有效性和数据的存储方式。税务部门需要的数据往往储存于不同的平台和系统中。这些平台和系统的设计初衷并不是为了服务于税务部门，因此在进行税务数据分析时最为重要的一步，就是将需要分析的数据储存到同一数据仓库中，使分析人员可以查询数据并使用连续数据进行建模。29% 的税务部门认为：在执行数据分析的过程中，面临的最大挑战是协调税务部门和 IT 部门之间的合作，以及对不同分析工具的整合。⊖

⊖ Deloitte, "The Power of Tax Data Analytics," http://www2.deloitte.com/us/en/pages/tax/articles/top-tenthings-about-tax-data-analytics.html (accessed October 12, 2016).

| 阶段测试 |

5. 如何使用内部审计数据来检查公司是否存在由同一会计人员录入每季度的大部分会计分录的情况？为什么要对这种情况进行检查？
6. 数据分析将如何改变税务人员的工作方式？

1.4 数据分析流程：IMPACT 循环模型

数据分析是一个提出商业问题，并通过数据回答此问题的过程。在本书中，我们使用 Isson 和 Harriott 提出的 IMPACT 循环模型来描述数据分析流程（见图 1-1）。

在本章中，我们将会对 IMPACT 循环模型进行简单的介绍，并在第 2 章、第 3 章和第 4 章中陆续介绍 IMPACT 循环模型涉及的各个环节，对该模型的讨论将贯穿全书。

图 1-1 IMPACT 循环模型

资料来源：J. P. Isson and J. S. Harriott, *Win with Advanced Business Analytics: Creating Business Value from Your Data* (Hoboken, NJ: Wiley, 2013).

1.4.1 第 1 步：提出问题（第 1 章）

数据分析始于提出有待解决的商业问题。这些问题来源于商业活动的方方面面，包括我们应该如何更好地吸引消费者，如何给产品定价，如何找出工作中的错误或欺诈行为，等等。也就是说，找出具体的且可以通过数据分析回答的商业问题，是数据分析重要的第 1 步。

会计和审计人员可能会对以下问题感兴趣：

- 公司员工是否在逃避薪酬的内控监管？
- 公司员工是否有提交可疑的差旅和娱乐费用的现象？
- 哪些方法可以提高连带销售？
- 顾客是否及时结清账款？
- 公司应如何估算坏账的准备金？
- 如何找出财务相关事宜中存在风险的交易？
- 哪些员工有权签发 10 万美元以上面额的支票？
- 如何发现工作或财报中的错误？

1.4.2 第 2 步：处理数据（第 2 章）

数据处理工作要求分析人员了解其可以获取的数据，并了解哪些数据可以用来解决第 1 步中提出的商业问题。分析人员需要了解数据各个方面的信息，包括如何获取数据、数据的可信性（数据中是否包含很多错误）以及数据年份（以确保可获取的数据与所关注的商业问题涉及的时间段相一致）等。

此外，分析人员可能还需要考虑以下与数据有关的问题：

- 浏览公司的内部系统（包括财务报告系统和企业资源计划（ERP）系统涉及的会计流程——财务、采购到支付、订购到收款和人力资源等环节），了解可获取的数据。
- 浏览可从公司外部获取的数据，包括储存于现有数据仓库的数据。
- 数据字典和其他相关数据——提供数据的详细信息。
- 提取、转换和加载数据。
- 数据的验证和数据的完整性——以了解数据的可信性。
- 对数据进行标准化处理——缩减冗余数据并提高数据的完整性。
- 数据的准备和清理——数据分析的专业人员发现，他们往往需要花费50%～90%的时间来准备和清理数据。⊖

1.4.3 第3步：执行测试计划（第3章）

完成数据处理（第2步）之后，我们将进入下一步的数据分析。我们需要选择合适的数据分析方法来分析数据并回答第1步中提出的问题。

数据分析的主要目的是通过从数据中提取知识来回答问题。数据分析将分析全部数据，并找出**回应变量**或**因变量**（response or dependence variables）及其影响因素——也被称为**预测变量**、**解释变量**或**自变量**（predictor, explanatory, or independent variables）之间的关系。我们可以通过模型来代表简化后的数据关系。

下面的例子可能会帮助你理解上述关系。如果我们想预测你的同学在下次中级会计考试中可能取得的成绩，那么因变量则为下一次考试的成绩，可以用来预测其考试成绩的因素则为预测变量、解释变量或自变量。很多变量如学习时间、上一次考试的成绩、智力测试评分、标准考试分数（如高考、ACT、SAT等）以及对会计专业的喜爱程度等，都有可能被纳入我们的考虑范围。同时，你也可以根据你的经验提出其他可用于预测考试成绩的预测变量。

研究的问题、所用的模型、可获取的数据和预测的统计结果，都可能会帮助我们决定应该使用哪种数据分析方法。Provost和Fawcett详细描述了适用于解决不同问题的8种数据分析方法。⊖我们会在本书第3章中详细讲解适用于会计领域的数据分析方法，并举例说明这些方法可以解决的会计问题。这8种数据分析方法列举如下。

- **分类法**（classification）：该方法适用于将总体中的每个单位（或个体）分配到不同类别中。比如，在银行或其他贷款机构发放的所有贷款中，哪些贷款更有可能面临违约？哪些贷款申请更有可能被批准？信用卡公司会将哪些交易标记为可能存在欺诈和拒绝付款的情况？
- **回归方程**（regression）：该方法使用统计方程来预测和估计变量的值。比如，根据公司现有的应收账款账户余额，会计人员应为可疑账户的坏账计提多少准备金？
- **相似度匹配**（similarity matching）：该方法适用于根据已有数据的特征来找出相似的个

⊖ " One-Third of BI Pros Spend Up to 90% of Time Cleaning Data," http://www.eweek.com/database/one-third-of-bi-pros-spend-up-to-90-of-time-cleaning-data.html, posted June 2015 (accessed March 15, 2016).

⊖ Foster Provost and Tom Fawcett, *Data Science for Business: What You Need to Know about Data Mining and Data-Analytic Thinking* (Sebastopol, CA: O'Reilly Media, Inc.), 2013.

体。如本章开篇案例所示,阿里巴巴通过对比分析已发生的欺诈案例的特点和共性,找出了具有相似特性的零售商和顾客。

- **聚类分析**(clustering):该方法适用于根据个体之间的相似特征,将个体(如客户)划分到不同的组别(或群集)。聚类分析的关键在于找出同一群组不同个体之间的相似度,以及不同群组之间根本上的区别。例如,我们可将顾客划分到不同的群组,并根据不同群组的特征有针对性地策划营销活动。
- **同时发生组**(co-occurrence grouping):该方法适用于根据个体参与的交易活动来发现个体之间的联系。例如,当你在亚马逊或淘宝等网站购物时,购物网站常常会根据你的购物记录和浏览记录推送一些"购买此商品的顾客也购买了"的商品,如图1-2所示。

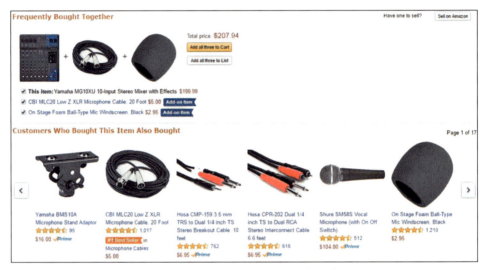

图1-2 亚马逊通过分析同时发生组向顾客推荐商品的示例

资料来源:©Amazon Inc.

- **剖析法**(profiling):该方法适用于通过计算和汇总统计分析结果(如均值、标准差等)来发现个体、群组或整体的典型特征。了解个体或群体的典型特征之后,我们就可以更加容易地找出偏离于典型特征的个体,即异常值,并对这些异常值进行进一步的分析。在会计工作中,我们可以应用剖析法来发现欺诈交易或需要进一步调查的交易(如某项差旅费用高于总体差旅费用的3倍标准差的情况)。
- **关联性预测**(link prediction):该方法可用于发现两个个体之间的联系,常用于社交媒体中。例如,当两个社交媒体用户在Facebook上有22个共同好友,且都毕业于杨百翰大学时,则这两个用户很有可能想成为Facebook好友,如图1-3所示。在会计工作中,我们可以应用关联性预测来发现那些很难从其他渠道获取的不同个体之间的关联。
- **数据精简法**(data reduction):该方法可以帮助我们缩减进行数据分析时需要分析的信息总量,从而帮助我们将注意力放在更重要的事项(如高费用、高风险和有大影响力的事项)上。该方法可以对较大的数据集中的数据进行精简,并将其重要信息汇总到一个较小的数据集中。该方法常常被应用于审计工作中。传统审计常常使用随机抽样和分层抽样的方法来选择需要分析的目标,而数据精简法则致力于将调查范围缩小,并将更多的精力用于分析风险较大的交易。

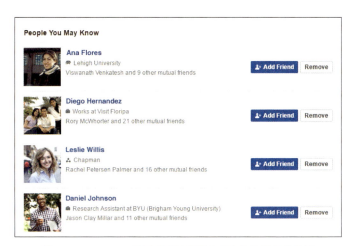

图 1-3 Facebook 使用关联性预测向用户推荐好友的示例

资料来源：©Facebook Inc.

1.4.4 第 4 步：处理和优化结果（第 4 章）

完成数据的分析工作之后（IMPACT 循环模型的第 3 步），我们将进入数据分析的第 4 步——处理和优化结果。数据分析是一个交互式过程。我们将数据划分到不同组别，找出数据之间的关联，然后根据分析结果提出新的问题，询问同事的建议，并依此修改和完善我们的分析。当完成以上步骤之后，我们将会向感兴趣的利益相关者沟通分析结果。

本书第 4 章讨论了沟通分析结果的多种方法，包括静态报告、数字仪表板和数据可视化。数据分析致力于通过全新的方法将分析结果以更加动态和直观的方式展示出来，帮助决策者获悉数据中隐藏的信息，并帮助决策者回答相关问题，做出最优决策。数字仪表板和数据可视化可以帮助我们更好地展示分析结果。

1.4.5 第 5 步和第 6 步：交流见解和追踪结果（第 4 章和后续章节）

在我们获得分析结果（IMPACT 循环模型的第 4 步）之后，公司决策者将根据分析结果得出他们的见解，并与其他利益相关者交流这些见解（IMPACT 循环模型中的"C"——交流见解）。有时候我们会通过月报和数字仪表板等方式被持续地追踪分析结果（IMPACT 循环模型中的"T"——追踪结果）。我们将在后续章节中详细解释 IMPACT 循环模型中的这两个步骤。

1.4.6 回到第 1 步

IMPACT 循环是一个交互式过程。因此，随着我们获取更多的信息和分析结果，新的问题将涌现出来。这些新问题将引导我们进入下一个新的循环。

| 阶段测试 |

7. 如果我们想预测大学生每周在快餐上的花费，那么这个问题中的因变量是什么？可能用来解释因变量的自变量有哪些？

8. 如何使用数据精简法来帮助审计人员将注意力锁定在重要的事项上？如何使用数据精简法来帮助审计人员缩减审计时间？

1.5 具有数据分析思维的会计人员必备的技能

会计人员并不需要成为数据科学家。换言之，我们认为会计人员可能并不需要亲自建立数据库或执行最核心数据分析，但他们需要知道如何完成以下工作：

- 明确地阐述公司面临的商业问题。
- 与数据科学家沟通具体的数据需求，并了解基本的数据质量。
- 根据分析，对相关商业问题阐明结论，并及时提出建议。
- 向管理团队成员（CEO 和审计经理等）展示分析结果，确保每个团队成员都可以获取相关信息。

因此，在本书中我们强调了具有数据分析思维的会计人员应该具备的 7 种技能：

- 建立数据分析思维模式——认识到在什么时候和什么情况下需要使用数据分析来解决商业问题。
- 清理数据，为进一步的数据分析做好准备——理解数据清理和数据分析前的所有准备工作。
- 了解数据质量——理解数据质量的含义，即数据的完整性、可信性和有效性。
- 理解描述性数据分析——通过基本的分析判断数据质量，并具备解决商业问题的能力。
- 使用合适的方法处理数据——通过筛选、排序、合并等方式处理数据。
- 通过统计性分析提出和解决问题——通过统计性分析获取信息、得出结论并及时提出建议。
- 使用数据可视化等方法汇报分析结果——根据不同的需求，采用合适、有效的方法向不同的决策者报告数据分析结果。

在本书的前 4 章中，我们将详细介绍以上 7 种具有数据分析思维的会计人员需要熟练掌握的技能。我们还将在后续章节的案例和分析中，具体描述如何使用这些技能。

1.6 IMPACT 循环模型的应用实例

接下来，我们将介绍一个完整的、易操作的应用 IMPACT 循环模型的实例，以此来展示 IMPACT 循环模型在具体情况中的应用。

近些年来，随着互联网的发展，公司和个人可以通过网络上的电子平台获得借款或提供借款。在本案例中，我们将使用 LendingClub 网络借款平台的数据来展示如何使用 IMPACT 循环模型进行数据分析。

在本案例中，假设想从 LendingClub 借款，以偿还信用卡欠款，借款人最想了解的问题之一是：基于现有的不良借款记录和信用分数，是否可以获得贷款？根据上面提到的分析方法，可以判定我们需要使用分类法来回答这个问题，因为我们在试图预测一个人的贷款申请是否会被批准。

1.6.1 提出问题

我们提出的问题是:"根据借款人在 LendingClub 填写的借款人信息,他是否可以在 LendingClub 获得贷款?"

1.6.2 处理数据

LendingClub 是美国的一家 P2P 借贷公司,其总部位于加利福尼亚州旧金山市。LendingClub 提供了个人借款平台,用户可以通过平台借入或借出金额为 1 000 ~ 35 000 美元不等的无抵押贷款,贷款周期通常为 3 ~ 5 年。LendingClub 会在网站中列出可供选择的贷款信息,潜在投资者可以在网站中搜索和浏览他们想要投资的贷款项目。网站提供的贷款信息包括借款人信息、借款金额、借款等级(相关借款利息)和借款目的。出借人可以选择想要提供借款的项目并获得利息。LendingClub 通过向借款人收取管理费和向出借人收取服务费的方式盈利。从 2007 年起,上百万的借款人从 LendingClub 成功获得贷款,贷款金额已超过 200 亿美元。⊖

LendingClub 在其网站提供了贷款交易的基本统计信息(见图 1-4)。

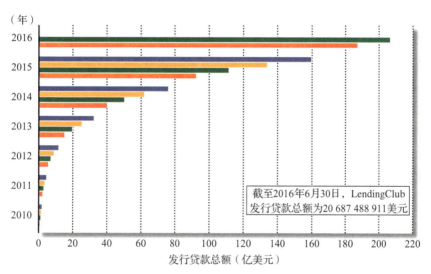

图 1-4 LendingClub 统计数据

注:不同颜色代表不同的贷款原因。
资料来源:https://www.lendingclub.com/info/statistics.action (accessed October 6, 2016).

借款人的借款目的多种多样,主要包括再融资、信用卡还款等(见图 1-5)。

2016 年 6 月 30 日的统计结果表明,LendingClub 59.65% 的借款人的借款目的是通过再融资偿还其他贷款或信用卡借款。

LendingClub 同时提供了被批准和被拒绝的贷款申请的相关数据。在本章中,我们将着重分析被拒绝的贷款申请及其被拒绝的原因。

你可在以下网站上下载数据集和数据字典:https://www.lendingclub.com/info/statistics.action。

首先,我们需要了解有哪些数据可供使用。我们可以在**数据字典**(data dictionary)中获取数据集中包含的所有数据的相关描述信息。图 1-6 截取了有关被拒绝贷款的所有文档(如

⊖ https://www.lendingclub.com/(accessed September 29, 2016).

被拒绝贷款的统计信息）的数据字典。

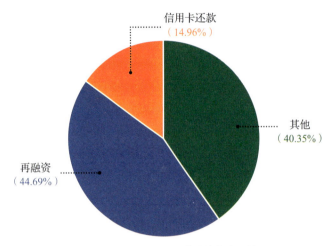

图 1-5 LendingClub 统计的贷款目的

资料来源：https://www.lendingclub.com/info/statistics.action (accessed October 6, 2016).

被拒绝贷款文档	描述
申请贷款金额（Amount Request）	借款人申请的借款总额
申请日期（Application Date）	借款人提交申请的日期
贷款标题（Loan Title）	借款人设定的贷款标题
风险评分（Risk_Score）	2013 年 11 月 5 日前以借款人的 FICO 评分为风险评分，之后以借款人的 Vantage 评分为风险评分
债务收入比（Debt-To-Income Ratio）	借款人每月需偿还贷款（抵押贷款和信用证贷款除外）与借款人报告的个人每月收入之比
邮政编码（Zip Code）	借款人借款申请中填写的邮政编码的前三位
州（State）	借款人借款申请中填写的州名
就业年限（Employment Length）	借款人就业年限，用 0～10 表示，0 代表不到 1 年，10 代表 10 年或超过 10 年
政策编码（Policy Code）	公共可投资的编码为 1，公共不可投资的编码为 2

图 1-6 2007～2012 年 LendingClub 被拒绝贷款数据的数据字典

资料来源：Available at https://www.lendingclub.com/info/download-data.action (accessed October 13, 2016).

"RejectStatsA Ready"Excel 文档（请扫描二维码 1-1 获取内容）包含了 2007～2012 年被拒绝贷款的相关数据。本书作者已对文档中的数据进行了初步的清理，可直接用于分析。我们将在第 2 章中详细介绍清理数据的方法。

图 1-7 截取了 2007～2012 年被拒绝贷款数据集中包含的一部分数据。

二维码 1-1

1.6.3 执行测试计划

根据我们获取的数据，可以通过以下三项分析来预测我们是否可以获得贷款，包括：

（1）债务收入比（debt-to-income，DTI）和被拒绝贷款的数量之间的关系。
（2）就业年限和被拒绝贷款的数量之间的关系。
（3）信用（或风险）分数和被拒绝贷款的数量之间的关系。

LendingClub 要求借款人填写以上相关信息，因此我们有理由相信这些信息可以帮助

LendingClub 预测借款人是否有能力偿还贷款，并帮助我们评估贷款申请是否会被批准。

Amount R	Application D	Loan Title	Risk_Scor	Debt-To-I	Zip Code	State	Employm	Policy Code
1000	5/26/2007	Wedding	693	10%	481xx	NM	4 years	0
1000	5/26/2007	Consolida	703	10%	010xx	MA	<1 year	0
11000	5/27/2007	Want to c	715	10%	212xx	MD	1 year	0
6000	5/27/2007	waksman	698	38.64%	017xx	MA	<1 year	0
1500	5/27/2007	mdrigo	509	9.43%	209xx	MD	<1 year	0
15000	5/27/2007	Trinfiniti	645	0%	105xx	NY	3 years	0
10000	5/27/2007	NOTIFYi Ir	693	10%	210xx	MD	<1 year	0
3900	5/27/2007	For Justin.	700	10%	469xx	IN	2 years	0
3000	5/28/2007	title?	694	10%	808xx	CO	4 years	0
2500	5/28/2007	timgerst	573	11.76%	407xx	KY	4 years	0
3900	5/28/2007	need to c	710	10%	705xx	LA	10+ years	0
1000	5/28/2007	sixstrings	680	10%	424xx	KY	1 year	0
3000	5/28/2007	bmoore51	688	10%	190xx	PA	<1 year	0
1500	5/28/2007	MHarkins	704	10%	189xx	PA	3 years	0
1000	5/28/2007	Moving	694	10%	354xx	AL	<1 year	0
8000	5/28/2007	Recent Co	708	10%	374xx	TN	<1 year	0
12000	5/29/2007	Founders(	685	10%	770xx	TX	3 years	0
1000	5/29/2007	UChicago2	698	10%	207xx	MD	3 years	0

图 1-7　2007～2012 年被拒绝贷款申请数据集（RejectStatsA）

资料来源：https://www.lendingclub.com/info/download-data.action.

第一项分析衡量了债务收入比（即借款人每月须偿还贷款额（抵押贷款和信用证贷款除外）占每月收入的比例）的影响。

为了判断债务收入比的影响，我们将债务收入比划分为三个等级（以下称为 DTI 等级）。这三个等级分别为：

（1）高（债务收入比大于等于 20%）。

（2）中（债务收入比大于等于 10% 且小于 20%）。

（3）低（债务收入比小于 10%）。

创建了这些等级之后，我们就可以使用债务收入比来分析被拒绝的贷款申请。

Excel 数据透视表是比较不同等级的 DTI 的简便方法。当运行数据透视表分析时，我们可以查看三个债务收入等级中被拒绝贷款申请的数量（见图 1-8）。分析结果表明，DTI 等级为高（High）的被拒绝贷款申请数量最多。考虑到这些申请人的债务收入比，LendingClub 可能会认为申请人申请的贷款额与其收入相比金额较大，这也就意味着向这些借款人提供借款的风险更大，因此选择不向其发放贷款。

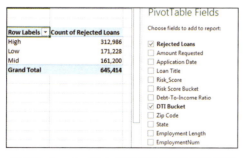

图 1-8　LendingClub 根据 DTI 拒绝的贷款申请

注：债务收入比被划分为三个等级，大于 20% 为高（High），大于 10% 且小于等于 20% 为中（Mid），小于于 10% 为低（Low）。

资料来源：Microsoft Excel 2016.⊖

⊖ 本章图表的资料来源除特殊说明外，均来源于 Microsoft Excel 2016，不再一一列出。

第二项分析衡量了就业年限与被拒绝贷款申请的关系（见图1-9）。通常情况下，员工就业时间越长，工作和收入就越稳定，就越有可能有能力偿还贷款。LendingClub报告了每个贷款申请人的就业年限。数据透视表按照申请人就业年限的长短列出了被拒绝贷款的数量。在所有被拒绝的贷款中，有接近77%（在645 414个贷款申请中有495 109个申请）的贷款申请人刚刚工作了不到1年，这说明就业年限很可能是导致贷款被拒绝的重要原因。有一些贷款申请人可能仅工作了一周或一个月但仍想获得大额贷款。

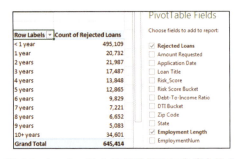

图1-9 LendingClub被拒绝贷款与申请人就业年限之间的关系

我们执行的第三项分析是对申请人信用评分的分析。如图1-10所示，按照图中所示的方法，信用评分通常被划分为不同的等级，高于750分的申请者通常被评为信用很好或信用非常好的客户，这样的申请者可以获得最低的利率和最优厚的借款条款。另一端的客户则拥有很差的信用分数（信用评分低于600分）。

借款人的信用评分是预测贷款偿还能力的另一个指标。我们按照图1-10中的分类标准将申请人的信用评分划分为了不同等级，包括非常好、很好、好、一般、不好以及非常不好。

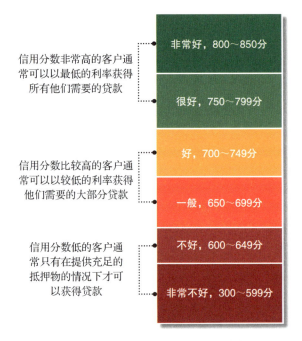

图1-10 客户信用（或风险）评分梯度

资料来源：Cafecredit.com。

1.6.4 处理并优化结果

完成数据透视表分析（见图1-11）之后，我们将按照申请人的信用（风险）评分对各风险等级中包含的被拒绝贷款申请进行计数。我们发现在所有被拒绝贷款中，接近82%（=（167 379 + 151 716 + 207 234）/645 414）的申请人的信用等级为非常不好、不好或一般。这表明，信用评分低很有可能是贷款被拒绝的另一个重要原因。同时，我们还可以注意到，只有约0.4%（= 2 494/645 414）的信用非常好的申请人的贷款申请被拒绝。

如果事实与上述分析得出的结论相符，那么会有多少信用非常好，且已工作了10年以上，又申请了贷款总额小于收入10%的贷款人的贷款申请会被拒绝呢？我们可以通过数据透视表（见图1-12）找出这个问题的答案。数据透视表中的三向交互式分析的结果显示，在645 414个贷款申请中，仅有89个申请人（约占总数的0.014%）符合上述所有条件。这表明，我们可以使用上述三个指标合理地预测贷款申请被拒绝的可能。因为在所有被拒绝的贷款中，信用非常好、工作年限超过 10 年且申请贷款金额少于其收入的 10% 的贷款申请的占比非常小。

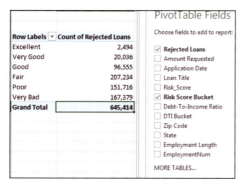

图 1-11　LendingClub 贷款申请人的信用评分与贷款被拒绝之间的关系

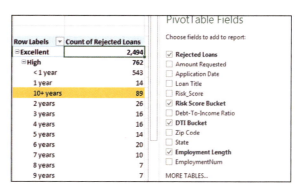

图 1-12　LendingClub 贷款申请人的信用评分、贷款收入比和就业年限与贷款被拒绝之间的关系（高亮部分为三向交互式分析的结果）

信用非常好的申请人的贷款申请在什么情况下会被拒绝呢？如图 1-13 中的数据透视表所示，被拒绝的信用非常好的申请人，其债务收入比的平均值（16.17%）高于其他信用等级的申请人。也就是说，当信用非常好的申请人的债务收入比较高时，其贷款申请更有可能被拒绝。

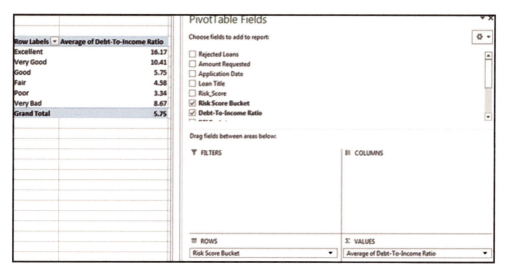

图 1-13　LendingClub 各个信用等级的贷款申请人的平均债务收入比

1.6.5　交流见解

当然，我们可以对贷款被拒绝的原因进行更进一步的、更复杂的分析，但在现阶段，我们已对 LendingClub 判断发放贷款的标准有了初步的了解。我们可以通过展示数据透视表来解释说明这三个会影响贷款申请是否会被拒绝的因素。

1.6.6 追踪结果

我们可以对分析结果进行持续的追踪，但是在本例中，通过分析过去的数据来帮助我们预测未来的结果，则显得更为重要。例如，通过分析2007～2012年的数据，我们可以对未来几年的趋势进行预测，并在获得数据后进行测试，检验预测的准确性。同时，我们也可以在获得更多信息或新的数据时修改预测模型。

在本章中，我们讨论了企业和会计人员如何通过数据分析来获取数据中包含的价值；展示了一些将数据分析应用于公司审计、管理会计、财务会计和税务实务的具体事例；介绍了IMPACT循环模型并解释了它的使用方法，并特别强调了提出合理问题的重要性；讨论了IMPACT循环模型的前几个步骤并介绍了8种常用的数据分析方法；讨论了拥有数据分析思维模式的会计人员应该具备的数据分析技能。

在此之后，我们使用IMPACT循环模型分析了LendingClub在2007～2012年拒绝的贷款申请，并使用数据透视表和筛选功能分析了贷款申请被拒绝的原因。

| 阶段测试 |

9. 下载标题为"RejectStatsA Ready"的数据集（请扫描二维码1-1获取内容），使用数据透视表分析美国各州贷款申请被拒绝的情况，并分析讨论加利福尼亚州被拒绝的贷款申请的数量。讨论加利福尼亚州被拒绝贷款比与加利福尼亚州人口占美国总人口比之间的关系。
10. 下载标题为"RejectStatsA Ready"的数据集，使用数据透视表分析在不同等级的债务收入比中，有多少信用非常好的贷款申请人的贷款申请被拒绝。

本章小结

- 随着我们身边可获取的数据日益增多，企业和会计人员开始使用数据分析来挖掘数据中隐藏的价值。
- 数据分析正在改变着审计人员和会计人员评估风险的方式。现在，审计人员可以对全部的交易进行审计测试，检查其中包含的异常值和异常交易。数据分析同时也改变着公司的财务会计、管理会计和税务方面的工作。
- IMPACT循环模型描述了数据分析从提出问题、处理数据、执行测试计划到追踪结果的各个环节。数据分析有循环迭代的本质，随着旧问题的解决，新问题将逐渐涌现出来，且新问题往往可以通过相似的方法被解决。
- 8种数据分析方法涵盖了测试数据的不同方法：分类法、回归方程、相似度匹配、聚类分析、同时发生组、剖析法、关联性预测和数据精简法。我们将在第3章中对以上方法进行详细阐述。
- 具有数据分析思维模式的会计人员所需的数据分析技能与IMPACT循环模型的描述相一致，包括：
  - 建立数据分析思维模式
  - 清理和准备数据
  - 了解数据质量
  - 理解描述性数据分析
  - 使用合适的方法处理数据
  - 通过统计性分析提出和解决问题
  - 使用数据可视化等方法汇报分析结果

关键术语

大数据（big data） 指那些难以通过传统数据处理系统对数据进行检索、储存、管理和分析的量级较大或结构过于复杂的数据集。

分类法（classification） 将总体中的每个单位（或个体）分配到不同类别的方法。

聚类分析（clustering） 根据个体之间相似的特征，将个体（如客户）划分到不同的组别（或群集）的方法。聚类分析的关键在于找出同一群组不同个体之间的相似度，以及不同群组之间最根本的区别。

同时发生组（co-occurrence grouping） 根据个体参与的交易活动，来发现个体之间的联系的方法。

数据分析（data analytics） 这是以解决商业问题并生成相关结论为目的的评估数据的过程。通过对大量结构性数据和非结构性数据进行检索与分析，可以帮助我们发现数据中隐藏的趋势和联系。

数据字典（data dictionary） 这是集合了数据集中所有数据的相关描述。

数据精简法（data reduction） 该方法可以帮助我们缩减进行数据分析时需要分析的信息总量，并将注意力放在更重要的事项（如高费用、高风险和有大影响力的事项）上。

关联性预测（link prediction） 该方法可用于发现两个个体之间的联系，常用于社交媒体中。

剖析法（profiling） 该方法适用于通过计算和汇总统计分析结果（如均值、标准差等）来发现个体、群组或整体的典型特征。

预测变量、解释变量或**自变量**（predictor, explanatory, or independent variable） 这是可以用来预测或解释另一个变量的变量。

回应变量或**因变量**（response or dependent variable） 这是受其他变量影响或会因其他变量的改变而改变的变量。

回归方程（regression） 该方法使用统计方程来预测和估计变量的值。

相似度匹配（similarity matching） 该方法适用于根据已有数据的特征来找出相似的个体。

选择题

1. 我们通常会使用三个V来描述大数据，即（　　）。
    a. volume, velocity, variability
    b. volume, velocity, variety
    c. volume, volatility, variability
    d. variability, velocity, variety

2. 哪种数据分析方法试图将总体中的每个个体分配到更小的类别中？
    a. 分类法
    b. 回归方程
    c. 相似度匹配
    d. 同时发生组

3. 哪种数据分析方法试图根据已有数据的特征来找出相似的个体？
    a. 分类法
    b. 回归方程
    c. 相似度匹配
    d. 数据精简法

4. 哪种数据分析方法试图预测两个数据之间的关系？
    a. 剖析法
    b. 分类法
    c. 关联性预测
    d. 数据精简法

5. 以下术语中哪一个被定义为数据集中所有数据的相关描述的集合？
    a. 大数据
    b. 数据仓库
    c. 数据字典
    d. 数据分析

6. 以下哪个不是拥有数据分析思维模式的会计人员应该具备的技能？
    a. 建立数据分析思维模式
    b. 数据清理和数据准备
    c. 对测试方法进行分类
    d. 通过统计数据分析定义和解决问题

7. 以下哪个不是拥有数据分析思维模式的会计人员应该具备的技能？
   a. 了解数据质量
   b. 理解描述性数据分析
   c. 数据可视化
   d. 数据和系统的分析与设计
8. IMPACT 循环模型包括以下几个步骤，除了（　　）。
   a. 数据可视化
   b. 提出问题
   c. 处理数据
   d. 追踪结果
9. IMPACT 循环模型包括以下几个步骤，除了（　　）。
   a. 交流见解
   b. 准备数据
   c. 处理和优化结果
   d. 执行测试计划
10. 截至 2020 年，我们生活的世界（　　）将生成约 1.7 兆字节的新信息。
    a. 每周
    b. 每秒
    c. 每分钟
    d. 每天

讨论题

1. 定义数据分析并解释大学应如何使用数据分析吸引潜在的学生。
2. 举例说明企业如何使用数据分析创造价值。
3. 举例说明会计人员如何使用数据分析创造价值。
4. 如何在财务报告中应用数据分析？如何在税收规划中应用数据分析？
5. 描述 IMPACT 循环模型。你认为 IMPACT 循环模型中各个环节的顺序及其循环迭代的本质是否合理？
6. 为什么提出问题是 IMPACT 循环模型中关键的第 1 步？
7. IMPACT 循环模型中处理数据的环节包含了哪些内容？
8. 在本章中，我们提到了 8 种不同的数据分析方法。开篇所述的阿里巴巴案例使用了哪种数据分析方法？
9. Facebook 可能会使用本章中提到的哪种数据分析方法来查找用户的好友？
10. 审计人员会频繁地使用数据精简法来查找可能存在风险的交易。举例说明为什么将注意力缩小到某一部分交易对审计人员评估风险很重要？
11. 哪种数据分析方法可以用来评估可疑账目的准备金水平？
12. 为什么债务收入比可以预测贷款申请是否有可能被拒绝？信用（风险）分数是不是预测因子？
13. 为了回答"我是否可以从 LendingClub 获得贷款"的问题，我们分析了：①债务收入比和被拒绝贷款申请数量之间的关系；②就业年限和被拒绝贷款申请数量之间的关系；③信用（或风险）评分和被拒绝贷款申请数量之间的关系。你认为还有哪些因素会影响贷款申请被批准的可能性？为什么？

简答题

1. 下载并浏览数据字典文件"LCDataDictionary"，特别是 LoanStats 标签，请扫描二维码 1-2 获取数据资源。文档包含了已批准贷款的数据字典。查看文档中列出的数据，你认为哪些数据可以用来预测借款人延期还款以及贷款最终可能会被全额偿还的可能性？

   二维码 1-2

2. 下载并浏览 LendingClub 数据集中的已拒绝贷款文件"RejectStatsA Ready"中的数据（见二维码 1-1）。基于本章的分析，你认为哪三项数据可以用来预测贷款申请将会被接受还是拒绝？还有哪些可以从公司内部或公司外部获取的数据可以帮助你预测贷款申请会被接受或是被拒绝的可能性？

3. 下载并浏览 LendingClub 数据集中已拒绝贷款文件"RejectStatsA Ready"中的数据（见二维码 1-1），并创建数据透视表分析各州的数据。分析阿肯色州被拒绝贷款申请的数量。你可以对每个州被拒绝贷款的数量进行计数，并计算阿肯色州被拒绝贷款的数量占美国被拒绝贷款数量总和的比例。此比例是否与阿肯色州人口占美国总人口（根据 2010 年的人口普查）的比例相接近？

4. 下载并浏览 LendingClub 数据集中已拒绝贷款文件"RejectStatsA Ready"中的数据（见二维码 1-1），并创建数据透视表分析各州的数据。列出每个州被拒绝贷款申请的数量。重新对数据进行排序（将每个州被拒绝贷款申请数量按照从高到低排序）并制作图表。各州被拒绝贷款数量的差异是否很大？

   为回答问题 5、问题 6 和问题 7，我们需要对数据文件进行清理，以备后续分析使用。

   本章中分析的 LendingClub 数据为 2007～2012 年的数据。关于这个问题和后续问题，请下载 2013-2014 年拒绝贷款表，网址为 https://www.lendingclub.com/info/download data.action。

5. 浏览 LendingClub 在 2013 年拒绝的贷款申请的数据（文档"RejectStatsB2013"，请扫描二维码 1-3，获取数据资源）。与本章中的分析相类似，我们需要衡量贷款申请人的风险评分。我们的分析需要用到贷款申请人的风险评分、债务收入比和就业年限这些信息，因此首先需要确保这些数据的有效性。

   二维码 1-3

   a. 在 Excel 中打开文件。
   b. 根据风险评分对文件中的数据进行排序，然后删除（整行或记录）缺失值和数值为 0 的观察值。
   c. 将各个风险评分分配到不同的风险等级中。将样本按照风险评分划分到如图 1-10 所示的各个等级——非常好、很好、好、一般、不好和非常不好中。将分数高于 850 的值划分到信用非常好的等级中。考虑使用 if-then 语句来完成此工作，或手动对数据进行排序。
   d. 执行数据透视表分析，列出不同信用等级中被拒绝贷款申请的数量。哪个等级中被拒绝的贷款申请数最多（计数值最大）？哪个等级中被拒绝的贷款申请数最少（计数值最小）？与图 1-11 中的分析相似。

6. 浏览 LendingClub 在 2013 年拒绝的贷款申请的数据（文档"RejectStatsB2013"，见二维码 1-3）。与本章中的分析相类似，我们需要衡量贷款申请人的债务收入比。我们的分析需要用到贷款申请人的风险评分、债务收入比和就业年限这些信息，因此首先需要确保这些数据的有效性。
   a. 根据债务收入比对文件中的数据进行排序，然后删除（整行或记录）缺失值、数值为 0 的观察值和负值。
   b. 将各个债务收入比分配到高（债务收入比 ≥ 20%）、中（10% ≤ 债务收入比 <20%）、低（债务收入比 >10%）三个等级（命名为 DTI bucket）中。考虑使用 if-then 语句来完成此工作，或手动对数据进行排序。
   c. 执行数据透视表分析，列出每个债务收入比等级中的贷款数量。你认为债务收入比为什么会影响贷款被拒绝的可能性？

7. 浏览 LendingClub 在 2013 年拒绝的贷款申请的数据（文档"RejectStatsB2013"，见二维码 1-3）。与本章中的分析相类似，我们需要衡量贷款申请人的就业年限。我们的分析需要用到贷款申请人的风险评分、债务收入比和就业年限这些信息，因此首先需要确保这些数据的有效性。
   a. 根据就业年限对文件中的数据进行排序，然后删除（整行或记录）缺失值（"NA"）和数值为 0 的观察值。
   b. 根据债务收入比对文件中的数据进行排序，然后删除（整行或记录）缺失值、数值为 0 的观察值和负值。
   c. 根据风险评分对文件中的数据进行排

序，然后删除（整行或记录）缺失值和数值为 0 的观察值。

d. 现在，数据集中应该有 669 993 个观察值。在我们移除观察值时，可能会产生哪些问题呢？还有其他处理数据的方法吗？

e. 使用数据透视表分析信用非常好但债务收入比很高的就业年限不同的申请人的贷款申请被拒绝的情况。分析为什么这些贷款申请会被拒绝。

参考答案

阶段测试答案

选择题答案

案例 1-0　如何完成本书中包含的案例

本书的案例将为提出会计问题和分析会计问题提供宝贵的实践经验。全书中的每个案例都会介绍所涉及公司的相关信息、所需要使用的数据分析工具和软件，以及数据分析的具体步骤。在完成每个案例之后，你需要提交一份案例报告，说明你的思考过程，并提供每个步骤的输出结果的截图。本案例将讲解如何使用基本的工具。

在本案例中，你需要：
第 1 步：在 OneDrive 中创建 Word 文档。
第 2 步：对你创建的文档进行截屏。
第 3 步：在文档中添加截图并提交文档。

第 1 步：在 OneDrive 中创建 Word 文档

1. 打开浏览器，输入网址 www.office.com。
2. 单击 OneDrive，然后使用你的学校邮箱地址或个人电子邮箱注册或登录。
3. 单击 + 新建→Word 文档。一个包含空白文档的新窗口将被打开。
4. 在第一行输入"案例 1-0 数据分析案例概述 [你的名字] [你的大学电子邮箱地址]"（例如：案例 1-0 数据分析案例概述 Ryan Teeter rteeter@pitt.edu）。
5. 单击文件→另存为→另存为，将文档命名为"案例 1-0 数据分析案例概述 [你的姓名] [你的大学电子邮箱地址]"。
6. 现在，你的文档已被储存在云盘中，你对文档所做的任何修改都将被自动保存。如果你在使用公共计算机，你的文档将不会因为你退出登录而丢失。
7. 保持文档的打开状态，继续进行第 2 步。

第 2 步：对你创建的文档进行截屏

在 Windows 系统中：

1. 单击开始按钮，然后搜索"截图工具"。
2. 单击"新建"，然后在屏幕上绘制一个覆盖整个屏幕的矩形窗口。
3. 屏幕截图的预览窗口将会弹出。
4. 使用快捷键 Ctrl + C 复制屏幕截图。
5. 转到你创建的 Word 文档，使用快捷键 Ctrl + V 将屏幕截图粘贴到你的文档中。
6. 保持文档的打开状态，继续进行下一步。

在 Mac 系统中：

1. 按下快捷键 Cmd+ Shift + 4，在屏幕上绘制一个包括整个屏幕的矩形窗口（或按下 Cmd +

Shift + 3)。
2. 屏幕截图将被保存在桌面文件夹中。
3. 将屏幕截图拖到 Word 文档中。
4. 保持文档的打开状态，继续进行下一步。

第 3 步：在文档中添加截图并提交文档
1. 打开一个新的浏览器窗口，然后转到 mhhm.com。
2. 对跳转后页面的屏幕进行截图（命名为 1-0A），将其添加到 Word 文档中。
3. 保存 Word 文档并将其提交给你的老师。如果你正在使用 OneDrive 提供的网页版 Word，单击文件→另存为→下载副本。

案例 1-1　数据分析在财务会计中的应用

本案例将展示如何使用财务数据执行一些简单的数据分析，其主要目的是展示如何提出可以通过数据分析回答的问题。

公司简介

假设你刚刚被聘为某信用评级机构的分析师，该机构对上市公司的信用等级进行了评估。该机构正在使用一些数据分析工具来评估上市公司的财务报表，并依此判断哪些公司具有较高的风险、哪些公司发展迅速。该机构使用这些数据分析结果作为上市公司的信用评分，帮助出借人设定利率并作为是否提供贷款的首要评判标准。作为新员工，你希望给公司留下良好的第一印象。

所需技能
- Excel 工作簿和财务比率公式。

所需软件
- 文字处理器。
- 网页浏览器。
- 截屏工具。

在本案例中，你将：
第 1 步：提出合适的问题，并为每个问题提出假设。
第 2 步：将问题转换为目标字段和数据库中的数据。
第 3 步：执行简单的分析。

第 1 步：提出问题

为提出可以使用数据分析回答的问题，你首先需要了解可以用来分析财务报表数据的方法。你可以使用水平分析来查看一段时间内同一账户的变化趋势，也可以使用垂直分析来探究账户的组成要素，或使用财务比率来分析各个账户之间的关系。

1. 创建一个新的 Word 文档，将文件命名为"案例 1-1 数据分析在财务会计中的应用案例—

[你的名字][你的电子邮件地址]"。
2. 根据你学过的财务报表分析的相关知识，提出三个不同的财务指标来评估公司的财务绩效。例如，如果你想比较某公司不同年份利润率的变化情况，你可能会问："[某公司]的毛利润在过去3年中增加了吗？"在文档中输入你提出的三个问题。
3. 在每个问题旁边输入该问题可能出现的答案，并依此预测可能的输出结果。你可以依据你的知识、经验或调查到的行业平均水平来提出你的假设。例如："假设苹果公司的毛利润在过去3年中略有增长。"
4. 保存你的文档。

第2步：处理数据

为了回答你提出的问题，你需要评估财务报表中与之相关的账户数值或与之相关的部分段落。

以美国企业数据为例，作为分析师，你可以访问美国证券交易委员会（SEC）的 EDGAR 数据库提供的 XBRL 财务报表数据以及美国财务会计准则委员会（FASB）设定的 XBRL 标签列表。XBRL 的全称为可扩展商业报告语言（eXtensible Business Reporting Language），意在于提供计算机可识别的财务报表数据。美国上市公司自 2008 年起开始准备 XBRL 报告。尽管 XBRL 数据存在一些问题，但这些数据已成为比较和分析财务报表的有效手段。每个数值、日期和段落都由一个标准的标签"标记"，该标签说明了每个特定值代表的含义。由于公司使用 XBRL 标签标记了财务报表，所以你可以使用这些标签来识别第 1 步中你所提出的问题所涉及的财务数据。

分析你的问题：

5. 评估第 1 步中提出的每个问题。有一些特定的数据属性会帮助你找到你想要的答案。例如，如果你的问题是"[某公司]的毛利润在过去3年中增加了吗？"，而你假设的答案是"苹果公司的毛利润在过去3年中略有增长"，则你的假设反映出了你所需查找的数据属性（或字段），包含公司名称、毛利润（＝销售收入－销售成本）、年份。
6. 对于每个问题，请确定回答问题所需的账户或数据属性，然后使用 FASB 的 XBRL 分类法（有关说明，请参见下一部分）来识别代表这些账户的特定 XBRL 标签。例如：

   公司名称 (Company name)= EntitySectorIndustryClassificationPrimary

   毛利润 (Gross margin)= GrossProfit

   销售收入 (Sales revenues)= SalesRevenueNet

   销售成本 (Cost of goods sold)= CostOfGoodsAndServicesSold

   年份 (Year)= DocumentPeriodEndDate
7. 保存文档。

从 FASB 的分类标准中找到对应的 XBRL 标签：

8. 打开网页浏览器，然后转到 xbrlview.fasb.org。
9. 单击 US GAAP（2016-01-31）旁边的 +（加号）。
10. 单击 ALL（Main/Entire）（全部（基本/整体））选项，然后单击打开（Open）以加载分类标准。
11. 浏览财务报表以确定哪些账户可以回答第 1 步中提出的问题。XBRL 标签的名称可在 Name（名称）旁边的属性名称中找到。例如，如果你想找到总资产的标签，你可

以通过单击 + Statement of Financial Position[Abstract]（财务负债表 [摘要]）、+ Statement[Table]（报表 [表格]）、+ Statement [Line Items]（报表 [行]）、+ Assets[Abstract]（资产 [摘要]）、+ Assets, Total（资产总计），如下图所示。你也可以使用搜索功能（注意：使用搜索功能时要小心，搜索结果中显示的标签可能归属于不同的财务报表。双击标签，展开其分支，以显示其在财务报表中的位置）。

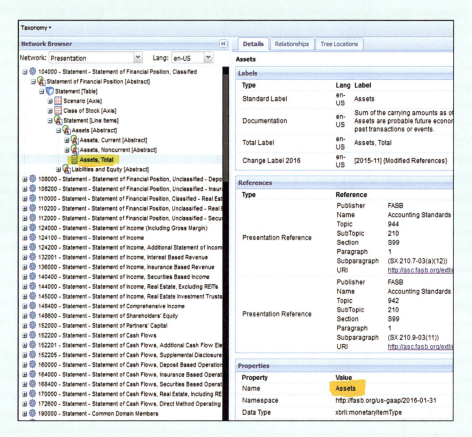

第 3 步：执行分析

确定了问题和数据源后，你就可以构建模型并执行分析了。XBRL 数据是动态数据，我们将使用一个工具来提取你所关注的 XBRL 标签的实时数据。

12. 在你的浏览器中，单击 Connect →电子书（eBook）→找到内容表，在该表中找到**更多学生资源→财务报表分析**。

13. 登录你的 Google 账户。

14. 单击**文件→生成副本**。

15. 新文档中，在财务数据（Financial Facts）标题下**添加第 2 步中你感兴趣的标签**（见下页的图）。

16. 在分析（Analysis）标题下，**使用公式创建你的分析**。你可以进一步使用条件格式或其他可视化工具来处理并优化结果（我们将在第 4 章中对此进行详细的描述）。

17. 分析结果进行截屏（将其命名为图 1-1A）并将其粘贴到你创建的文档中。

18. 保存文档并将其提交给你的老师。

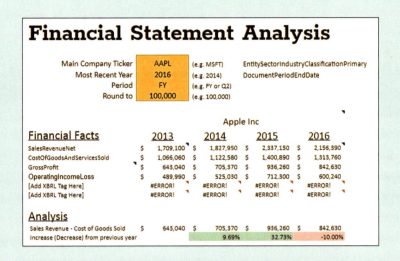

案例 1-2 数据分析在管理会计中的应用

本案例将展示如何使用顾客的相关数据来执行一些简单的数据分析，以及如何提出可以通过数据分析回答的问题。

公司简介

淘宝网是中国阿里巴巴集团旗下的购物网站，由马云于 2003 年 5 月 10 日创立。个人或企业均可在淘宝网开设自己的网络店铺，此外淘宝网上还提供了拍卖平台。2011 年 6 月 16 日，该网站被拆分为淘宝网、天猫和一淘网。2017 年 11 月 11 日，淘宝和天猫成交额再次刷新纪录，达到 1682 亿元，无线成交额占比 90%。全球消费者通过支付宝完成的支付量高达 14.8 亿元，比 2016 年增长了 41%。截至当天 24 点，全球有 225 个国家和地区加入 2017 天猫双十一全球狂欢节。[一]

所需技能
- 分析者的批判性思维和创造性思维。

所需软件
- 文字处理器。

在本案例中，你将：
第 1 步：提出合适的问题并为每个问题提出假设。
第 2 步：找出数据库中与你所提问题相关的字段和值。

第 1 步：提出问题

阿里云为阿里巴巴集团旗下云计算品牌。阿里云创立于 2009 年，是全球领先的云计算及人工智能科技公司，致力于以在线公共服务的方式，提供安全、可靠的计算和数据处理能力，让计算和人工智能成为普惠科技。

[一] 天猫双 11 全天成交额 1 682 亿元 无线占比 90%. 凤凰网科技，2017-11-12.

阿里云天池对部分淘宝、天猫等网购平台的商品销售和用户使用信息进行脱敏，并公开了脱敏后的数据以供学术使用。例如，在其淘宝网广告投放 / 广告点击情况数据集中[1]，我们可获得脱敏后的用户 ID、广告单元 ID、商品类目 ID、广告计划 ID、广告主 ID、品牌 ID、商品价格、商品品牌、时间戳、广告点击情况、用户性别、用户年龄层次、消费档次、购物深度、所在城市级别、是否为大学生等信息。

1. 创建一个新的文字处理文档，并将文件命名为"**案例 1-2 数据分析在管理会计中的应用案例—[你的名字] [你的电子邮件地址]**"。
2. 根据你所学过的销售、定价、营销等知识，提出三个可通过分析淘宝网广告投放 / 广告点击情况数据集来回答的问题。例如，哪个年龄层次的用户更有可能点击广告？不同消费档次的顾客对品牌的喜好程度如何？**将问题记录在文字处理文档中。**
3. **对每个提出的问题，给出一个假设性的答案**，以帮助你预测可能的输出结果。这个过程可能会需要依靠你个人的见解、经验或直觉。你也可以上网搜索相关信息，帮助你提出假设。
4. 最后，确定回答每个问题所需的数据。例如，如果你假设 20～30 岁的用户更有可能点击广告，则需要知道用户 ID、广告单元 ID、用户年龄层次、广告点击情况。如果你想进一步了解该年龄层用户的消费偏好，则需要分析用户消费档次、购物深度、商品价格、商品品牌等信息。**将回答每个问题所需数据的数据来源分别列在问题下方。**
5. 保存文档。

第 2 步：处理数据

为了回答问题，你需要了解淘宝网广告投放 / 广告点击情况数据集中的数据。阿里云天池提供了数据集的字段列表，如下表所示。

数据名称	说明	属性
raw_sample	原始的样本骨架	用户 ID、广告 ID、时间、资源位、是否点击等
ad_feature	广告的基本信息	广告 ID、广告计划 ID、商品类目 ID、品牌 ID 等
user_profile	用户的基本信息	用户 ID、年龄层、性别等
raw_behavior_log	用户的行为日志	用户 ID、行为类型、时间、商品类目 ID、品牌 ID 等

原始的样本骨架 raw_sample

原始的样本骨架包含了随机抽取的 114 万用户 8 天内的广告展示 / 点击日志（2 600 万条记录）信息，字段说明如下。

（1）user_id：脱敏过的用户 ID；

（2）adgroup_id：脱敏过的广告单元 ID；

（3）time_stamp：时间戳；

（4）pid：资源位；

（5）noclk：1 代表没有点击；0 代表点击；

（6）clk：0 代表没有点击；1 代表点击。

---

[1] TIANCHI. Ad Display/Click Data on Taobao.com，2019-10-16.

我们将前面 7 天的数据作为训练样本（20170506-20170512），将第 8 天的数据作为测试样本（20170513）。

广告的基本信息 ad_feature

本数据集涵盖了 raw_sample 中全部广告的基本信息，字段说明如下。

（1）adgroup_id：脱敏过的广告单元 ID；

（2）cate_id：脱敏过的商品类目 ID；

（3）campaign_id：脱敏过的广告计划 ID；

（4）customer_id：脱敏过的广告商 ID；

（5）brand：脱敏过的品牌 ID；

（6）price：商品的价格。

其中一个广告 ID 对应一个商品（宝贝），一个商品属于一个类目，一个商品属于一个品牌。

用户的基本信息 user_profile

本数据集涵盖了 raw_sample 中全部用户的基本信息，字段说明如下。⊖

（1）userid：脱敏过的用户 ID；

（2）cms_segid：细分群组 ID；

（3）cms_group_id：群组 ID；

（4）final_gender_code：性别，1——男，2——女；

（5）age_level：年龄层次；

（6）pvalue_level：消费档次，1——低档，2——中档，3——高档；

（7）shopping_level：购物深度，1——浅层用户，2——中度用户，3——深度用户；

（8）occupation：是否大学生，1——是，0——否；

（9）new_user_class_level：城市层级。

用户的行为日志 behavior_log

本数据集涵盖了 raw_sample 中全部用户 22 天内的购物行为（共 7 亿条记录），字段说明如下。

（1）user_id：脱敏过的用户 ID；

（2）time_stamp：时间戳；

（3）btag：行为类型，包括以下 4 种类型：

类型	说明
ipv	浏览
cart	加入购物车
fav	喜欢
buy	购买

（4）cate_id：脱敏过的商品类目 ID；

（5）brand：脱敏过的品牌 ID。

6. 衡量第 1 步中提出的每个问题，判断字段列表是否包含你所需的数据。在你创建的文档的

⊖ 可登录 https://tianchi.aliyun.com/dataset/dataDetail?dataId=56 查看。

每个问题旁边写下可用于回答该问题的字段。
7. 判断你是否需要从其他数据来源获取数据。在你创建的文档上写下需要从其他数据源获取的数据以及获取方式。
8. 保存文档并将其提交给你的老师。

案例 1-3　数据分析在审计中的应用

本案例的目的在于帮助分析者提出可以通过数据分析回答的审计相关的问题。我们将讨论如何使用企业资源计划（ERP）系统中的数据来执行一些简单的数据分析、协助财务报表的审计工作。

公司简介

ABC 是一家大型零售商，它通过大型 ERP 系统收集从订单生成到现金交付的各个环节的数据。该系统最近依照 AICPA 的审计数据标准进行了更新。ABC 通过 ERP 系统收集了所有相关数据，并对纸质合同、订单及收据进行了数字化处理。信贷部门需要审核客户的欠款发货申请。订单在被发送到仓库之前，需要经过经理的审核。现金收款由收银员收取，并由应收账款业务员调整客户的应收账款余额。

假设你被分配到该公司的审计团队，并被要求对 ABC 的内部控制进行审计。

所需技能
- 熟悉数据库结构和主外键之间的关系。

所需软件
- 文字处理器。
- 网页浏览器。
- 屏幕截图工具（Windows：截图工具；Mac：Cmd + Shift + 4）。

在本案例中，你需要：
第 1 步：提出合适的问题并为每个问题提出假设。
第 2 步：将问题转换为目标字段和数据库中的值，然后进行简单的分析。

第 1 步：提出问题
审计团队的主要任务是找出订单生成到现金交付的流程中存在的内部控制缺陷。
1. 创建一个新的文字处理文档，并将文件命名为"**案例 1-3 数据分析在审计中的应用案例——[你的名字][你的电子邮件地址]**"。
2. 根据你所了解的公司内部从订单生成到现金交付这个完整流程的内部控制知识，提出三个可以反映内部控制缺陷的问题。例如，如果你怀疑经理没有及时批准发货申请，则你可能提出的问题为"是否有运输经理在收到订单的两天后才批准发货？"在你新建的文档中输入你的三个问题。
3. **对每个提出的问题，提出一个假设性的答案**，以帮助你预测可能的输出结果。这个过程可能会需要依靠你个人的见解、经验或直觉。你也可以上网搜索相关信息，帮助你提出假设。

例如，假设有一两个运输经理在收到订单两天后才批准发货。
4. 最后，确定回答每个问题所需的数据。例如，要确定批准发货的时间和批准发货的经理，你可能需要运输经理的 ID、订单日期和批准日期。将所需的数据来源列在每个问题的下方。
5. 保存文档。

第 2 步：处理数据

为了回答你提出的问题，你需要核实相关的审计准则。

1. 打开网页浏览器，搜索"内部审计准则"。单击链接到"中国内部审计准则"，选择"第 2203 号内部审计具体准则——信息系统审计"。
2. 快速浏览文档中与第 1 步中所提问题相关的字段。在新建文档中每个问题下面列出相关内部审计准则。
3. 列出与内部审计准则无关，但与你所提问题有关的数据。
4. 保存文档并将其提交给老师。

案例 1-4　综合案例　狄乐百货数据分析

本案例的目的在于帮助学生根据狄乐百货提供的数据提出合适的问题。

公司简介

狄乐百货是一家百货公司，在美国的 29 个州设有约 330 家门店。公司总部位于美国阿肯色州小石城市。你可以在雅虎金融（finance.yahoo.com，交易代码为 DDS）和维基百科中搜索狄乐百货来获取更多相关信息。狄乐百货的董事长威廉·狄乐二世（William T. Dillard II）毕业于美国阿肯色大学沃尔顿商学院。为回馈母校，威廉·狄乐二世将狄乐百货的交易数据分享给阿肯色大学，并准许本书使用其数据用于案例分析。

所需数据

本书使用的狄乐百货数据均可在 http://walton.uark.edu/enterprise/ 上获取。任课老师请根据阿肯色大学远程桌面登录说明向学生演示如何登录远程数据库，访问狄乐百货数据。请扫描二维码 1-4 获取阿肯色大学远程桌面登录说明。
美国阿肯色大学沃尔顿商学院的网站提供了以下狄乐百货数据库的相关信息：

二维码 1-4

　　狄乐百货数据库包含了各个店铺的销售信息。销售过程包括从顾客选中商品（服装、珠宝、家居装饰等）到登记销售信息的各个过程。顾客选中商品后，售货员将扫描该商品的条形码，此过程将生成交易表（TRANSACT）、销售表和销售发票。销售发票为顾客提供了产品信息、销售部门、单价和交易金额等信息。当顾客付款时，付款明细将被记录于交易表中，顾客可选择打印收据，或将收据发送到自己的邮箱。至此，交易完成。此表可用于储存产品、店铺和部门的信息。

狄乐百货提供给美国阿肯色大学沃尔顿商学院的零售信息数据库 UA_DILLARDS，包括 5 个子集和超过 1.28 亿条数据。

这是一个包含了实际运营数据的数据集。像任何真实的数据库一样，该数据集也可能会存在完整性的问题。这个数据库既为学生提供了了解和分析真实销售数据的机会，还可以帮助学生理解数据完整性的影响。[①]

所需软件

- 文字处理器。
- 网页浏览器。
- 屏幕截图工具（Windows：截图工具；Mac：Cmd + Shift + 4）。

你可以访问以下网站获取数据集：http://walton.uark.edu/enterprise/dillardshome.php。如果想使用和分析狄乐百货的数据，必须获得美国阿肯色大学沃尔顿商学院的许可。你的任课教师将为你提供数据的访问权限和使用方法。

在本案例中，你将：

第 1 步：帮助零售商提出合适的问题。

第 2 步：将问题锁定到相应的数据子集中的字段和数值。

第 1 步：提出问题

1. 创建一个新的文字处理文档，并将文件命名为"案例 1-4 综合分析案例 - 狄乐百货数据分析 [你的名字] [你的电子邮件地址]"。
2. 假设狄乐百货想要提高盈利能力，列举三个可以评估每种产品当前盈利水平或可以帮助狄乐百货在不久的将来提高盈利能力的问题。
3. 假设狄乐百货希望提高产品的线上销售业绩和盈利水平，帮助狄乐百货提出三个可以帮助其了解网络销售情况的问题。
4. 保存你的文档。

第 2 步：处理数据

为了回答你提出的问题，你可以访问 http://walton.uark.edu/enterprise/dillardshome.php 获取狄乐百货数据目录和数据关系图，如后面两张图所示。

5. 如果你想为新的店铺选择位置，则你需要了解已有店铺的位置和业绩。根据狄乐百货数据库中店铺子集的数据，提出关于店铺位置的问题。
6. 根据 SKU 表提供的数据，你能提出哪些帮助公司解决运输成本的问题？是否有其他信息帮助我们解决该问题？
7. 哪些数据表和字段可以帮助我们分析每种可供销售的产品（SKU）的边际利润（售价减去成本）？
8. 为了了解每个店铺最畅销的产品，你需要使用哪些数据和字段？
9. 保存文档并将其提交给你的老师。

---

① http://walton.uark.edu/enterprise/dillardshome.php (accessed September 25, 2017).

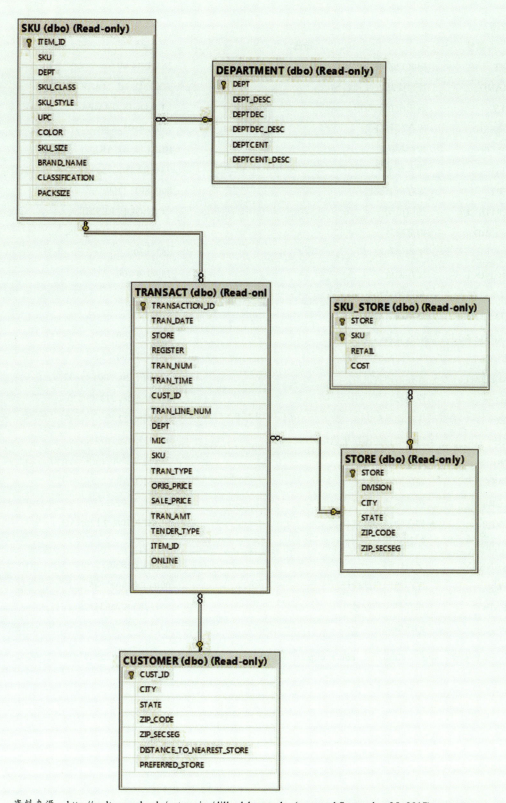

资料来源：http://walton.uark.edu/enterprise/dillardshome.php (accessed September 25, 2017).

元数据

属性	描述	值
AMT	向客户收取的交易费用总额	26.25, 44.00, …
BRAND	库存商品的品牌名称	TOMMY HI, MARK ECK, …
CITY	商店所在的城市	ST. LOUIS, TAMPA, …
CLASSID	库存项目分类	5305, 4505, 8306, …
COLOR	库存颜色	BLACK, KHAKI, …
COST	库存成本	9.00, 15.00, …
DEPT	库存所属部门	800, 801, 1100, …
DEPTDESC	部门说明	CLINIQUE, LESLIE, …
INTERID	内部编号	265005802, 671901998, …
MIC	主物料代码	862, 689, …
ORGPRICE	库存原价	75.00, 44.00, …
PACKSIZE	每包物品数量	1, 3, …
QUANTITY	交易项目数量	1, 2, 3, …
REGISTER	当前交易的注册号	580, 30, 460, …
RETAIL	库存商品的零售价	19.75, 34.00, …
SALEDATE	库存的销售价格	2005-01-20, 2005-06-02, …
SEQ	序列号	298100028, 213500030, …
SIZE	库存物品的大小	L, 070N, 22, …
SKU	库存项目的库存单位编号	4757355, 2128748, …
SPRICE	库存的销售价格	26.25, 65.00, …
STATE	商店所在州	FL, MO, AR, …
STORE	店铺编号	2, 3, 4, 100, …
STYLE	库存物料的特定样式	51 MERU08, 9 126NAO, …
STYPE	交易类型（退货或购买）	P, R
TRANNUM	交易代码	09700, 01800, …
UPC	库存通用产品代码	000400004087945, …
VENDOR	库存供应商编号	5511283, 2726341, …
ZIP	邮政编码	33710, 63126, …

资料来源：http://walton.uark.edu/enterprise/dillardshome.php (accessed September 25, 2017).

第 2 章

数据的准备和清理

本章概览

本章将继续介绍 IMPACT 循环模型的第 2 步：处理数据。本章介绍了会计循环中涉及的数据类型以及储存于相关数据库中的常用数据。为了回答我们提出的商业问题，我们首先需要获取分析所需的数据。在本章中，我们将介绍如何提出数据请求以及如何提取数据。同时，我们将进一步讲解如何通过数据的验证工作和数据的清理工作对数据进行转换。在本章的最后，我们解释了如何将数据加载到合适的数据分析工具中，从而为进一步的数据分析做好准备。

上章回顾

本书第 1 章为数据分析下了定义。数据分析的主要价值在于为使用者提供数据中隐含的信息。我们使用 IMPACT 循环模型描述了数据分析的各个环节，并解释了如何使用此模型来解决商业和财会问题。同时，我们特别强调了提出合理的、可通过数据分析解决的问题的重要性。

下章预览

本书第 3 章将继续介绍 IMPACT 循环模型的后续环节，即根据想要回答的问题分析数据并回答问题。在第 3 章中，我们提出了三种我们认为与会计工作最为相关的数据分析方法，对它们做了详细的讲解，并为每种方法提供了示例。

学习目标

目标 2-1 理解数据在会计信息系统中的组织方式
目标 2-2 理解数据在关系数据库中的储存方式
目标 2-3 解释并应用数据提取、转换和加载（ETL）技术

开篇案例   OkCupid 约会网站数据

我们很幸运地生活在一个拥有丰富数据的世界中。我们的工作则是通过将数据转化为有用的信息来解决具体的商业问题。尽管数据的来源非常丰富，但大部分的数据分析师都不会

在获得数据集后，马上开始分析。通常情况下，数据分析师需要在使用数据之前，对数据进行清理并验证数据的合理性和可信性。不充分的数据清理和数据验证，将会影响数据分析进度，降低数据分析质量，甚至扭曲分析结果。当我们在开源数据集中收集数据时，我们通常需要在使用数据之前，对数据进行清理和转换。这样做不仅仅是为了提高数据的准确性，同时也是为了保障原始数据集中涉及的个人信息或公司信息的安全性和隐私性。

Shutterstock/Wichy

2015 年，研究人员 Emil Kirkegaard 和 Julius Daug-bejerg Bjerrekaer 从免费的约会网站 OkCupid 上抓取了数据，并将数据提供给了为科研人员提供和分享原始数据的平台——Open Science Framwork。尽管 Open Science Framwork 建立的初衷是提高数据的透明度，但该平台应该严格把控信息披露的尺度，否则将面临披露非法信息的风险。Kirkegaard 和 Bjerrekaer 在没有获得 OkCupid 以及该网站的 70 000 用户的许可的情况下，将这些用户的身份、年龄、性别、宗教信仰、性格特征等个人信息披露给大众，且未对以上信息进行任何的脱敏处理，侵犯了他人隐私。2015 年 5 月 13 日，Open Science Framwork 删除了从 OkCupid 抓取的数据。如果研究人员在验证数据准确性和完整性的同时，能对数据集中的隐私信息进行脱敏处理，就不会触犯法律，也不会有以上的新闻报道。⊖

如第 1 章所述，数据分析是一个循环往复的过程。在本书中，我们将遵循第 1 章中介绍的 IMPACT 循环模型，并以此为基础介绍数据分析流程。⊖ IMPACT 循环始于提出可以通过数据分析解决或部分解决的商业问题（IMPACT 循环模型中的"I"）。提出问题后的下一步为<u>处理数据</u>（mastering the data，IMPACT 循环模型中的"M"），即定义和获取所需的数据。数据处理需要你对可获取的数据及其存储位置非常了解，并熟练掌握数据提取、转换和加载（ETL）数据的技能，以完成数据分析的准备工作。尽管 ETL 流程中的第 1 步——数据提取工作，通常可由信息系统团队或数据库管理员来完成，但你也有可能需要自己完成原始数据的提取工作。本章将分别介绍如何提交数据请求以及如何自己提取数据。ETL 流程描述了数据处理的 5 个步骤，具体如下。

- 步骤 1：确定数据提取的目的和范围（提取）。
- 步骤 2：获取数据（提取）。
- 步骤 3：验证数据的完整性和公允性（转换）。
- 步骤 4：清理数据（转换）。
- 步骤 5：加载数据以进行数据分析（加载）。

本章将详细解释以上 5 个步骤。

⊖ B. Resnick, "Researchers Just Released Profile Data on 70,000 OkCupid Users without Permission," 2016, http://www.vox.com/2016/5/12/11666116/70000-okcupid-users-data-release (accessed October 31, 2016).

⊖ J. P. Isson and J. S. Harriott, *Win with Advanced Business Analytics: Creating Business Value from Your Data* (Hoboken, NJ: Wiley, 2013).

2.1 数据在会计循环中的使用和存储

在你获取数据之前，你首先需要了解有哪些数据是可以获得的，以及这些数据的存储位置。也就是说，你需要对会计流程及相关数据有基本的了解。你需要知道这些数据是如何被归档和储存的，进而决定使用哪些数据来回答你提出的商业问题。

图 2-1 为统一建模语言（UML）的示意图。这种图适用于描述关系数据库之间的关系。你在提取和使用会计与财务数据时，将常常与关系数据库打交道。尽管我们可能更喜欢分析平面文件中的数据（例如，在 Excel 电子表格中，所有数据都存储在一个文档中），但是在存储数据和保证数据的完整性方面，关系数据库的表现则更为优秀。通过将不同的数据储存在不同的数据文档中，并将不同的数据文档关联起来，关系数据库为某一条信息仅保留一条记录，此记录即为"唯一的事实"。

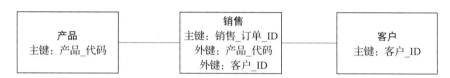

图 2-1 采购到付款流程的数据库架构（简化版）

2.2 关系数据库中的数据及其关系

在本章中，我们将使用各种形式的数据，但是无论我们使用什么工具来分析数据，结构化数据都应存储在规范的**关系数据库**（relational database）中。有时候，我们可以直接在关系数据库中处理数据，但更多的时候，我们更习惯于从关系数据库中导出数据，以便查看和分析数据。将数据存储在规范的数据库中存在着一定的弊端（如每次数据分析时都需要将数据导出，并需要清理和验证数据），但这样做的好处则更多。

将数据存储在规范的关系数据库而不是**平面文件**（flat file）中可以确保数据的完整性，避免数据冗余，并确保一些商业制度的实施。同时，关系数据库也有助于各个部门之间信息的沟通和集成。具体来讲，这些好处包括以下几个方面。

- **完整性**：确保商业流程中需要储存的数据全部被储存在数据集中。
- **无冗余**：需要避免存储冗余数据的原因包括：冗余数据会占用不必要的储存空间（这是很昂贵的）；冗余数据导致系统需要花费不必要的运行时间来生成报告，以确保系统不会因为冗余数据对同一交易输出多个版本的数据信息；同时，冗余数据背后也隐藏着数据录入错误的风险。将数据存储在平面文件中会很容易导致大量的冗余数据的生成。相比之下，规范的关系数据库中的每个数据元素仅有一个存储位置，以防数据库中包含冗余数据。
- **商业制度的实施**：随着本书后续章节的进一步讲解，你将渐渐了解到关系数据库在帮助公司实施和执行内部控制制度与其他相关制度中的作用。这些功能都是平行文件所不具备的。
- **交流和整合商业流程**：关系数据库的设计应满足支持整个组织的业务流程的需求。有

效的关系数据库有助于促进不同部门之间的沟通、优化业务流程的整合工作。㊀

将时间花在了解关系数据库的优点上是很有价值的,因为建立数据模型和理解数据结构的过程往往并不容易。可以说,对数据进行规范化处理要比将不符合业务规则或内部控制要求的冗余数据直接放入电子表格中复杂得多。

表格中的列:主键、外键和描述性属性

在提出数据请求时,了解关系数据库中不同表格之间的联系是至关重要的。你需要概括性地了解表格中所包含的不同类型的属性,以及这些属性在不同表格之间的关联。当然,这并不是要求你完全了解组建关联数据库的方法,但这会帮助你提出合适的数据请求。

表中的每一列都必须是唯一的,并且符合其在表格中的功能。根据数据在表格中的功能,数据可被分为:主键、外键和描述性属性。

每个表都必须有一个**主键**(primary key)。主键通常是一个单独的列,但有时也可以由多个列组合而成。主键的主要功能是确保表格中的每一行仅对应唯一的值,因此也被称为"唯一标识符"。大多数的主键都不是描述性文字,而是连续数字或连续数字和字母的组合。作为一名学生,你对自己的唯一标识符——你的学生 ID 号码一定非常熟悉,它是大学学生信息库中,可以区分你和其他学生的"唯一标识符"。你所熟悉的支票号码和驾驶证号码也都是唯一标识符。

平面文件和关系数据库之间最主要的区别之一就是表的数量。当你将提取的数据加载到平面文件中时,这些数据将生成一个很大的表格,且表格中可能包含大量的冗余数据。在关系数据库中,每组信息都被分别存储于不同的表中。不同的表格通过相关的属性联系起来。例如,"供应商"和"采购订单"为两个相关的表格,为了将两个表格联系起来,我们需要知道不同的采购订单分别来自哪一个供应商。不同数据库中相关联的两个表格,是由其中一个表格中的外键联系起来的。**外键**(foreign key)是一种属性(即某一项数据),其功能是用来创建两个表格之间的关系。

表中的其他列则为**描述性属性**(descriptive attributes)。例如,"供应商名称"在帮助我们了解商业流程时,是至关重要的数据,但并不是构建数据模型的必要数据。也就是说,主键和外键建立了关系数据库的结构,而描述性属性则提供了实际的商业信息。

图 2-1 为典型的采购到付款流程的数据库架构。属性旁边的字母"PK"表示该属性为此表格的主键。产品表的主键是"产品_代码",销售表的主键是"销售_订单_ID",依此类推。其中一些表的属性旁边带有字母"FK",用以表示外键。例如,在查看客户和采购订单之间的关系时,客户表中的主键是"客户_ID"。销售表中的外键是"客户_ID"。

表 2-1 中的采购订单表包含很多详细信息,因此需要将两个属性结合起来作为主键。这是主键的一种特殊情况,通常被称为**复合主键**(composite primary key),即将两个外键组合在一起,作为联结两个表格的唯一标识符。表 2-2 展示了供应商表格中的数据。不同的属性被单独列为一列,表格的每一行为每个供应商的详细数据。

㊀ G. C. Simsion and G. C. Witt, *Data Modeling Essentials* (Amsterdam: Morgan Kaufmann, 2005).

表 2-1 采购订单表

订单号	日期	创建人	批准人	供应商 ID
1787	2017 年 11 月 1 日	1001	1010	1
1788	2017 年 11 月 1 日	1005	1010	2
1789	2017 年 11 月 8 日	1002	1010	1
1790	2017 年 11 月 15 日	1005	1010	1

表 2-2 订单表：供应商表

供应商 ID	供应商名称	供应商地址	供应商类型
1	Northern Brewery Homebrew Supply	6021 Lyndale Ave. S	1
2	Hops Direct LLC	686 Green Valley Road	1
3	The Home Brewery	455 E. Township St.	1
4	The Payroll Company	408 N. Walton Blvd.	2

| 阶段测试 |

1. 参考图 2-1，找到销售表和客户表之间的关系。每个表中的唯一标识符是什么？（唯一标识符被称为主键，下一个学习目标将讨论如何定义表格中的主键。）不同的表格是通过哪些属性联系起来的？（用于将不同表格关联起来的属性为外键，下一个学习目标将讨论如何定义表格中的外键。）

2.3 数据字典

在上一节中，我们通过采购到付款流程的例子（见图 2-1）介绍了数据库储存数据的架构。单独查看数据库的架构虽然可以帮助我们了解数据的存储方式，但同时也有可能会扭曲事实。因为这些架构不仅代表了各自的数据集，同时也是更大、更完整的数据库的组成部分。把所有这些数据集组合在一起，将形成一个庞大的数据库。

可以想象，一旦将这些数据集中的所有数据整合在一个数据库中，则数据库包含的数据量会非常大。虽然了解数据存储的架构非常重要，但是无论我们多么努力，都很难记住每个数据的存储位置以及每个数据代表的含义。

因此，创建和使用数据字典可以有效地帮助数据库管理员维护数据库，并帮助分析师找到他们想要使用的数据。在本书第 1 章中，我们介绍了 LendingClub 数据集的数据字典，如表 2-3 所示。

表 2-3 2007～2012 年 LendingClub 被拒绝贷款数据的数据字典

被拒绝贷款申请	描述
申请贷款金额	申请贷款的总金额
申请日期	借款人提交申请的日期
贷款标题	贷款标题
风险评分	借款人风险评分
债务收入比	借款人每月需偿还贷款与收入比例
邮政编码	借款人地址邮政编码的前 3 个数字

（续）

被拒绝贷款申请	描述
就业年限	就业年限，以年为单位，其中 0 表示小于 1 年，10 表示大于 10
政策代码	可公开代码为 1，不可公开代码为 2

资料来源：https://www.lendingclub.com/info/download-data.action (accessed October 13, 2016).

LendingClub 提供的数据储存于平面文件中，因此仅需两个属性就可创建数据字典，即属性名称（例如，申请金额）和对该属性的描述。准确的属性描述可以确保数据使用者合理地使用和分析数据。你需要始终切记，计算机完全是按照使用者的指示完成操作的，因此你必须比计算机聪明。如果你在运行分析时认为某个属性代表某个信息，而事实上该属性却代表另一种信息，那么即使你使用的数据很有价值，也有可能提供错误的信息，并有可能直接导致错误的决定。在尝试进行任何数据分析之前，你必须通过数据库架构和数据字典全面地了解数据。这一点至关重要。

在你使用关系数据库中的数据时，你会用到一个包含更多属性的数据字典。表 2-4 提供了常用供应商信息表的数据字典的示例。

表 2-4 供应商信息表的数据字典

主键或外键	必须	属性名称	描述	数据类型	默认值	字段大小	注释
主键	是	供应商 ID	每个供应商的唯一标识符	数字	无	10	
外键	否	供应商姓名	姓名	文字	无	30	
外键	否	供应商类型	不同供应商类型的编码	数字	无	10	1：供应商 2：其他

| 阶段测试 |

2. 主键、外键和其他属性的含义和功能是什么？
3. 如何使用数据字典来帮助你理解数据库或平面文件中的数据？

2.4 数据的提取、转换和加载

一旦你通过数据字典和数据架构了解了数据库中包含的数据后，你就可以向数据库管理员提交数据请求或自己提取数据了。在提取、转换和加载（extract，transform，and load，ETL）数据之前，你首先需要确定提取哪些数据。在完成数据清理和数据转换之后，你需要将数据以合适的格式加载到后续分析将要使用的分析工具中。

2.5 数据提取

获取数据通常是一个循环往复的过程。但从长远的角度来看，你在最初获取数据时准备得越充分，就越能为自己和数据库管理员在后续的工作中节省更多的时间。你首先需要知道，你需要哪些数据来回答你想回答的商业问题。

获取数据主要包含数据提取和数据转换这两个步骤。以下这些问题可以帮助你完成数据的提取工作。

2.5.1 步骤1：确定获取数据的目的和范围

- 提取数据的目的是什么？你想解决什么问题？你能回答哪些商业问题？
- 数据是否可信？数据存在哪些问题？你将如何解决这些问题？
- 还有哪些其他信息可能会影响数据分析的性质、时间和范围？

一旦确定了获取数据的目的、范围以及数据可能存在的问题之后，你将需要了解是谁在负责提取数据，以及提交数据请求需要哪些文件支持。

2.5.2 步骤2：获取数据

- 你将通过何种方式获得数据？你是否有权访问数据？你可以自己查看和下载数据吗？你需要向数据管理员或者IT部门提交提取数据的请求吗？
- 如果你需要提交数据请求，你的公司是否使用统一的数据提取表格？会由谁来提取数据？
- 你需要的数据储存在哪个财务或信息系统？
- 你具体需要哪些数据（表格或字段）？
- 你将使用哪些工具来执行数据分析？为什么？

1. 通过提交数据请求获取数据

如果你可以确定需要使用的数据以及将要使用的处理数据的应用或工具，并将其告知数据管理员，数据管理员就可以尽可能地提供你需要的数据形式。

平面文件是比较常见的格式（即，如果你想获取的数据位于不同的表或不同的数据库中，数据库管理员会将它们合并到一个无内置层次结构的文件中）。平面文件的第一行通常为列标题（所请求字段的名称），从文件的第二行起则为列标题对应的数据。小计和小标题等会增加数据清理的难度，因此不应该包括在平面文件内。⊖

在第3章中，我们将进一步讲解美国注册会计师协会（AICPA）制定的审计数据标准（ADS）。ADS的设计初衷是为了解决审计人员在向公司提出数据请求时面临的让人头疼的问题。ADS提出了审计数据请求的标准，并说明了公司应为审计人员提供哪种形式的数据。ADS标准包括：

（1）订单到现金收款的分类账标准。
（2）采购到付款的分类账标准。
（3）库存的分类账标准。
（4）总账的标准。

尽管ADS提出了审计数据标准，但是提供标准化的审计数据是公司的自愿行为。无论你是否按照ADS的标准提出数据请求，你都可以使用**数据提取表**（data request form）的模板来规范数据请求者与数据提取者之间的沟通，使他们之间的沟通变得更加容易。表2-5给出了标准数据提取表的样板。

⊖ T. Singleton, " What Every IT Auditor Should Know about Data Analytics," n.d., from http://www.isaca.org/Journal/archives/2013/Volume-6/Pages/What-Every-IT-Auditor-Should-Know-About-Data-Analytics.aspx#2.

表 2-5 标准数据提取表（样板）

申请人：	
申请人联系电话：	
申请人邮件地址：	
描述你需要的信息（如了解，请提供相关数据集信息）：	
数据将被用于何种目的？	
频率	一次　　每年　　每期　　其他：_____
你希望数据以何种方式导出：	Excel 工作簿　　　　　　　　　文本文件 Word 文档　　　　　　　　　　其他：_____
所需数据：	
申请时间：	
数据使用受众：	
代理人（如与申请人不同）：	

收到你想要提取的数据之后，你将进入 ETL 流程中的数据转换阶段。你需要确保提取的数据是正确的、完整的。

2. 自己获取数据

如果你可以直接访问包含你需要的所有数据的数据库或信息系统，你可以跳过数据请求阶段，自己提取数据。

当你在 IMPACT 循环的第 1 步中确定了数据分析项目的目标之后，你可以按照相似的流程提取数据：

（1）确定包含所需信息的表。你可以通过查看数据字典或数据架构来执行此操作。
（2）确定表中的哪些属性保存了你需要的信息。
（3）确定这些表之间的关联。

一旦确定了你需要的数据，你就可以开始信息收集工作了。你可以采用多种方法来检索数据。本章将简要说明两种方法——SQL 和 Excel。我们将在本章的案例 2-1 和案例 2-2 中使用极简工具的数据深入探讨这些方法。

（1）SQL：结构化查询语言（Structured Query Language，SQL）可用于创建、更新和删除数据库中的记录和表。本章重点介绍如何使用 SQL 提取数据，即精确筛选出有助于实现数据分析目标的属性和记录。我们可以使用 SQL 合并一个或多个表中的数据，并使用相比于关系数据库更加直观的方式展示出来。在这个过程中，全面地了解数据和数据集（包括数据集之间的联系，即不同数据集如何通过主键和外键联系起来）是非常重要的。

通常情况下，数据存储在数据库中，分析者需要将数据导入其他工具中进行分析（如

Excel 或 Tableau）。如果你使用 SQL 分析数据，则你可以选择从数据库中仅提取一部分你需要的数据，而不是将表或数据库中的全部数据导入 Excel 或 Tableau 中。

通过 SQL 在多个表中提取数据的最有效的方法之一是使用 join 语句。数据的合并依赖于规范的关系数据库结构，即关系数据库中的数据集之间是如何通过主键和外键联系起来的。如果你打算从两个相关的表中提取数据，你只需找到两个表中共有的字段，然后根据此关系合并数据。如图 2-1 所示，参考极简文具采购到付款流程的数据库架构表，如果从产品表和销售表中提取数据，你可以通过这两个表中的共有字段——产品_代码来合并数据。具体的代码如下：

```
FROM 产品
INNER JOIN 销售
ON FGI _产品.产品_代码=销售.产品_代码
```

你可以在 SQL 中使用 FROM、INNER JOIN 和 ON 语句来查看任一表格中的数据。此外，你也可以使用 SELECT 语句来选择仅查看一部分字段。FROM、INNER JOIN 和 ON 的通用语句形式如下：

```
FROM table1
INNER JOIN table2
ON table1.primarykey = table2.foreignkey
```

在案例 2-2 中，我们将进一步讲解和练习如何通过查询语句合并表格或数据。

（2）Excel：你也可以将相关的数据提取到 Excel 中。这样做的好处是，当在 Excel 中进行进一步分析时，我们可以使用这些数据来回答最初提出的问题，而那些暂时用不到的数据，可能在帮助我们回答后续问题时，起到很大的作用。了解主键和外键的关系，对于直接在 Excel 中处理数据来说也是非常重要的。

有时，你的数据被直接存储于 Excel 中，而不是数据库中。在这种情况下，你可以使用 Excel 的一些功能和公式将不同 Excel 表中的数据合并到同一个表中。此过程与在 Access 或其他数据库中使用 SQL 合并数据相类似。在 Excel 中，如果你想通过匹配主键和外键来查找与匹配两个表格中的数据，那么你最好的选择之一就是使用 VLookup 函数。VLookup 函数有很多不同的功能，但是对于数据的提取和转换来说，我们最好将不同表中需要提取的数据作为新的一列添加到一个表格中。假定产品、销售和顾客信息表被分别储存于同一个 Excel 工作簿的三个不同的电子工作表中，如果你希望查看销售表中每个产品的产品描述，则可以使用 VLookup 函数将销售表中的外键——产品_代码，与产品表中的主键——产品_代码匹配起来，并在新的一列返回每个产品对应的产品描述。

当你在 Excel 中输入 VLookup 公式时，Excel 将显示完整的公式 = VLOOKUP(lookup_value, table_array, col_index_num, [range lookup])。如果想实现上面提到的数据提取，我们将在销售表中输入此公式，并使用此公式在产品表中查找每个产品_代码对应的产品描述，并将其返回到销售表中。

- lookup_value（查找值）是你要查找的外键；在本例中，VLookup 公式中的查找值为销售表中的产品_代码。这是对单个单元格的引用。
- table_array（表格数组）是包含对应主键的表；本例中对应的表格数组为产品表。

VLookup 默认在表格数组的第一列中查找与 lookup_value 定义的外键相匹配的值。因此，我们需要保证表格数组中的第一列，为该表格数组的主键。

- col_index_num（列索引号）定义了你想查看的表格数组中的第 n 列。换句话说，如果你要手动匹配销售表和产品表中的值，你首先需要查看销售表中的外键，然后查看产品表中找到对应的主键，最后查看同一行中包含产品描述信息的单元格。VLookup 将执行相同的操作—— lookup_value 和 table_array 命令将帮助你匹配主键和外键，col_index_num 命令将定义你希望查找并添加的产品描述信息。产品描述信息位于产品表的第二列，因此你将输入 2。
- [range lookup]（查找范围）有两个选项，即 FALSE（假）或 TRUE（真）。此命令的默认值为 TRUE，即不完全匹配。当你想要基于完全匹配（而不是近似或接近匹配）匹配数据时，需要输入 FALSE。

2.6 数据转换

2.6.1 步骤 3：验证数据的完整性和公允性

每一次当我们将数据从一个位置移动到另一个位置时，某些数据可能会在移动的过程中丢失。因此我们需要确保提取的数据的完整性（即需要分析的数据被完整地提取）和公允性（即提取过程中没有任何数据被篡改）。这一点至关重要。想要成功地验证数据，不仅需要你掌握数据分析技能，还需要你对将要使用的数据非常了解。如果你对需要提取的数据有合理的预期（例如，应该提取多少条记录，可以依靠哪些校验方法来确保数据完整且未被篡改），那么你将更容易发现数据提取过程中的错误和问题。

数据的验证应包含以下四个步骤。

（1）**比较记录数**：将提取数据的记录数与数据库中原有数据的记录数进行比较。这将帮助你快速地了解由于错误或数据类型不匹配等原因导致的，跳过某条记录或未正确提取数据的情况。这是数据转换过程中关键的第一步。但是此步骤除了可以确保提取的记录数与数据库中原有的记录数一致之外，并不会提供有关数据本身的任何信息。

（2）**比较数字字段的描述性统计值**：计算字段的最小值、最大值、平均值和中位数可以帮助我们衡量数字数据是否被完整地提取出来。

（3）**验证日期/时间字段**：将数据类型转换为数字，并计算数据的描述性统计值。

（4）**比较文本字段的字符串限制**：在你将文本字段提取到 Excel 中时，通常不会遇到什么问题，因为 Excel 可以承载的字符数上限为 32 767，因此，你通常可以顺利地将数据提取到 Excel 中。然而，当你将数据提取到对字符串中字符数的限制更加严格的分析工具中时，则需要考虑到字符数限制的影响。你需要比较分析工具可以接受的字符数上限和源数据库中所包含字段的字符数，以保证提取的字符被完整地导入工具中。

如果你在一个较小的数据集中发现错误，你或许通过浏览数据就可以轻而易举地发现错误或缺失值。但是，如果数据集很大，或者错误很难被发现，那么最简单的方法则是返回到数据提取界面，修正 SQL 代码中的错误，并重新运行命令。

2.6.2 步骤4：清理数据

完成数据的验证工作之后，我们将进入数据的清理阶段。以下四种方法为常用的数据清理方法。

- **移除标题或小标题**：某些数据提取方法和数据文件格式会导致你提取的数据文件中包含数据分析不需要的标题或小标题。当然，如果你在提取数据的过程中，谨慎地选择你需要的数据，限制输出的文件格式，则可以避免此类问题的发生。
- **清除前导零和不可打印字符**：有时数据会有包含前导零或不可打印字符（或乱码）的情况。当数字或日期以文本的形式储存在源数据库中，却需要以数字的形式参与到数据分析时，就可能出现这种情况。不可打印字符包括空格、分页符、换行符、制表符等。有时肉眼看不到文本中隐藏的这些不可打印字符，但计算机会将其解释为字符串的一部分。这可能会在合并数据的过程中引起不必要的麻烦。例如，肉眼看起来一模一样的两个字符可能实际包含不可打印字符，计算机将读取不可打印字符，然后将两个字符判定为不同的字符，因而不能将两个字符进行匹配。
- **调整负数格式**：如果数据集中包含负数，请确保数据格式适用于数据分析。例如，如果数据使用括号来区分正数和负数，通常情况下，你需要将其改为使用负号来代表负数，并保持数据的一致性。
- **保证数据的一致性**：如果源数据库未对数据的输入格式设定标准，则输入的数据格式可能是不同的。例如，如果数据库没有设定地理位置的输入格式，则同一列中的数据可能同时包含北京和北京市。如果想按照地理位置对数据进行分组，则需要在数据分析开始之前，对具有相同含义的数据进行编辑或替换，即使用通用值来表示同一信息。

2.7 加载数据

步骤5：加载数据以进行数据分析

如果之前的数据提取和数据转换步骤完成得很好，则将数据加载到分析工具中是ETL过程中最简单的一步。如果你计划在Excel中分析数据，并且已经在Excel中完成了数据转换和清理，那么你并不需要导出数据。

但是，Excel可能并不是分析的最后一步。你计划实施的数据分析类型、要回答的商业问题以及沟通分析结果的方式，都将促使你选择不同的分析工具来执行分析。

在本书中，我们还将介绍Access和Excel之外的其他数据分析工具，包括Tableau、Weka和IDEA。在你学习使用这些工具时，你将学习如何将数据导入这些数据分析工具中。

| 阶段测试 |

4. 描述两种不同的获取数据的方法。
5. 在进行数据分析之前，必须解决的四个与数据相关的常见问题是什么？

本章小结

- IMPACT 循环模型的第 1 步是提出想要通过数据分析回答的问题。在确定了想要分析的问题之后，你将进入 IMPACT 循环模型的下一个环节——处理数据，即获取数据并完成后续的数据准备工作。
- 为了获得可用于分析的数据，你需要知道你可以获取哪些数据，以及这些数据的储存位置。
    - 数据通常被存储在关系数据库中。将数据储存在关系数据库中有助于保证数据的完整性，并避免数据冗余的情况发生。关系数据库中的每个表格都包含唯一标识符（主键），表格中的外键将这些表格关联起来。
- 你或许有权限自己提取数据，也可能需要向数据库管理员或信息系统团队提交数据请求。如果是后者，则你需要填写一份数据提取表，阐明你需要的数据以及原因。
- 获取数据后，你需要验证数据的完整性和公允性。也就是说，你需要确保你提取了数据分析需要的全部数据，并且提取的数据都是无误的。有时，在提取数据的过程当中，某些格式的数据或某一整段的数据会丢失，从而导致提取的数据不完整。因此，发现和修正数据中的错误和清理数据是处理数据过程中非常重要的一步。
- 处理数据的最后一步为将清理后的数据导入数据分析工具中。当数据清理和数据分析都在 Excel 中进行时，则不需要导出数据。如果你计划执行 Excel 无法胜任的分析，或者需要使用比 Excel 更强大的数据可视化工具，则可能需要将处理后的数据导入另一个分析工具中。

关键术语

复合主键（composite primary key） 这是主键的一种特殊情况，即将两个外键组合在一起，作为联结两个表格的唯一标识符。

数据字典（data dictionary） 集中存储了数据集中所有属性的属性描述。

数据提取表（data request form） 向数据库管理员或信息系统团队提交数据请求时提交的表格。

描述性属性（descriptive attributes） 关系数据库中除主键和外键之外的其他属性。这些属性提供了不同的商业信息，但不是构建关系数据库的必要属性。例如"公司名称"和"员工地址"信息。

ETL 处理数据过程中包含的数据提取、转换和加载过程。

平面文件（flat file） 指将数据储存在某一个文件（如在 Excel 电子表格中），而不是储存在多个相关联的表中（如关系数据库）。

外键（foreign key） 将关系数据库中不同表格联系起来的属性，但不作为表中每个记录的"唯一标识符"。只有识别这些信息，才可以从关系数据库的多个表中正确地提取数据。

处理数据（mastering the data） IMPACT 循环模型的第 2 步，包含识别所需数据、获取所需数据以及清理获得的数据等数据分析的前期准备工作。

主键（primary key） 关系数据库的每个表中必须包含的属性，是表中每个记录的"唯一标识符"。

关系数据库（relational database） 一种存储数据的方法，关系数据库可以保证数据的完整性，避免数据冗余的情况，有助于商业规则的推行和实施。此外，关系数据库还可以促进组织各部门之间信息的沟通和集成。

选择题

1. 处理数据的 ETL 流程包括哪些组成部分？

a. Extract, total, and load data

    b. Enter, transform, and load data
    c. Extract, transform, and load data
    d. Enter, total, and load data
2. ETL 流程的目标是以下哪项？
    a. 确定应该使用的数据分析方法
    b. 将数据加载到关系数据库中进行存储
    c. 交流分析结果
    d. 确定并获得解决问题所需的数据
3. 将数据存储在关系数据库中的好处有哪些？
    a. 帮助推行商业规则
    b. 增加冗余信息
    c. 整合商业流程
    d. 以上各项都是关系数据库的优点
    e. 仅 A 和 B
    f. 仅 B 和 C
    g. 仅 A 和 C
4. 转换数据的目的是什么？
    a. 验证数据的完整性和公允性
    b. 将数据加载到合适的工具中进行分析
    c. 从合适的来源获取数据
    d. 确定完成分析所需的数据
5. 关系数据库的每个表中必须包含的，作为表中每条记录的"唯一标识符"的属性是什么？
    a. 外键
    b. 唯一标识符
    c. 主键
    d. 键属性
6. 以下哪项描述了数据库中的每个属性？
    a. 复合主键
    b. 数据字典
    c. 描述性属性
    d. 平面文件
7. 如本章所述，以下哪项不是提取和验证数据后常常会用到的清理数据的方法？
    a. 删除标题和小标题
    b. 调整负数格式
    c. 清理尾随零
    d. 修正数据不一致的情况
8. 为什么将供应商 ID 视为供应商表的主键？
    a. 因为它是每个供应商的唯一标识符
    b. 因为这是一个 10 位的数字
    c. 因为它可以代表客户，也可以代表供应商
    d. 因为它可以用于区分不同的供应商类别
9. 关系数据库中的哪些属性既不是主键又不是外键？
    a. 非描述性属性
    b. 描述性属性
    c. 复合键
    d. 以上所有
10. ETL 流程的 5 个步骤中未包括以下哪项？
    a. 确定数据请求的目的和范围
    b. 获取数据
    c. 验证数据的完整性和公允性
    d. 清理数据

讨论题

1. 关系数据库的优势之一是减少数据库中储存的冗余数据的数量。为什么这是一个重要的优势？存储冗余数据可能会导致哪些问题？
2. 关系数据库的优势之一是整合商业流程。为什么公司更倾向于将商业流程整合到一个信息系统中，而不是将商业流程中生成的数据存储在各自独立的数据库中？
3. 尽管公司更倾向于将数据存储在关系数据库中，但将数据储存在不同的表中仍存在一些弊端。描述三个面对这些弊端却仍值得将数据存储在关系数据库中的原因。
4. 关系数据库的优势之一是帮助推行商业规则。基于你对关系数据库在减少数据冗余方面的理解，讨论如何通过主键和外键之间的关系来帮助企业推行商业规则，例如关系数据库是如何帮助公司阻止员工从未授权的供应商处采购商品的？
5. 使用数据字典的目的是什么？提出四个数据字典中可能包含的不同属性，并描述每个属性存在的目的。
6. ETL 流程的第 1 步为提取数据。当你获取

数据时，你将通过哪些步骤来确定需要提取的数据？

7. 在ETL流程中，如果分析人员没有权限直接访问数据，则他们需要填写数据提取表。虽然分析人员并不一定需要了解数据的提取技术，但分析人员仍需要对原始数据非常了解，这是为什么呢？
8. 在ETL流程中，当分析师填写数据提取表时，分析人员需要填写多种不同信息。为什么在提取表中需要说明以什么样的频率获取数据很重要？这为什么会影响数据库管理员的数据提取工作？
9. 为什么了解提取数据的目的对于管理员来说很重要？为什么了解将要使用哪些软件分析数据以及将会有哪些人使用数据分析结果对于数据提取工作来说很重要？
10. 在ETL流程中，处理数据集中的NULL、N/A和零值是转换数据过程中非常重要的一步。以下情况对定性字段（例如，全职员工的工作年限）有什么影响？

    a. 将NULL和N/A值转换为空白信息
    b. 将NULL和N/A值转换为零
    c. 从数据集中删除包含NULL和N/A值的记录

（**提示**：考虑以上操作对不同的汇总函数的影响，例如COUNT和AVERAGE。）

简答题

使用College Scorecard数据的数据字典（扫描二维码获取）回答以下问题。

附录A

1. 你需要使用College Scorecard数据中的哪些属性来比较不同类型机构（公共、私立非营利性组织或私立营利性组织）的成本？
2. 你需要使用College Scorecard数据中的哪些属性来比较不同类型机构（公共、私立非营利组织或私立营利组织）对SAT分数的要求？
3. 你需要使用College Scorecard数据中的哪些属性来比较不同类型机构（公共、私立非营利组织或私立营利组织）的多样性水平？
4. 你需要使用College Scorecard数据中的哪些属性来比较不同类型机构（公共、私立非营利组织或私立营利组织）的毕业率？
5. 你需要使用College Scorecard数据中的哪些属性来比较在大学获得联邦贷款的学生的入学费用是高于还是低于不同类型的机构（公共、私立非营利组织或私立营利组织）入学成本的中位数？
6. 你需要使用College Scorecard数据中的哪些属性来比较位于不同地理位置的机构的入学成本？
7. 使用College Scorecard数据来判断位于不同地理位置的机构的入学成本是否显著不同（与问题6相同），并填写数据请求表格来提取合适的数据。使用本章中的模板作为指南。
8. 如果你正在使用College Scorecard数据分析公共和私立机构之间的多样性水平，你将如何根据所提供的数据定义多样性？
9. 如果你要进行数据分析以比较在大学获得联邦贷款的学生的入学费用是高于还是低于不同类型的机构，你将在分析中执行哪几个步骤？为了完成分析，你首先需要回答什么问题？提出测试计划以解决后续问题。

参考答案

阶段测试答案

选择题答案

案例 2-1 创建数据提取请求

数据分析面临的最大挑战之一是获取正确的数据。即使你提出了世界上最好的问题，如果无法获得数据来验证和支持你的假设，也无法实现问题的价值。另外，在某些情况下，IT 工作者可能不愿意与你共享数据，或者有可能向你发送不完整的、错误的数据，或者完全忽略你的请求。因此，你需要坚持不懈地通过不同的方法获取完整的数据。

公司简介

极简文具是一家虚构的文具厂，最近经历了巨大的变革。极简文具销售 8 种不同的产品，直到最近几年才将其业务从一个省份拓展到全国各地，并处于扩张后的稳步发展阶段。随着公司日益稳定的发展，公司需要对数据进行更好的分析。极简文具的首要任务之一就是找出其具有优势的领域以及可以提高和改进的领域。

所需数据

- 数据提取表。
- 极简文具数据集（请扫描二维码 2-1 获取）。

二维码 2-1

所需技能

- 电子表格和数据透视表的相关经验对于本案例来说很有用。

所需软件

- 文字处理器。
- Excel 工作簿。
- 屏幕截取工具（Windows：截屏工具；Mac：Cmd + Shift + 4）。

在本案例中，你将：

第 1 步：提出合适的问题并为每个问题提出假设。
第 2 步：填写数据提取请求。
第 3 步：执行数据分析。

第 1 步：提出问题

极简文具的首要任务之一就是找出其具有优势的领域以及可以提高和改进的领域。

问题 1：假设你第一次分析极简文具的数据，并且想了解极简文具的运营情况，请列出与销售有关的 3 个问题。例如，不同省份的客户购买的产品的销量是多少？

问题 2：对以上问题提出假设性的答案。请记住，此时你提出的假设性答案不一定是正确的。它们将帮助你了解分析所需的数据和类型。例如：假设辽宁省的总销量为 5 万，山东省的总销量为

6万，河北省的总销量为4万。

问题3：最后，针对你提出的每个问题，找出回答该问题所需的表和属性。例如，如果你想回答有关各省销售的问题，你将需要获取客户表中包含的客户省份信息以及销售表中包含的销售数量。

第2步：填写数据提取申请

现在，你已经确定了分析所需的数据，请填写数据提取表。

1. 打开数据提取表。
2. 输入你的联系信息。
3. 在说明字段中，阐述你需要分析的表格以及时间段（如过去一个月、过去一年等）。注意：提取和下载完整的表格通常比下载某几个特定属性的数据要好得多，因为在日后的分析中，你可能会用到当下不需要的数据。
4. 选择数据提取频率。如本例中，你应该选择"一次"。
5. 输入申请日期（今天）和所需日期（今日起一周）。
6. 选择一种数据输出格式（如 Excel 工作簿）。
7. 在适当的区域中解释数据的用途。
8. 使用截屏工具截取你填好的数据提取表（将其命名为图 2-1A）。

销售表	
属性	属性说明
销售订单编号（主键）	每个销售订单的唯一标识符
销售订单日期	销售订单生成日期
售货员编号	创建记录的销售人员的唯一标识符（来自员工信息表）
顾客编号（外键）	客户的唯一标识符（来自顾客信息表）
产品_代码（外键）	每个销售产品的唯一标识符（来自产品信息表）
产品销售数量	产品销售数量
单价	产品单价

产品信息表	
属性	属性说明
产品_代码（主键）	每个产品的唯一标识符
产品描述	用于指明产品的名称或其他识别特征
单价	产品单价

顾客信息表	
属性	属性说明
客户编号（主键）	每个客户的唯一标识符
客户名称	客户姓名
客户地址	客户的实际街道地址
城市	客户所在的城市
省份	客户所在的省份
邮政编码	客户所在城市的邮政编码

第3步：执行数据分析

几天后，IT 工作者响应了你的请求，并为你提供以下表格和属性。

在分析销售数据时，你可能会注意到，有些数据并不包含在属性列表中。这是正常情况。

问题 4：将你获得的数据与你提交的原始请求进行比较，找出未成功提取的属性。

问题 5：根据你获得的数据，评估你是否可以用这些数据回答你的问题。如果不能，你可以用已获得的数据来回答哪些问题呢？

案例 2-2　使用数据透视表对数据进行去规范化分析

有效的关系数据库中包含规范化的数据。也就是说，每个表仅包含目标数据，不同表的关系通过表格的主键和外键联系起来。例如，在客户信息表中，每个客户都有唯一的客户编码（如客户 152883），表中包含的其他属性（如客户地址等）描述了该客户的详细信息。在销售订单表中，你能找到的唯一一个与客户相关的属性是外键——客户（如客户 152883）。外键将销售表中的记录和客户表中的记录联系起来。

在执行数据分析时，有效的关系数据库往往并不是非常有帮助。我们需要对数据进行"去规范化"处理或将相关数据合并到一个大文件中，使我们可以轻松地计算统计值或创建有价值的数据透视表。Excel 使用内部数据模型（Internal Data Model）来实现此功能。在 Access 中，我们可以通过创建查询来实现此功能。本案例将介绍如何使用 Excel 中的内部数据模型来创建 Excel 中不同电子表格之间的联系。内部数据模型适用于 Excel 2013 及之后的 PC 版本。本案例将帮助你理解主键和外键之间的关系。

公司简介
极简文具的简介已在案例 2-1 中介绍过，此处不再赘述。

所需数据
- 极简文具数据集（见二维码 2-1）。

所需技能
- 熟练掌握关系数据库、Excel 电子表格和数据透视表的应用技术对本练习来说很有帮助。

所需软件
- Excel。
- Access。
- 屏幕截取工具（Windows：截屏工具；Mac：Cmd + Shift + 4）。

在本案例中，你将：
第 1 步：提出合适的问题并为每个问题提出假设。
第 2 步：处理数据，为 Excel 中的分析做好准备。
第 3 步：使用数据透视表执行数据分析。
第 4 步：处理和优化结果。
第 5 步：沟通分析结果。

第 1 步：提出合适的问题并为每个问题提出假设

极简文具希望你通过数据分析帮助管理层预测在未来一年，销量在哪些方面还有增长的空间。同时，管理层注意到公司的实际利润率低于预期，因此希望你通过数据分析帮助公司调整产品定价、制定营销策略等。具体来说，他们想知道每种产品的销售情况。

问题 1：根据极简文具的要求，找出回答问题所需的数据属性和表格。

第 2 步：处理数据，为 Excel 中的分析做好准备

根据你提出的数据请求，极简文具的数据已被导入极简文具数据集 .xlsx 中。以下 UML 图说明了此文件包含的表和属性。

你可以使用以下几种可以相互替换的方法来完成数据的准备工作。

备选方案 1：不执行任何操作

如果你只是想尝试计算表格中包含的属性的描述性统计值，或比较单个表中包含的属性，则你无须额外转换数据，只需要确保数据不存在错误，然后进行分析。

例如，如果你想了解每种商品的销量，你只需要在销售表中，找到 [产品 _ 代码] 和 [销售数量]。

问题 2：什么时候需要使用单个表格？

备选方案 2：使用 Excel 内部数据模型

当你需要分析两个或多个表格时，你需要在执行分析前，在 Excel 中定义表格之间的关系。

例如，如果你想查找每种已售商品的销售总量并显示每个产品的名称而不仅仅是产品代码，则需要使用销售表中的 [销售数量] 和产品表中的 [产品 _ 描述]。这两个表通过 [产品 _ 代码] 作为表格的主键或外键联系在一起。

1. 打开极简文具数据集 .xlsx。
2. 在选项卡列表中单击"数据"。
3. 单击"数据工具"中的"关系"按钮。
4. 在"管理关系"窗口中，单击"新建"。

资料来源：Microsoft Excel 2016.

○ 本章图表资料来源除特殊说明外，均来自 Microsoft Excel 2016。

5. 如下图所示，在销售表和产品表之间建立关系。首先，在创建关系窗口中，在表的下拉菜单中选择包含外键的表，然后在相关表的下拉菜单中选择包含主键的表。在这种情况下：

（1）表：[销售]

（2）相关表：[产品]

（3）列（外来）：[产品_代码]

（4）相关列（主要）：[产品_代码]

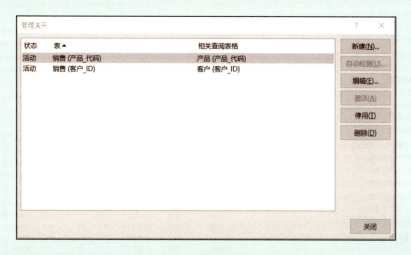

6. 单击"确定"保存关系。窗口将关闭，你将返回到"管理关系"窗口，单击"新建"。
7. 现在在 [销售] 表和 [客户] 表之间创建一个关系。在这种情况下：

（1）表：[销售信息表]

（2）相关表：[客户信息表]

（3）列（外来）：[客户_ID]

（4）相关列（主要）：[客户_ID]

8. 单击"确定"保存关系。
9. 对"管理关系"窗口列出的已创建关系进行截图（将其命名为图 2-2A）。
10. 在"管理关系"窗口中单击"关闭"以返回到电子表格。尽管电子表格看起来没有发生变化，但我们已创建了一个强大的引擎来分析数据。也就是说，我们无须使用"查找和替换"或"VLookup"等工具就可以访问已创建关系的表中的任何记录和相关字段。
11. 将工作簿另存为"极简文具_关系.xlsx"（扫描二维码 2-2 获取）。

二维码 2-2

问题 3：你是否已学会如何找出表格中的主键和外键？

备选方案 3：使用 Excel 查询编辑器将数据合并到一个表中。

创建工作表之间的关系可以帮助我们有效地分析储存于不同工作表中的数据。但有些时候，我们更喜欢将数据合并到一个表中，以实现更加直观的分析。在合并数据前，你需要考虑被合并文件的大小，以避免合并后的文件过大。同时，合并数据的过程中可能会产生冗余数据。

1. 在 Excel 中创建一个新的空白工作簿。

2. 在选项卡列表中单击"数据"。

3. 单击"获取和转换数据"区域中的"获取数据"菜单。

4. 选择"来自文件">"从工作簿"。

5. 在本地文档中找到"极简文具数据集.xlsx",然后单击"打开"。

6. 在导航器中,选中"选择多项",然后选中要导入的三个表,如下图所示:

   (1) [客户]

   (2) [产品]

   (3) [销售]

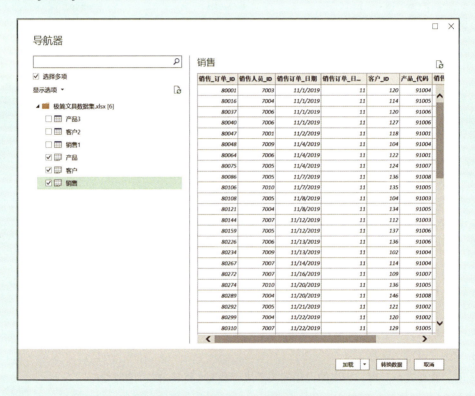

7. 单击"加载"。这三个表将作为查询结果显示在屏幕右侧的"查询 & 连接"窗口中。

8. 双击查询中的"销售表"以打开 Power Query 编辑器。

9. 为了合并表,单击"主页"选项卡,然后从"合并查询"中选择"合并"。新的合并窗口将出现。

10. 在"合并"窗口中,查询到的销售表将显示在顶部(见下页的图)。

11. 进行以下操作,以合并查询到的销售表和客户表:

    (1) 在合并窗口中间位置的下拉菜单中,选择 [客户]。

    (2) 分别在销售表和客户表中点击客户_ID 列。

    (3) 在联结种类下拉菜单中,选择左外部(第一个中的所有行和第二个中的匹配行)。这代表着销售表中的 [客户_ID] 将作为外键。

    (4) 点击确定,跳转到 Query 编辑器窗口。

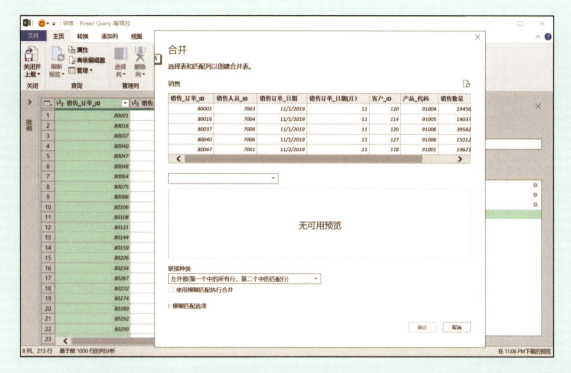

（5）双击新生成的列，将其命名为 [客户]。

（6）最后，单击客户旁边的双向箭头图标，选择展开，单击确定。客户的属性将被添加到查询的销售表中。

12. 进行以下操作，以合并查询到的销售表和产品表：

（1）在合并窗口中间的下拉菜单中，选择 [产品]。

（2）分别在销售表和客户表中点击 [产品 _ 代码列]。

（3）在联结种类下拉菜单中，选择左外部（第一个中的所有行和第二个中的匹配行）。这代表着销售表中的 [产品 _ 代码] 将作为外键。

（4）点击确定，跳转到 Query 编辑器窗口。

（5）双击新生成的列，将其命名为 [产品]。

（6）最后，单击产品旁边的双向箭头图标，选择展开，单击确定，产品的属性将被添加到查询的销售表中。

13. 最大化 Query 编辑器窗口，并进行屏幕截图（将其命名为图 2-2B）。

14. 单击关闭并加载以回到 Excel 中。

15. 在右侧的查询 & 连接窗格中，右键单击销售表，然后选择加载到……

16. 在出现的导入数据窗口中，选择表，然后单击确定。新合并的表将出现在你的工作表中。

17. 将所在工作表重命名为 [销售 _ 合并]。

　　注意：根据你分析的需求，你也可以将合并后的表格直接加载到数据透视表中。

18. 将工作表另存为"极简文具 _ 合并 .xlsx"（见二维码 2-3）。

二维码 2-3

问题 4：你以前使用过 Excel 中的查询编辑器吗？双击查询到的销售表，然后单击功能区中的选项卡。讨论查询编辑器的其他应用。

备选方案 4：在 Access 中使用 SQL 查询语句

如果你可以熟练地编写 SQL 查询，这将对数据分析工作有极大的帮助。在某些情况下，你想分析的数据集对于 Excel 而言可能太大了，因此你需要使用 Access 或其他查询工具来有效地分析数据。

分析工具：SQL 查询

SQL 可用于创建表、删除记录或编辑数据库。本章主要介绍如何使用 SQL 查询数据库中的数据、创建数据的不同视图，从而以帮助我们回答商业问题。SQL 查询常常使用以下四个命令：SELECT 字段、FROM 表、WHERE 条件、GROUP BY 分组。

- SELECT 语句可以用来指定你想查询的属性。这些属性可以是表中已经存有的列（例如：产品_代码），也可以是通过数学表达式计算得出的新的一列，例如已售产品数量的总和。你可以使用语句 AS 命名通过数学表达式计算获得的值作为新的一列。此处你用到的数学表达式与你在 Excel 中使用的公式相似，例如：你可以通过公式 SUM（销售数量）来求出已售产品数量的总和。当你使用 SELECT 语句选择多个属性（列）时，需要将属性用逗号隔开。

    例如：

    SELECT 产品_代码，SUM（销售数量）

    SELECT 产品_代码，销售数量 *产品_价格 AS 订单总价

- FROM 语句指明了你将提取字段的表。如果需要从多个表中检索数据，则将使用另一个 SQL 短语：table JOIN table ON（*foreignkey = primarykey*）。

    例如：

    FROM 销售

    FROM 销售 JOIN 客户 ON（客户_ID = 客户_ID）

- WHERE 语句用于根据特定值或范围搜索和过滤结果。你可以将字段与某个特定数字（如 WHERE 客户_ID = 2056）或某个带引号的文本值进行比较（如 WHERE 产品_描述 = "文件夹"），也可以用 WHERE 语句对某个范围进行检索，如日期等（如 WHERE 销售订单_日期 BETWEEN #1/1/2019# AND #12/31/2019#）。使用 AND 或 OR 组合多个过滤器。

    例如：

    WHERE 客户_ID =2056 AND 销售订单_日期 BETWEEN #1/1/2019# AND #12/31/2019#

- GROUP BY 语句可以用来根据你的要求对你选择的列进行分类或分组。在我们的示例中，我们打算按产品编码对数据进行分组。如果不使用 GROUP BY 命令，你将在查询结果中看到重复的记录。

    例如：

    GROUP BY 产品_代码

1. 打开极简文具数据集 .accdb 文件（见二维码 2-4 内容）。如果你的电脑未下载安装过 Microsoft Access，请先下载安装该程序。
2. 到功能区点击创建以打开 SQL 编辑器。
3. 单击查询设计以打开 SQL 编辑器。
4. 在显示表窗口单击关闭。
5. 在左上角，单击 SQL 以打开 SQL 编辑器。
6. 你可以点击左上角的图标视图 > 设计视图，以查看和编辑各表之间主键和外键之间的联系。

二维码 2-4

我们将使用示例"SQL 关键字教程 1"中的三行代码在 SQL 中执行报告。点击左上角的图标视图 >SQL 视图以回到 SQL 编辑器中。在 SQL 编辑器中输入以下代码：

SELECT 销售 .*, 产品 .*, 客户 .*
FROM 客户 RIGHT JOIN (产品 RIGHT JOIN 销售
ON 产品 . 产品 _ 代码 = 销售 . 产品 _ 代码) ON
客户 . 客户 _ID = 销售 . 客户 _ID;

7. 单击功能区中的设计 > 运行，以查看合并查询的输出结果。
8. 截取屏幕截图（将其命名为图 2-2C）。
9. 将查询保存为极简文具 _ 合并。至此你可以单击 Access 中的外部数据 > Excel，从而将查询结果导出为 Excel 文件，或者关闭数据库，打开 Excel 并选择数据 > 获取数据 > 来自数据库 > 从 Microsoft Access 数据库，然后导航到数据库并导入查询。
10. 将包含已创建查询的 Access 文件另存为"案例 2-2 极简文具 _ 合并 .accdb"。

第 3 步：使用数据透视表执行数据分析

现在数据已经整理完毕，你可以进行一些基本的分析了。管理层要求你根据销售数据准备一份报告，并在报告中显示 2020 年 1～4 月每个月售出的每种商品的总数。

为此，你可以创建一个数据透视表，在第一列中列出每个月，在第一行中列出每种产品，行和列的交叉项为该月该产品售出数量的总和。

分析工具：Excel 数据透视表

数据透视表可以帮你快速地汇总大量数据。在 Excel 中，单击插入 > 数据透视表，选择数据源，然后单击旁边的复选标记或将字段拖到"数据透视表字段"窗口中的筛选、列、行或值对应的复选框中。根据你的需求，你可以轻松地将属性（某个项）从一个窗口移至另一个窗口中，也可以重新排列字段项，以快速"透视"数据。以下是对次窗口的简要说明：

- **行**：这是你的主要分析对象，如客户、产品或账户。
- **列**：将数据划分为不同的等级或模块。如按照时间（年、季度、月、日期）划分数据。
- **值**：此区域代表数据的内容。如你需要计数、求和、求平均值或以其他方式整合数据，你需要在此窗口内定义你的需求。所有记录的汇总值将与指定行和列相匹配。
- **筛选**：可用于筛选放置在"筛选"区域中的字段，但不会在数据中显示该字段。例如，如果你想基于日期进行过滤，但又不想查看某一特定日期，则可将日期拖拽到此区域。在更新的 Excel 版本中，有改进的筛选方法，但是此旧功能仍然可以使用。

1. 在第 2 步中创建的任意文件中，单击功能区中的"插入"选项卡。
2. 在"表"区域单击数据透视表。
3. 在"创建数据透视表"窗口中，单击"使用此工作簿的数据模型"。注意：如果你只有一个表格，请选择"选择一个表或区域"，然后选择工作簿。
4. 单击"确定"创建数据透视表。"**数据透视表字段**"将在屏幕右侧显示。注意：在使用数据透视表的时候，如果"数据透视表字段"被隐藏，你可以单击数据透视表中的单元格，"数据透视表字段"将重新出现。如果仍然没有显示，你可以点击功能区中的"数据透视表分析"选项卡，单击"显示"然后选择"字段列表"。
5. 单击每个表旁边的箭头以显示可用字段。如果看不到三个表，你可以单击"**数据透视表字段**"标题正下方的"全部"选项。
6. 对屏幕进行截图（将其命名为图 2-2D）。
7. 因为在第 2 步中定义了表之间的关系或合并了表，所以现在你可以将字段列表中的任何项拖动到次窗口筛选、列、行或值中。
    （1）列：[销售]中的[销售订单_日期（月）]。注意：在你添加日期时，Excel 会自动尝试按年份、季度等对数据进行分组。暂时删除月份以外的其他选项。
    （2）行：[产品]中的[产品_描述]。
    （3）值：[销售]中的[销售数量]。
    （4）筛选：无。
8. 最后，因为我们想比较 1～4 月的销售情况，单击"列标签"旁边的下拉箭头，然后取消选择 5、6、7、11 和 12。
9. 可选步骤：清理数据透视表。将标签和报告标题重命名为更有意义的名称。
10. 对屏幕进行截图（将其命名为 2-2E）。
11. 将工作簿另存为"极简文具_数据透视表.xlsx"（扫描二维码 2-5 获取）。

在 Access 中执行类似的分析，可执行以下操作：
（1）打开文件"案例 2-2 极简文具_合并.accdb"（扫描二维码 2-6 获取）。
（2）单击创建 > 查询设计。关闭出现的窗口。

二维码 2-5

二维码 2-6

(3)单击左上角的视图 > SQL 视图。

(4)输入以下查询:

SELECT 产品_描述,Sum(销售数量) AS 订单总价
FROM 极简文具_合并
WHERE 销售订单_日期 Between #1/1/2020# And #4/30/2020#
GROUP BY 产品_描述;

(5)单击设计 > 运行以显示结果。

(6)对屏幕进行截图(将其命名为图 2-2F)。

(7)将查询另存为"产品订单总价",将数据库另存为"案例 2-2 极简文具_订单总价.accdb"(扫描二维码 2-7 获取)。

二维码 2-7

第 4 步:处理和优化结果

现在你已经完成了基本的分析,并可以根据分析结果回答管理员的问题,请花点时间思考如何完善报告并预测经理可能遇到的问题。

问题 5:如果极简文具的老板希望了解哪个产品的销量最高,你将如何修改你的报告?

问题 6:如果你想提供更多详细信息,你会在报告中添加哪些其他属性作为额外的行或列,或创建哪些其他报告?

第 5 步:沟通分析结果

让我们通过可视化图表和必要的文字说明展示分析结果,使分析结果更易于他人理解。

问题 7:写下一段简短的文字,解释如何使用纯文字解释分析结果。例如,哪些数据点比较突出?

案例 2-3 解决 Excel 和 Access 中常见的数据问题

在处理数据之前,我们需要通过数据清理、数据转换等方法处理数据集中可能存在的问题。

公司简介

LendingClub 是一家 P2P 借贷公司,借款人和投资者在此平台上相互匹配。LendingClub 的目标是减少用户的借款成本(如交易成本和利息成本等)和提高用户参与度。LendingClub 在其网站提供了 2007 年以来已批准和已拒绝的贷款信息,如贷款利率和贷款类型。以上数据为数据分析提供了机会。

所需数据

- LendingClub 数据集:LoanStats3c.csv(扫描二维码 2-8 获取)。

所需技能

- 一些 Excel 的操作经验对本案例很有帮助。

二维码 2-8

所需软件
- Excel。
- 屏幕截取工具（Windows：截屏工具；Mac：Cmd + Shift + 4）。

在本案例中，你将：
- 了解并清理数据，以便对各种问题进行分析。

第 1 步：提出问题

我们已经在第 1 章中提出了一些有关 LendingClub 的问题。在本章中，我们将进一步讨论如何提高数据质量。想一想，别人发给你的数据常常会有哪些问题？例如，是否存在日期格式不正确的情况？是否存在数字字段中包含文本或文本字段中包括数字的情况？

问题 1：你认为 LendingClub 数据集中可能包含哪些主要的数据质量问题？

第 2 步：处理数据

在本案例中，你可以从 LendingClub 下载相关贷款数据，并通过对数据的清理和转换，为进一步的数据分析做好准备。LendingClub 数据集中包含了已批准贷款（LoanStats）和已拒绝贷款（RejectStats）的数据。其中 LoanStats 包含了大量可用数据，有 107 项不同的数据。我们从中筛选出了 19 项我们最感兴趣的数据（见下表）。

属性	描述
id	贷款编码
member_id	会员编码
Loan_amnt	贷款金额
emp_length	在职时间
issue_d	贷款发行日期
loan_status	已全额付款或已扣款
pymnt_plan	付款方案：是或否
purpose	贷款目的，如筹办婚礼、支付医疗费用、债务合并、购买汽车
zip_code	邮政编码的前 3 位数
addr_state	州
dti	债务收入比
delinq_2y	过去 2 年内的逾期付款记录
earliest_cr_line	最早的信用账户
inq_last_6mnths	过去 6 个月的信用查询记录
open_acc	现有信贷账户数
revol_bal	所有贷方账户的总余额
revol_util	可使用信贷的百分比
total_acc	贷方账户总数
application_type	个人或联合申请

问题 2：当你使用以上列表中包含的数据回答第 1 章的案例中提出的问题时，你可能会遇到哪些问题？

在开始之前，花一点时间熟悉一下数据。

1. 下载 LoanStats3c.csv 文档（扫描二维码 2-8 获取）。打开文档并浏览数据，该文件应包含 235 629 条记录（忽略前两行标题行）。

问题 3：数据集中是否存在阻碍数据分析的问题？例如，数据中是否包含不恰当的特殊符号、非标准数据或数字？

问题 4：你将如何解决数据集中存在的问题？

接下来，让我们具体分析数据中存在的问题。

- 有一些数据属性仅有标题却不包含任何数据，因此需要删除。
- [int_rate] 中的数据以百分数的形式表示，为了方便分析，我们需要将数据转换为小数形式。
- [term] 中的数据包含文本"months"，我们需要将其删除。
- [emp_length] 中的数据包括"n/a""<""+""year"和"years"，我们需要将这些符号和文本删除。
- [issue_d] 中包含的日期，可根据数据分析的需求拆分成年、月、日等信息。除此之外，不同信息录入系统可能会使用不同的日期格式（例如，在欧洲，人们常用的日期格式为 1/9/2009、2009 年 1 月 9 日，而在美国，人们常用的日期格式为 9/1/2009），因此我们可能需要根据不同的需求对数据进行一些转换。

首先，我们需要删除不需要的数据：

2. 将文件另存为"Loans2007-2011.xlsx"（扫描二维码 2-9 获取）。
3. 删除第一行"Notes offered by prospectus..."（招股说明书注释……）。

二维码 2-9

4. 删除最后四行，其中包括"Total amount funded..."（总金额……）。
5. 删除没有值的列，包括 [id]、[member_id] 和 [url]。
6. 重复上述步骤，删除其他任何空白列或不需要的属性。

接下来，我们将处理数据的格式问题：

7. 选择列 [int_rate]。
8. 在**开始**选项卡的**数字**区，将数据格式由**百分比**更改为**常规**。
9. 重复上述步骤，更改其他百分比格式的数据。
10. 对处理后的数据文件进行截图（将其命名为图 2-3A）。

然后，我们需要删除数值中的文本：

11. 选择列 [term]。
12. 使用查找和替换功能（**开始 > 编辑 > 查找和选择 > 查找和替换**）查找单词"months"和"month"，并将其替换为空白值""。

重要提示：在替换过程中，需要考虑文本之间是否存在空格的情况。在替换相似文本时，需要先替换最长的文本，并依次替换至最短的文本。例如，当数据可能包含 month 和 months 时，应先替换 months。否则，如果先替换 month，则 months 将被替换为"s"。

13. 接下来，选择列 [emp_length]，然后查找并替换以下值：

初始值	新值
Na 或 n/a	0
<1 year	0
1 year	1
2 years	2
3 years	3
4 years	4
5 years	5
6 years	6
7 years	7
8 years	8
9 years	9
10+ years	10
,	" "

14. 对处理后的数据文件进行截图（将其命名为图 2-3A）。

分析工具：Python

注意：手动查找和替换 13 个值可能很烦琐，但对于分析一次性的小型文件却很有效。如果你需要反复执行此分析，或需要查找并替换大量的数据，抑或是你的文件大小超过 Excel 可以处理的上限，那么最好使用 Python 等其他脚本语言。你可以从 python.org 免费下载 Python，然后在浏览器上搜索并观看这些语言的入门教程。

查找和替换功能的脚本如下所示，其中 item 指代原始值列，replacement 指代替换列：

```
import csv

ifile = open(`file`, `rb`)
reader = csv.reader(ifile,delimiter=`\t`)
ofile = open(`file`, `wb`)
writer = csv.writer(ofile, delimiter=`\t`)

s = ifile.read()
for item, replacement in zip(findlist, replacelist):
    s = s.replace(item, replacement)
    s = s.replace(item, replacement)
ofile.write(s)

ifile.close()
ofile.close()
```

最后，转换这些日期：

15. 右键单击右侧的列或 [issue_d] 列，然后选择插入以添加空白列。
16. 将新列命名为 [issue_month]。
17. 使用公式 = MONTH（[日期列 issue_d]），将日期中包含的月份提取到新列中，然后将公式添加至工作表底部。新列的单元格中将显示日期所在月份。如果新一列数据的格式仍为日期，请在开始选项卡中将数字格式转换为常规。

18. 接下来，将公式的输出结果转换为数据值。选择包含公式的新列 [issue_month]。
19. 复制 [Ctrl + C] 列 [issue_month] 并选择性粘贴 [Ctrl + Alt + V] 到新的一列，选择数值 (V)，然后单击确定。
20. 保存文件。
21. 添加另一个空白列并将其命名为 [issue_year]。
22. 使用公式 = YEAR（[日期列 issue_d]）将日期中包含的月份提取到新列中，然后将公式添加至工作表底部。新列的单元格中将显示日期所在年份。如果新一列数据仍保持日期格式，请在开始选项卡中将数字格式转换为常规。
23. 选择包含你的公式的新的 [issue_year] 列，复制 [Ctrl + C] 列 [issue_month] 并选择性粘贴 [Ctrl + Alt + V] 到新的一列，选择数值 (V)，然后单击确定。
24. 保存文件。
25. 对处理后的数据文件进行截图（将其命名为图 2-3C）。

问题 5：讨论为什么在分析数据之前需要修改数据格式和提取日期中的部分信息？如果不这样做会有什么后果？

问题 6：讨论你在处理数据时遇到了哪些比较难处理的问题？你将如何解决这些问题？

案例 2-4　在 Excel 中获得数据的统计摘要信息

当你使用一组新的或未知的数据时，验证数据是非常重要的一步。在你填写数据请求时，可以选择让 IT 经理提供一些摘要性统计信息，例如每个属性包含的记录数和每个属性的平均值等，以确保数据的完整性。本案例将介绍如何在 Excel 中获得数据的统计摘要信息。

公司简介

LendingClub 公司简介已在案例 2-3 中介绍过，此处不再赘述。

所需数据

- LendingClub 数据集：LoanStats3c.csv（见二维码 2-8）。

所需技能

- 一些 Excel 的操作经验对本案例很有帮助。

所需软件

- Excel。
- 屏幕截取工具（Windows：截屏工具；Mac：Cmd + Shift + 4）。

在本案例中，你将：

- 在 Excel 中计算汇总统计摘要信息。

在 Excel 中计算汇总统计摘要信息

我们可以使用 Excel 对数据进行基本的验证。因为 Excel 可以处理的记录数有限，所以 Excel

更适用于处理中小型文件。窗口底部的 Excel 工具栏会自动显示所选区域数据的部分汇总统计数据。

1. 下载文件 LoanStats3c.csv（见二维码 2-9）。
2. 在 Excel 中打开文件 LoanStats3c.csv。
3. 选择列 [loan_amnt]。在窗口底部的 Excel 工具栏会自动显示**平均值**、**计数**与**求和**结果，如下图所示。将统计结果与 LendingClub 网站提供的信息进行比较：

   贷款总额：3 503 840 175 美元

   已批准贷款数量：235 629

问题 1：你文件中的数据是否与 LendingClub 网站提供的数据相匹配？

4. 右键单击**自定义状态栏**，然后从列表中选择**数值计数**。现在，自定义状态栏中应该显示四个值。

问题 2：数值计数是否提供了更有用或更准确的信息来帮助你验证数据？为什么？

问题 3：为了验证你要使用的数据，你还想要知道哪些统计信息？

5. 对屏幕进行截图（将其标记为图 2-4A），显示含有四个（或更多）统计值的自定义状态栏。

案例 2-5　数据准备：顾客信息文档

当你获得一个新的文档时，文档中往往包含多种问题，如格式不统一、信息需要拆分、有重复信息等。这些问题会阻碍进一步的数据合并和数据分析。因此，你需要花时间去了解你的数据并逐步清理你的数据。

公司简介

一迅衣橱是一家服饰有限公司，主要通过电商平台销售商品。公司每月会统计客户信息，并向客户推送最新产品和促销信息。

所需数据
- 一迅衣橱数据集：案例 2-5 一迅衣橱数据 .xlsx（扫描二维码 2-10 获取）。

所需技能
- Excel 数据清理技巧。

所需软件
- Excel。
- 屏幕截取工具（Windows：截屏工具；Mac：Cmd + Shift + 4）。

在本案例中，你将：
- 在 Excel 中清理原始数据。

第 1 步：提出问题

在你初次浏览原始数据之后，你可能会提出什么问题呢？原始数据可能会存在什么问题呢？

第 2 步：处理数据

1. 打开文档"案例 2-5 一迅衣橱数据 .xlsx"，快速浏览数据，找出数据中存在的问题。
2. 合并顾客的姓名。在列"名"的右侧插入新的一列，命名为姓名。在该列第二行中输入：=A2&B2，然后将鼠标移动到该单元格右下角，双击单元格右下角出现的十字，将公式填充到该列其他的单元格中。

3. 在清理数据时，要小心选择你想要删除的数据。在你确定要永久删除数据之前，你可以选择不显示暂不需要的数据。如在本案例中，如果你想隐藏姓（A 列）和名（B 列）。**你可以选中 A 列和 B 列（单击 A 和 B）> 右击 > 在弹出的菜单中点击"隐藏"。**
4. 如果你在未来的分析中想分析不同性别的消费习惯，则有可能用到回归分析。在这种情况下，你需要将顾客性别信息替换为虚拟变量（虚拟变量常应用于回归分析中，用以区分某一自变量在两种不同情况下对因变量的影响。当某一件事只有两种可能的结果时，用 1 表示其中一种结果，用 0 表示另一种结果）。在性别右侧插入新的一列，命名为"性别虚拟变量"。

   在该列第二行中输入公式 =IF(D2=" 男 ",1,0)，然后将鼠标移动到该单元格右下角，双击单元格右下角出现的十字，将公式添加到该列其他单元格中。公式的输出结果将用 1 表示性别男，用 0 表示性别女。本步骤中用到的公式 IF(logical_test,[value_if_true],[value_if_false]) 为判断公式，logical_test 定义了判断条件（可用来判断大于、小于、等于、大于等于、小于等于和不等于的关系）。当判断条件满足时，将输出 [value_if_true]；当判断条件不满足时，将输出 [value_if_false]。

5. 文档中的地址信息存在两个明显的问题：①一些顾客没有提供地址信息（如 G5）；②有些地址信息的单元格含有外边框，但其他单元格没有外边框。为解决第一个问题，你可以使用查找和选择功能中的定位条件，为缺失的地址添加备注。选择地址列（G 列）> 开始 > 查找和选择 > 定位条件 > 选择"空值" > 确定。在公式栏中输入待确认，按下组合键 Control + Enter，将文本"待确认"填充到无地址的单元格中。为了解决第二个问题，你可以选中想取消格式的区域，在开始选项中单击橡皮擦图标，在下拉菜单中单击清除格式。如果你想进一步地在地址列中包含"待确认"的单元格填充颜色，你可以选择地址列（G 列），然后在开始菜单中单击条件格式 > 突出显示单元格规则 > 文本包含，在弹出窗口的空白处，输入待确认，可在设置为的下拉菜单中更换你需要的颜色和格式，然后单击确定。调整后的文本将如下图所示。

6. 为了更加清晰地列出顾客地址，你可以将地址拆分为省、市和街道地址。插入新的一列并将其命名为省份，在第二行中使用公式 =FIND(find_text,within_text,[start_num])，定义文本"省"在单元格中的位置，即 =FIND(" 省 ",G2)。

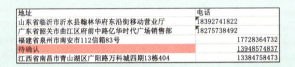

将公式 =FIND(" 省 ",G2) 嵌套在公式 LEFT(text,[num_chars]) 中，以返回省份信息（=LEFT(G2,FIND(" 省 ",G2)))。LEFT(text,[num_chars]) 可用来提取文本中自左边第一个到左边第 [num_chars] 个字符中包含的文本信息。

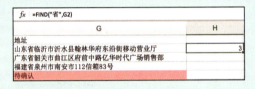

在你将公式填充到本列其他单元格中时，Excel 会在单元格中查询不到"省"的时候报错，如下图所示。

此时你可以批量修改报错。在开始选项中，单击查找和选择 > 定位条件，选择公式，

取消勾选数字、文本和逻辑。在公式栏中输入待确认，按下组合键 Control +Enter，将文本"待确认"填充到其他报错的单元格中。

你可以使用公式 =RIGHT(G2,LEN(G2)-FIND(" 市 ",G2)) 来提取街道信息。其中 RIGHT(text,[num_chars]) 可用来提取文本中自右边第一个到右边第 [num_chars] 个字符包含的文本信息。LEN(text) 的输出结果为文本 / 单元格中包含的字符数。

同理，你可以使用公式 =LEFT(RIGHT(G2,LEN(G2)-FIND(" 省 ",G2)),FIND(" 市 ", RIGHT(G2,LEN(G2)-FIND(" 省 ",G2)))) 来提取城市信息。

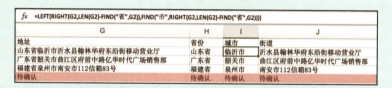

7. 你会注意到顾客电话信息的数据格式不统一，有一些为文本，有一些为数字。你可以选择该列，在开始选项中，将数据格式改为数值（如需要可点击图标 以取消小数点后的十分位和百分位。这时你会发现有些数据仍为文本格式，这是因为这些单元格中的文本有前缀 " ' "。

为了解决此问题，你可以在任意空单元格中输入 1 > 复制该单元格 > 选择列"电话"中所有包含有效值的单元格 > 单击开始选项中粘贴图标右侧的箭头，在下拉菜单中选择"选择性粘贴" > 在操作区域中选择"乘" > 单击"确定"。

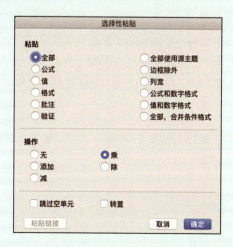

8. 最后，你需要检查文档中是否包含重复值。**选择表格区域 > 在数据选项中单击删除重复值 > 勾选列表包含标题和全选 > 单击确定。**

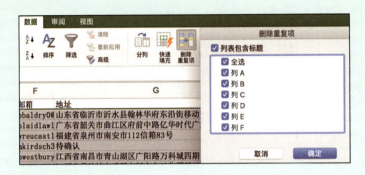

此操作删除了两个重复值。

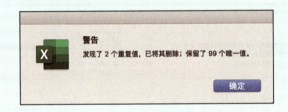

问题 1：如果你需要拆分最后一列备注中的信息，你可以使用什么公式和方法？

9. 对处理后的文档屏幕进行截图（将其命名为图 2-5A）。

案例 2-6　大学计分卡的数据提取和数据准备

本案例将帮助你学习如何从文本文件中提取数据，并在 Excel 中进行分析。本案例将为第 3 章中涉及的有关大学计分卡的分析做好准备。

数据汇总

本案例使用的数据是美国教育部提供的大学计分卡数据集的子集。这些数据提供了美国联邦政府的财政援助和收入信息，这些数据将帮助我们了解获得美国联邦财政资助的学校的业绩和在校学生的成绩。你可以在网站 https://collegescorecard.ed.gov/data/ 上了解更多相关数据的使用方法并查看原始数据。但是，在本案例中，你应该使用本案例提供的文本文件。

所需数据

- 大学计分卡数据集：CollegeScorecard_RawData（扫描二维码 2-11 获取）。

所需技能

- 一些 Excel 的操作经验对本案例很有帮助。

二维码 2-11

所需软件

- 文本编辑器（Windows：记事本；Mac：TextEdit）。

- Excel。
- 屏幕截取工具（Windows：截屏工具；Mac：Cmd + Shift + 4）。

在本案例中，你将：
- 将数据提取到文本编辑器中，并将其转换为易于在 Excel 中分析的结构性数据。

第 1 步：提出问题

由于本案例的重点在于处理数据，因此你需要自己提出问题。我们将从一个包含两个变量的简单问题着手，分析四年制大学的全日制新生的 SAT 平均分和毕业率。

第 2 步：处理数据

1. 打开文本文件 CollegeScoreCard_RawData.txt。
2. 选择文本文件中的所有数据并复制它们。
3. 打开一个新的 Excel 工作簿。双击单元格 A1，在单元格中粘贴文本数据。
4. 对屏幕进行截图（将其命名为图 2-6A）。
5. 数据将被默认粘贴到 A 列中。为了单独查看每一列，你需要使用 Excel 中的"分列"功能拆分数据。在 Excel 功能区中，单击标签数据。
6. 选中 A 列中的所有数据（而不仅仅是第一行的数据），然后单击分列按钮以打开"文本分列向导"来转换数据。
7. "文本分列向导"提供了两个选项：分隔符号和固定宽度。分隔符号通过符号来分隔数据，在 Excel 或其他应用程序中，它引用了一个符号来分离（或分割）数据。

问题 1：通过浏览文本文件中的数据，你认为分隔符是什么？

8. 保留选中的分隔符号（默认设置），在向导中单击下一步，然后选择合适的分隔符，确保取消默认选中的选项卡。
9. 在向导中单击完成。
10. 对屏幕进行截图（将其命名图 2-6B）。
11. 为确保你从 txt 文件中提取的数据包含了所有数据，我们需要验证它。验证以下校验值：

- 你应该有 7 704 条记录（行）。
- 将属性名称（列标题）与数据字典中列出的属性进行比较。是否丢失了任何属性？是否添加了额外的属性？
- SAT 分数的平均值应为 1 059.07（将 NULL 值保留为 NULL）。

问题 2：在检验校验值时，你证实了 SAT 的平均值为 1 059.07。当我们更严格地使用数据时，我们需要转换 NULL 值。如果你需要将 SAT 的 NULL 值转换为 0，会对平均值有什么影响（保持不变、减少还是增加）？平均值的变化对你解释数据的方式有什么影响？你认为将 NULL 替换为 0 是个好主意吗？

12. 现在，数据已经验证完毕，你可以进一步清理数据了。清理数据的方式取决于你要回答的问题。在本案例中，我们准备对 SAT_AVG 和 C150_4 这两个属性进行回归分析。如你将在第 3 章中了解到的那样，回归分析不能包含非数字值（也就是说，不能保留 NULL 值，也不能将其转换为空白单元格）。我们在上一步中，也讨论了将 NULL 值替换为 0 的缺点。为了避免出现 NULL、空白单元格和 0 值，我们将移除 SAT_AVG 或 C150_4 中包含 NULL 值的所有记录。

13. 执行 =COUNT（ ），对清理后的数据进行计数，剩余的记录数为 1 271 条。
14. 对屏幕进行截图（将其命名为图 2-6C）。

现在，你的数据已准备好了，可用于执行测试计划。我们将在第 3 章继续完成本案例。

案例 2-7　综合案例　狄乐百货数据分析：如何创建一个实体关系图

公司简介
狄乐公司简介略。

所需数据
本书使用的狄乐百货数据均可在网站 http://walton.uark.edu/enterprise/ 中获得。你的任课教师将为你提供数据的访问权限和使用方法。"2016 Dillard's"涵盖了 2014 年 1 月 1 日～ 2016 年 10 月 17 日的所有交易数据。

所需软件
- Microsoft SQL Server Management Studio 和 Microsoft Excel（可以选择在阿肯色大学的远程桌面使用以上软件，阿肯色大学远程桌面登录说明请扫描二维码 2-12 获取。）

二维码 2-12

在本案例中，你将：
- 创建一个实体关系图（ERD），它将帮助你快速查看数据库的信息。通过这张图，你可以查看整个数据库中包含的所有表格的信息，或者仅查看你关注的表格中的属性。

第 1 步：提出问题
狄乐百货试图找出在什么情况下客户在单笔交易上花费更多。我们提出了与狄乐百货销售方式有关的问题。

问题 1：为什么查看整个数据库或该数据库中的某些表可以帮助我们了解数据？

问题 2：你认为我们可能会用到狄乐百货零售店的哪种类型的数据？狄乐百货的供应商是否可以使用这些数据来预测顾客未来的购买行为？

第 2 步：处理数据，第 3 步：执行分析
在本案例中，我们将创建一个 ERD 以查看数据库的结构。

1. 登录到阿肯色大学的远程桌面。
2. 打开 Microsoft SQL Server Management Studio，访问数据 UA_Dillards_2016。
3. 在"Connect to Server"窗口输入 Connect 网上教学资源提供的服务器名称（见图 2-2）。

案例 2-9　综合案例　狄乐百货数据分析：将 Excel 连接到 SQL 数据库

公司简介

狄乐公司概况已在案例 2-7 中介绍过，此处不再赘述。

所需数据

本书使用的狄乐百货数据均可在网站 http://walton.uark.edu/enterprise/ 中获得。你的任课教师将为你提供数据的访问权限和使用方法。"2016 Dillard's"涵盖了 2014 年 1 月 1 日～ 2016 年 10 月 17 日的所有交易数据。

所需软件

- Microsoft SQL Server Management Studio 和 Microsoft Excel（可在阿肯色大学的远程桌面使用以上软件）
- Excel 2016（可在阿肯色大学的远程桌面使用以上软件）

在本案例中，你将：

- 了解如何在 Excel 中访问数据库、运行查询以及执行分析。

第 1 步：提出问题

作为会计人员，我们往往对 Microsoft Excel 最熟悉，因此本案例将介绍如何在 Excel 中访问数据并运行查询。Excel 和其他工具相比有什么优势呢？

问题 1：你可以在 Excel 中执行哪些在其他数据管理程序中很难实现的分析？

问题 2：大多数会计人员都熟悉 Excel，指出三种更易于在 Excel 中执行的数据管理功能。了解这些信息对你的分析有帮助吗？

第 2 步：处理数据，第 3 步：执行分析

1. 登录到阿肯色大学的远程桌面。
2. 打开 Microsoft SQL Server Management Studio，访问 UA_Dillards_2016 数据。

将 Excel 连接到 SQL Server 数据库

在 SQL Server 中执行查询是查看数据的很好的方法，如果你最终将要把数据加载到 Excel 中进行其他分析或制作可视化图表，则最容易的方法就是在 Excel 中直接编写查询。在这种情况下，Excel 将完成 ETL 的全部流程。

3. 打开一个新的 Excel 工作簿。
4. 在 Data 选项卡中，单击 New Query > From Database > From SQL Server Database。

资料来源：Microsoft SQL Server Management Studio.⊖

⊖ 除特殊说明外，本案例图表资料来源均为 Microsoft SQL Server Management Studio。

Enter。你也可以输入 UA_Dillards_2016 来代替下拉滚动条。

7. 由于此数据集非常庞大，因此系统可能需要很长时间才能返回一些数据量较大的表（如 TRANSACT）的完整数据集。如果只想查看数据集的前几行，以了解表中包含的数据类型，你可以通过查询功能实现此目的。

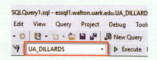

在 SELECT 语句中，你可以在想要查看的列之前输入 TOP #。你在查询中可以使用任何类型的筛选、汇总和排序，选择查看最上面的几行，将可以通过返回查询的子集来缩短查询的时间。

8. 为了查看 TRANSACT 表中的前 10 行，请在查询窗口输入：

SELECT TOP 10 *
FROM TRANSACT

在 SQL 中，SELECT 指明了你要查看的列。* 是快捷符号，表示你想查看所有列。TOP 命令指明了需要返回表格最上面的某几行。

FROM 说明了你要查看的数据所在的表。

9. 单击 Execute，运行命令、查看查询结果。F5 是运行查询的 PC 快捷方式。

10. 对屏幕进行截图（将其命名为图 2-7A）。

11. 在你查看这些结果时，你可能会想知道某些属性的具体含义是什么。例如，TRAN_TYPE 列仅返回了带有 P 的值。要查看其他类型的值，可以通过筛选功能排除 TRAN_TYPE 为 P 的所有记录。

如果想在 SQL 中筛选数据，我们可以使用 WHERE 语句。在 FROM 语句后输入 WHERE 语句：

SELECT TOP 10 *
FROM TRANSACT
WHERE TRAN_TYPE [[<>]] `P'

WHERE 代码包含三个部分：
- 你想要筛选的属性（在这种情况下为 TRAN_TYPE）。
- 筛选方式：
  - = 查看与某个值对应的行。
  - <> 排除与某个值对应的行。
  - > 查看大于特定值的所有值，< 查看小于特定值的所有值。
- 本案例中，你想根据数值是否为"P"筛选记录。

12. 执行查询。

第 4 步：处理和优化结果

问题 3：你认为 TRAN_TYPE 表中的"P"和"R"分别代表什么？"P"或"R"分别代表哪种交易？

问题 4：仅选择数据的前几行有什么好处，尤其是从大型数据库中选择数据的时候？

所需数据

本书使用的狄乐百货数据均可在网站 http://walton.uark.edu/enterprise/ 中获得。你的任课教师将为你提供数据的访问权限和使用方法。"2016 Dillard's"涵盖了 2014 年 1 月 1 日～2016 年 10 月 17 日的所有交易数据。

所需软件

- Microsoft SQL Server Management Studio 和 Microsoft Excel（可在阿肯色大学的远程桌面使用以上软件）。

在本案例中，你将：

- 了解如何通过预览数据来更好地了解数据字段的内容和结构，并以此完成进一步的数据查询和数据库分析工作。

第 1 步：提出问题

数据分析的很多工作是循环往复的。在你获取一些信息后，你将会修改你的搜索和分析，然后重新执行分析。一直以来，你一直在通过回答以下问题来提高数据搜索的有效性。相关问题包括：

问题 1：为什么查看整个数据库或仅查看数据库中的某些表可以增进我们对数据的了解？

问题 2：你认为狄乐百货零售店收集的哪种类型的数据可能会有用？狄乐百货的供应商是否可以使用这些数据来预测顾客未来的购买行为？

第 2 步：处理数据，第 3 步：执行分析

1. 登录到阿肯色大学的远程桌面。
2. 打开 Microsoft SQL Server Management Studio 以访问 UA_Dillards_2016 数据。
3. 在"Connect to Server"窗口输入网上教学资源 Connect 提供的服务器名称。
4. 保留 Authentication 的默认值"Windows Authentication"，然后单击连接。
5. 从 SQL Server 应用程序顶部的菜单中选择 New Query。

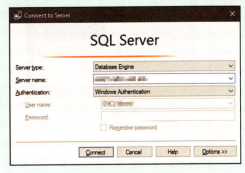

资料来源：Microsoft SQL Server Management Studio.⊖

6. 如果查询数据库的下拉菜单中没有显示"UA_Dillards_2016"（例如，它经常默认为"Master"），你可以点击下拉菜单窗口，下拉滚动条至 UA_Dillards_2016，然后单击

⊖ 除特殊说明外，本案例图表资料来源均为 Microsoft SQL Server Management Studio。

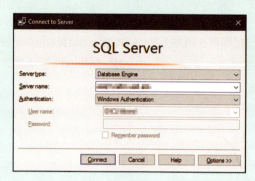

图 2-2

资料来源：Microsoft SQL Server Management Studio.⊖

4. 保留 Authentication 的默认值 Windows Authentication，然后单击 Connect。

5. 在"Object Explorer"窗口中展开"Databases"文件夹（见图 2-3）。

6. 下拉滚动条找到 UA_Dillards_2016 数据库并展开它。

7. 右键单击 Database Diagrams 显示以下窗口。

8. 选择 New Database Diagram（见图 2-4）。

9. 弹出窗口将显示有关你无法创建表的信息，单击 OK（见图 2-5）。因为我们并不需要创建或编辑任何表，只需要查看表。

图 2-3

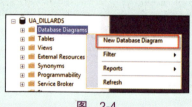

图 2-4

图 2-5

10. 选择想要查看的表。针对本案例的情况，请选择全部。

11. 对屏幕进行截图（将其命名为图 2-7A）。

第 4 步：处理和优化结果

问题 3：TRANSACT 表的主键是什么？SKU 表的主键是什么？

问题 4：我们如何将表 SKU 连接到表 TRANSACT 中？如何合并两个来自不同数据库的表？

案例 2-8　综合案例　狄乐百货数据分析：如何从查询（Query）中预览数据

公司简介

狄乐公司简介略。

⊖ 除特殊说明外，本案例图表资料来源均为 Microsoft SQL Server Management Studio。

5. 在弹出的 Microsoft SQL 数据库窗口中，输入网上教学资源 Connect 提供的服务器名称。数据库的名称为 UA_Dillards_2016。

6. 单击 OK。
7. 在下一个窗口中，保留默认设置以使用当前的授权信息，然后单击 Connect。

8. 在弹出的 Encryption Support 窗口单击 OK。
9. 在 Navigator 窗口，选择 UA_Dillards_2016 数据库，单击 STORE 来预览数据。

10. 预览的数据将显示在 Navigator 窗口的右侧。单击 Load，将数据加载到 Excel 中。

    只要你加载到 Excel 中的数据集符合 Excel 对行数的限制（1 048 576 行），就可以在 Excel 中获取完整的表格。你可以使用 Excel 提供的公式、函数和统计工具分析数据，也可以创建数据透视表等其他图表。

11. 通过选择 Store 表中的所有数据，为此数据集创建一个数据透视表，然后在 Excel 功能区的 Insert 选项卡中单击 PivotTable。

12. 我们可以快速查看每个州有多少家商店。将 STATE 拖放到 PivotTable Fields 窗口的 ROWS 中，然后将 STORE 拖放到 PivotTable Fields 窗口的 VALUES 中。

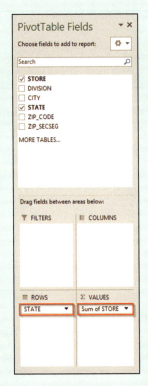

13. 数据透视表会默认你要对 Store ID 求和（SUM），这将提供没有意义的信息。我们需要将求和更改为 COUNT（计数）。

    点击"PivotTable Fields 中 VALUES"右侧的箭头，然后选择"Value Field Settings"。

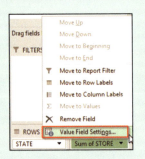

14. 选择 COUNT 以查看每个州的店铺数量。

第2章 数据的准备和清理　75

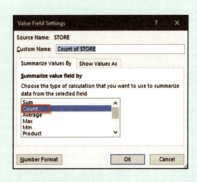

15. 对数据透视表进行截图（将其命名为图2-9A）。

问题3：通过数据透视表找出狄乐百货店铺数量最多的州。哪个州的店铺数量最少？有多少海外店铺？

问题4：你还可以使用数据透视表对店铺数据进行哪些分析？这些分析将为你提供哪些有意义的信息？

直接在Excel中编写查询

在SQL Server中执行查询是查看数据的好方法，但如果你最终需要把数据加载到Excel中来完成后续的分析或可视化处理，最简单的方法就是在Excel中直接编写查询。

1. 打开一个新的Excel工作簿。
2. 在Data选项卡中，单击New Query > From Database > From SQL Server Database。

3. 在Microsoft SQL数据库的弹出窗口中，输入网上教学资源Connect提供的服务器名称。数据库的名称为UA_Dillards_2016。

重要说明：如果你刚刚完成本案例的第1步（连接数据），你需要意识到此处的分析与上一步不同。在此处，不要单击OK，单击Advanced options。

4. 在此查询中，我们需要获取足够的数据来回答有关各州店铺交易的各种问题。我们将选择TRANSACT中的所有列和

STORE 表中的 STATE 列。为此，我们可以在查询中合并两个表。

问题 5：根据主键和外键的关系合并表格，查看 ERD 或数据集，找出哪两列构成了表 TRANSACT 和表 STORE 的主键与外键。

5. 在 SQL 语句框中键入以下查询：

```sql
SELECT TRANSACT.*, STATE
FROM TRANSACT
INNER JOIN STORE
ON TRANSACT.STORE = STORE.STORE
WHERE TRAN_DATE BETWEEN '20160901' AND '20160915'
```

6. 单击 OK 继续。
7. 在下一个窗口中，使用你当前的授权信息，单击 Connect。

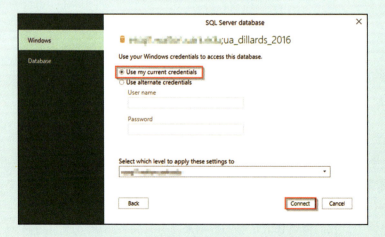

8. 在 Encryption Support 窗口中单击 OK。

9. Excel 将在加载数据之前为你提供数据预览。如果查询可以成功被加载（即如果你看到数据预览，而不是错误信息），点击 Close & Load 将数据加载到 Excel 表中。

10. 数据加载可能需要几分钟。即使执行的查询仅调取了 15 天的交易数据，但是仍会返回超过 100 万笔交易（或行）。

第 4 步：计算汇总统计数据

计算汇总统计数据（如定量数据的均值、中位数和众数）有助于快速了解大型数据集的组成部分。

11. 虽然你可以手动计算这些统计信息，但也可以通过 Excel 的 Data Analysis ToolPak 组件自动计算这些信息。如果你尚未在 Excel 中添加此组件，请遵循以下菜单路径添加组件：File > Options > Add-ins。在这个窗口中，点击按钮 Go...，然后在 Analysis ToolPak 旁边添加一个复选标记。单击 OK 后，你将可以在 Excel 工具栏中的 Data 选项卡中访问 ToolPak。

12. 我们将计算 ORIG_PRICE、SALE_PRICE、TRAN_AMT 的描述性统计信息。

问题 6：查看数据的前几行，比较 ORIG_PRICE、SALE_PRICE、TRAN_AMT 中的值。你认为 TRANS_AMT 代表了什么信息？

13. 在 Excel 工具栏中的 Data 选项卡中点击 Data Analysis，然后选择 Descriptive Statistics。

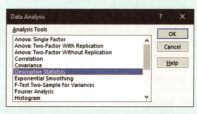

14. 在 Input Range 中，选择三个你关注的属性所在列。保留 Grouped By 的默认选项 columns，然后在 Labels in First Row 旁边添加一个复选标记。

15. 在 Summary Statistics 旁边添加一个复选标记，然后点击 OK。

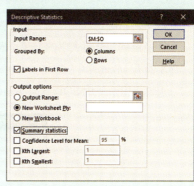

获取统计信息可能需要一段时间，因为需要处理很多行数据。

问题 7：每个属性的含义是什么？

问题 8：TRAN_AMT 的平均值低于 ORIG_PRICE 和 SALE_PRICE 的平均值，你认为这是为什么呢？（提示：这不是一个错误。）

第 5 步：处理和优化结果

问题 9：为什么 Excel 的数据查询功能可以更快、更有效地访问和分析数据？

问题 10：15 天的数据是否足以发现不同变量之间的统计关系？当 Excel 中的数据超过 100 万行时，会发生什么？一些其他的统计程序（如 SAS 和 SPSS）可以对更大的数据集进行数据转换和统计分析。

案例 2-10　综合案例　狄乐百货数据分析：合并表

公司简介
狄乐公司简介略。

所需数据
本书使用的狄乐百货数据均可在网站 http://walton.uark.edu/enterprise/ 中获得。你的任课教师将为你提供数据的访问权限和使用方法。"2016 Dillard's"涵盖了 2014 年 1 月 1 日～2016 年 10 月 17 日的所有交易数据。

所需软件
- Microsoft SQL Server Management Studio 和 Microsoft Excel（可在阿肯色大学的远程桌面使用以上软件）。

在本案例中，你将：
- 了解如何合并两个表并运行数据分析。

第 1 步：提出问题
1. 查阅 ERD 以查看表 TRANSACT 和表 CUSTOMER 中包含的数据。案例 2-5 描述了如何访问 ERD。

问题 1：如果我们想合并表 TRANSACT 和表 CUSTOMER，那么我们会通过什么字段（或变量）对这两个表进行合并？

问题 2：大多数会计人员对 Excel 都很熟悉，提出三个更易于在 Excel 中实现的数据管理功能。对 Excel 的了解会对数据分析有什么帮助？

第 2 步：处理数据，第 3 步：执行分析
2. 登录到阿肯色大学的远程桌面。
3. 打开 Microsoft SQL Server Management Studio，访问 UA_Dillards_2016 数据。
4. 在 Microsoft SQL 数据库的弹出窗口中，输入网上教学资源 Connect 提供的服务器名称。

资料来源：Microsoft SQL Server Management Studio.⊖

⊖　除特殊说明外，本案例图表资料均来源于 Microsoft SQL Server Management Studio。

5. 保留 Authentication 的默认值 Windows Authentication，然后单击连接。
6. 从 SQL Server 应用程序顶部的菜单中选择 New Query。

7. 如果如下图所示的数据库名称窗口没有显示"UA_Dillards_2016"（例如，它常常被默认为"Master"），请点击下拉菜单，并下拉滚动条至 UA_Dillards_2016，然后单击 Enter。你也可以输入 UA_Dillards_2016 来代替上述操作。

8. 根据本案例以及案例 2-6 和案例 2-7 中的描述，你可以使用相关工具合并表 TRANSACT 和 CUSTOMER，并运行查询，分析各州客户的消费情况（请注意，此信息代表了客户的居住地而不是商店所在地）。输入一个查询以显示每个州有多少客户在狄乐百货购物。对整个数据集运行查询，不要限制查询数据的天数。
9. 运行此查询可能需要几分钟。在返回的查询结果中，你可以检验查询结果，例如在阿肯色州的狄乐百货购物的客户数量为 2 673 008。

问题 3：返回的查询结果中包含了多少个不同的州？

问题 4：你认为州数据中的 Other、XX、blank 和 Null 代表了什么？如果你想进一步分析这些数据，了解客户在不同狄乐百货店铺的消费行为，你将如何处理这些数据，将数据分组、移除数据还是会将数据保留下来？为什么？

第 3 章

模型建立与评估：从商业问题出发，通过对可获取数据进行合理的分析来回答和解决问题

本章概览

理解不同的数据分析模型和工具对会计人员来说越来越重要。本章分析了多个数据分析模型和方法，并详细介绍了如何根据不同的情况选择合适的数据分析方法，以及如何解释数据分析的结果。此外，我们还通过案例说明了如何使用不同的数据分析方法和数据分析模型处理具体的会计问题。

上章回顾

第 2 章描述了数据分析前需要做的数据清理和数据准备工作，包括数据的提取、转换、导出、验证和数据的标准化处理等。此外，我们还解释了为什么统一的数据标准是提高供应链各个环节之间信息互换的重要因素。

下章预览

第 4 章将介绍可以有效沟通数据分析结果的工具和方法。此外，第 4 章还将进一步解释如何优化数据分析结果，以及如何将数据分析结果转化成有助于公司决策者制定合理决策的有效信息。

学习目标

目标 3-1　认识和了解数据分析方法
目标 3-2　理解剖析法在数据分析中的应用
目标 3-3　理解数据精简法在数据分析中的应用
目标 3-4　理解回归方程在数据分析中的应用
目标 3-5　理解分类法在数据分析中的应用
目标 3-6　理解聚类分析在数据分析中的应用

开篇案例　　　　　　　　BART 加班费用欺诈案例

旧金山的管理员 Liang Zhao Zhang 在 2015 年的收入超过了 275 000 美元。该地区管理员的年平均收入为 26 180 美元。湾区捷运（BART）公司的管理员 Zhang 的基本工资为 57 945

美元，加班费为 162 050 美元，加上他收到的其他福利，工资总计为 276 121 美元。Zhang 选择在每一个可用的加班时段都参与加班，因此他在 2015 年工作了 4 000 多个小时并收到了相应的加班费。有些人认为他的收入"离谱而又不负责任"。针对这种情况，BART 是否可以预测哪些员工有可能利用加班费来获得高额工资？BART 是否应该制定相关政策限制员工的加班收入？对于 BART 来说，选择聘请更多长期的全职员工是否比支付员工加班费对公司更有利？

数据分析可以帮助公司解决这些问题吗？

通过使用本章中介绍的剖析法对相关数据进行分析，BART 可以生成员工加班费用的汇总统计数据。这些信息将帮助公司分析公司是否需要员工加班以及员工是否利用了加班的机会来赚取高额的工资。

回归方程和分类法可以帮助 BART 分析有哪些员工更有可能获得额外收入以及公司推行的某些政策是否正确，如按资历分配加班机会。也就是说，当资深员工可以优先选择加班时，其他员工是否会获得更少的加班机会？资深员工是否比新员工获得更高的加班收入？如果情况属实，对公司和员工来说这个政策是最有益的吗？

资料来源：http://www.cnbc.com/2016/11/04/how-one-bay-area-janitor-made-276000-last-year.html。

3.1 数据分析的具体实施：认识和了解数据分析方法

本书第 1 章以 IMPACT 循环模型为基础，介绍了在商业分析中，用以解决商业问题的数据分析方法。IMPACT 循环模型描述了在商业和会计领域应用数据分析的步骤与方法。本书第 1 章介绍了 IMPACT 循环模型的第一个环节"I"——提出问题。第 2 章描述和解释了 IMPACT 循环模型的第二个环节"M"——处理数据。本章将讲解 IMPACT 循环模型的第三个环节"P"——执行测试计划。我们将介绍如何通过测试和分析数据来回答我们面临的问题，以及如何选择合适的数据方法来回答相关的商业问题。

在讨论这些方法之前，我们首先介绍一些数据相关的术语。

- **目标对象**（target）是我们想要评估的属性或值。例如，如果我们想预测交易中是否存在欺诈行为，则我们的目标对象是具体的"欺诈评分"。如果我们想预测利息，则目标对象是"利率"。
- **类别**（class）是我们按照具体情况对已有数据或信息，通过手动分类将数据或信息划分到的某一个组别。举例来说，如果信用部门根据顾客的信用情况拒绝了客户的贷款申请，则信用部门应将客户划分到类别"已拒绝"。如果内部审计人员确认欺诈行为已发生，则会将此交易划分到类别"欺诈"。

实际操作中，学生可以根据想要回答的商业问题，提出预期结果，根据可获得的数据，在多种数据分析方法中做出选择。如果你仅仅是想探索数据中隐藏的趋势，而并没有一个具体的问题，则你可以选择**非指导性方法**（unsupervised approach）。例如，如果我们想知道零售商是否会根据相似的属性形成自然的群组，则在这种情况下，我们并不知道零售商之间有哪些相似之处，因而我们并没有一个具体的问题。你可以使用聚类分析法（clustering）来分析零售商的属性，找到零售商之间的联系，如图 3-1 所示。

聚类分析是一种非指导性方法，可以用来发现数据中自然形成的群组。如图 3-1 所示，聚类分析方法将零售商分为三个自然的群组。

除此之外，你也可以使用：①同时发生组（co-occurrence grouping，即将零售商按照地理区域进行分组）；②数据精简法（data reduction，即将零售商按照明显的等级进行分类，如将其分为批发商和零售商，或按照订货总量进行分类）；③剖析法（profiling，即按照零售商送达货品的时间进行分组（见图 3-2））。以上所有的数据分析方法都是以数据为导向的，分析者可对分析生成的结果进行进一步分析，以判断数据分析结果是否与最初的预期相符。以上探索性的分析或许可以帮助分析者提出更好的问题，但对最终的决策制定的影响相对有限。

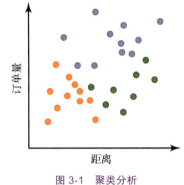

图 3-1　聚类分析

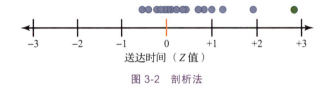

图 3-2　剖析法

剖析法是一种用来发现数据中隐含的趋势的非指导性方法。Z 值衡量了实际值和平均值之间的偏差。当我们用剖析法来衡量产品送达时间时，Z 值越大代表着零售商的商品送达的时间越晚。图中的绿色圆点代表延迟送达。剖析法可以帮助我们发现哪些零售商没有将产品及时送达。这些信息可以帮助我们发现经常延迟送达货品的供应商具备哪些共同的属性。了解了这些信息，我们就可以尽量避免和这样的零售商合作。

相反，如果我们有一个明确的问题，或对分析结果有一个具体的预期，则我们可以使用指导性方法（supervised approach），例如分类法、回归方程分析、因果分析、相似度匹配和关联性预测。如果想知道零售商是否可以将订单量较大的订单按时送达，我们可以使用历史数据对订单送达时间进行预测。我们可以使用分类法（classification）将新零售商与其他零售商进行比较，并根据零售商之间相似的属性将新零售商划分到某一等级（如准时送达组、延时送达组），如图 3-3 所示。我们也可以通过回归方程（regression）更直接地预测新零售商运送货物所需的时间。同样地，回归分析法可以帮助我们依据已有的观察值来预测新的观察值的行为，如图 3-4 所示。其他指导性方法还包括因果模型（causal modeling）、相似度匹配（similarity matching）和关联性预测（link prediction）。这些方法可分别用来预测因果关系（需较大的资金支持），创建包含相关影响因素的模型，或定义某种其他的关系。

分类法是一种指导性方法，可以用来预测新观察值所属的类别。如图 3-3 所示，蓝色圆点代表将货品及时送达的零售商，绿点方块代表未将货品及时送达的零售商，其中金色星星代表无历史记录的新零售商。

回归方程是一种可以预测具体数值的指导性方法。回归方程由自变量和因变量组成。因变量为预测值，自变量为影响因变量变化的因素。在本例中，订单量为自变量，货品送达所需天数是因变量。如图 3-4 中金色星星所示,我们可根据订单量预测订单送达的时间。

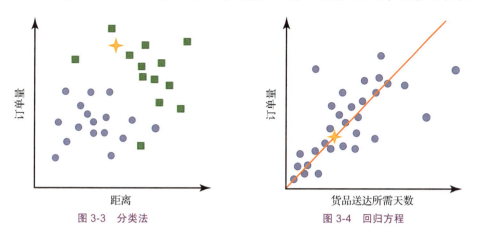

图 3-3　分类法　　　　　　　　　　图 3-4　回归方程

最终,数据方法的选择将取决于问题本身。图 3-5 展示了可以帮助分析者选择合适的数据分析方法和模型的流线图。如图 3-5 所示,分析者可以根据可获得的数据、需要回答的问题和预期的分析结果,选择合适的数据分析方法。在选择合适的数据之后,就可以开始你的数据分析了。

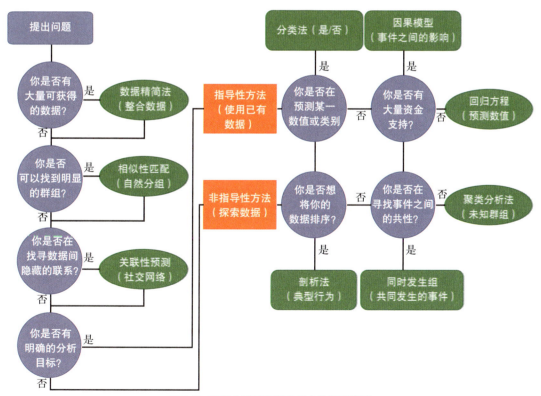

图 3-5　选择合适的数据分析方法的流线图

我们已在第 1 章强调了数据分析的方法,并在此再次列出以做参考:

- 分类法
- 回归方程

- 相似度匹配
- 聚类分析法
- 同时发生组
- 剖析法
- 关联性预测
- 数据精简法

以上提到的数据分析方法均是重要且行之有效的方法。在本章中，我们将对会计和审计工作中最常用的5种方法进行更为详细的讲解，这5种方法分别是剖析法、数据精简法、回归方程、分类法和聚类分析法。在实际应用中，你会发现这些方法并不是相互排斥的，我们常常会结合不同的分析方法来实现预期的测试并获得所需的数据分析结果。

| 阶段测试 |

1. 使用图3-5中的流程图为以下问题找到合适的数据分析方法：
   （1）拥有A动机的顾客是否会买产品X？
   （2）拥有A动机的顾客会买哪个产品，X、Y还是都不买？
   （3）顾客可能会购买多少产品？
2. 指导性方法和非指导性方法的主要区别是什么？
3. 如图3-3所示，新零售商应归属于哪一个类别？

3.2 剖析法

剖析法可以帮助分析者找到个体或群体的典型特征。剖析法主要适用于结构性数据。结构性数据被储存在数据库或数据表中，且便于搜索。使用这些数据，分析者可以使用常见的统计分析结果（如总值、均值和标准差等）来描述某个个体、群体或整体。剖析法通常适用于已获得且可以用于分析的数据。

我们可以使用剖析法来简单地计算交易数据的描述性统计结果，如某件商品送达时间的平均值、平均采购费用、员工所需的工作时间。我们也可以使用更为复杂的模型来预测潜在的欺诈行为。例如，你可以建立一个文档，剖析每位员工的薪资、工作时长和差旅费用等信息。如发现某位员工的行为偏离于其他历史记录，则可能存在欺诈行为，应引起内部审计人员的注意。

剖析法常常用来衡量数据质量和公司内部控制情况。例如，剖析法可用来发现顾客交易信息是否存在信息不完整、信息输入错误等情况。

数据剖析通常包括以下几个步骤。

1. 找到你想剖析的活动和对象。 具体来讲，剖析的活动和对象取决于你想衡量的数据，如销售数据、客户信息、信用记录或欠款限额等。如果一个管理者想追踪连锁门店的销量情况，则可以分析各个门店的总销量、资产周转率、推广活动、折扣活动以及员工激励计划等数据。

2. 决定你想采用哪种类型的数据剖析。 你的分析目标是什么？你是否想设置最低的销售要求？你是否有想要遵循的预算计划？你是否在努力减小欺诈风险？对于零售业来说，管理者是否想通过比较不同店铺的业绩，来发现业绩好和业绩不好的店铺？

3. 设定边界和阈值。 边界和阈值有可能是手动设置的，如预算目标，也可能是自动设置的，如均值或分位值。比如，连锁店管理者可将单店业绩低于所有店铺业绩分布 20% 的店铺设定为业绩不良的店铺，将高于所有店铺业绩分布 80% 的店铺设定为业绩优异的店铺。在这个例子中所设定的阈值（20%、80%）是依据实际销售数据实时变化的数值，因此是动态的阈值。

4. 解释分析结果，监督活动变化和报告可能存在的异常值。 控制面板可用于展示分析结果。管理者可在控制面板上浏览不同分析结果并依此做出决策。在使用分析结果的时候，分析者需要了解所设边界及实际值之间的偏差的含义，即偏差是代表高风险交易、欺诈行为，还是需要额外关注的事项？如上面提到的例子，连锁店管理者可以查看销售指标的汇总信息，然后快速找出业绩优异和业绩不良的店铺。管理者可能会对业绩不良的店铺给予更高的关注，以试图发现其销售或运营中存在的问题。同时，管理者也可总结业绩优异的店铺在市场营销和顾客维护等方面的优势和经验。

5. 对异常值的后续追踪。 一旦设定好边界值并找出偏离值，管理者可采取一系列行动来对偏离值进行进一步验证并找出其偏离所设边界的原因。比如当连锁店管理者发现某个店铺的业绩偏离了常规范围时，他可以继续跟进，了解他们所面临的困难，给予相应的帮助，并推出区域性的促销活动来帮助其提高销售。

为了反映公司各项活动的实际情况，我们应该及时地更新各个阶段的分析结果，从而帮助信息使用者及时地做出反应。

3.2.1 管理会计应用剖析法的案例

Advanced Environmental Recycling Technologies 公司（股票代码 AERT）的主营业务为制造和销售不含有害化学成分且坚硬、易保持干燥的合成地板。此款合成地板对成分及其配比有着严格的要求（见图 3-6）。AERT 对该产品的质量以及零售价格保持着长期的监管。当实际成本或销售价格等实际数值偏离标准成本或标准价格很多时，公司会对这些商品进行进一步调查。此例为剖析法在管理会计的应用。

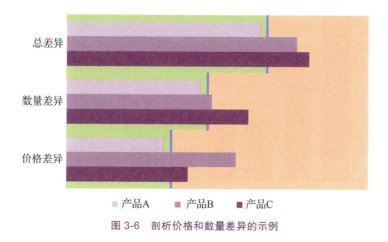

图 3-6　剖析价格和数量差异的示例

我们可以注意到图表中有多个基准线。蓝线是标准行为；绿色区域代表有利的差异；橙色区域代表不利的差异。

3.2.2 内部审计应用剖析法的案例

剖析法可以帮助内部审计人员评估差旅费用及娱乐费用。差旅费用和娱乐费用往往占据公司总支出的很大一部分,仅次于员工薪酬。我们可使用剖析法衡量差旅费用和娱乐费用的范围与均值,并将其与前一阶段数值进行对比,以发现其变化趋势和有待审计工作进一步调查的可疑交易(或税务方面的相关问题)。例如,多种原因可以造成本期均值和数据范围等统计结果与上一期数据有明显的不同,如新出现的内控漏洞、工作流程的变化导致的费用的变化,或个体在某一项目上过高的花费等。这些情况都暴露了公司内部控制面临的风险。

内部审计可以使用剖析法来侦查员工滥用公司资金的情况,例如,沃尔玛的高管汤姆·科夫林(Tom Coughlin)滥用公司资金"购买 CD、啤酒、越野车、定制的狗窝以及计算机(作为儿子的毕业礼物),并将以上花销描述为日常业务费用"⊖。

3.2.3 剖析法在持续审计工作中的应用

剖析法可以被有效地应用在持续审计工作中。当我们分析每笔交易的交易金额时,我们可以通过计算均值和标准差来计算 Z 值。根据我们学过的统计知识,假设交易金额符合正态分布,Z 值为 3 或超过 3 的交易为异常值,代表了更高的风险。审计人员可对这些可疑交易的合理性和合规性进行进一步调查。

本福德定律(Benford's law)可用于分析交易数据。本福德定律反映了日常数字类数据的每个数据集中的第一位数字(最高分位数字)的频率分布。该定律说明,在许多自然发生的数字集合中,大部分数字集中的首位数字很有可能很小。如果一个账户的交易额分布(如"销售收入"的分布)与本福德定律的预测大不相同,那么我们可能需要对该账户进行进一步的调查,并尝试发现造成差异的原因。图 3-7 展示了国内生产总值(GDP)(美元)的首位数字分布和本福德定律之间的关系。我们将在第 6 章中展示更多本福德定律的应用。

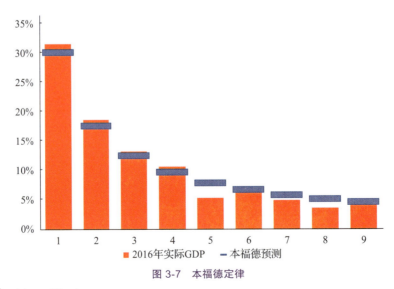

图 3-7 本福德定律

资料来源:data.worldbank.org.

⊖ http://www.washingtonpost.com/wp-dyn/content/article/2005/07/14/AR2005071402055.html (accessed August 2, 2017).

本福德定律可以预测首位数字的分布。本例中包含了 2016 年世界各国实际 GDP 的均值（以美元为单位），你可以发现实际情况和本福德定律预期之间存在的差异。

| 阶段测试 |

4. 剖析法也经常被应用于司法程序中，如对罪犯或犯罪情况的剖析。剖析法可以在执法过程中帮助司法人员发现可疑现象，并根据数据分析结果预测犯罪行为和潜在的受害者。请对比和分析剖析法在执法与会计工作中的应用。

5. 举例说明产品销售额不符合本福德定律的情况。

3.3 数据精简法

数据精简法是用来减少详细信息总量，并将注意力转移到更为重要、有趣和非正常事件（如特别高的费用、特别高的风险以及特别有影响力的事件）的方法。此方法对大数据集进行了过滤和筛选，并将其缩减到一个很小的数据集。精简后的数据集涵盖了大数据集中的重要信息。数据精简法常用于储存在数据库和工作表中的易于搜索的结构性数据。

数据精简法包含以下步骤。

1. **定义你想要精简的对象**。例如，员工可能有伪造零售商信息和虚假票据等欺诈行为。相比于评估每位员工的表现，审计人员可能仅对员工提供的地址和零售商地址非常相似的情况感兴趣。

2. **对结果进行筛选**。你可能仅通过 Excel 工作表中的过滤功能或查询命令中的 WHERE 查询语句即可实现此功能，也可能需要使用更为复杂的计算。例如，伪造供应商信息的员工常常使用与实际地址相类似但又不完全相同的地址。基本的 SQL 查询语句很难发现这些问题，审计人员可以使用可以实现模糊匹配的工具来发现相似的地址。

3. **解释结果**。当分析者将范围缩小到相关数据后，分析者需要进一步分析该数据集所包含的数据的合理性，比如对新的数据集的统计分析结果进行分析。当对比员工提供的地址和零售商的地址时，审计人员可以快速地浏览模糊匹配生成的信息，选择合适的相似度数值来找出可疑交易。

4. **追踪结果**。在这一步中，分析者可以根据分析结果设计相关模型，或将分析结果作为目标样本，进行进一步的分析。例如，当公司发现某些员工的地址与零售商的地址非常相似时，公司可依据公司制度与这些员工针对相关问题进行沟通。

3.3.1 数据精简法在内部审计和外部审计中的应用

数据精简法同时在内部审计和外部审计中获得了广泛的应用。长期以来，审计工作常常使用多种随机抽样和分层抽样的方法进行取证。数据精简法可代替以前所使用的等比例抽样方法，并将注意力转移到更重要和更可疑的样本中。比如当审计人员对差旅费用和娱乐费用进行审计时，审计人员可应用数据精简法，过滤出费用为整数的交易（见图 3-8）。因为在很多情况下，总额为整数的交易并不常见（如食品和日用品的购买以及出租车车费等）。数据精简法使分析者将更多的时间和精力用在重要或有争议的交易中，以此来证实其合理性。

数据精简法可以将注意力聚焦在感兴趣的数据上——在本例中，是对整数进行过滤。

审计人员可以使用数据精简法来检测数据集中存在的数据间隔。我们可以用数据精简法来检测已使用支票序号不连续的情况，找出作废支票或未记录支票等造成序列号不连续的原因。

数据精简法也可以用来筛选关联交易。关联交易与其他交易相比更有可能存在潜在的风险。因此，审计人员可以使用数据精简法来筛选关联交易，并对其进行更深入的求证。

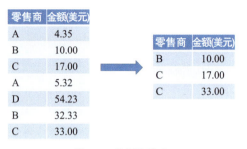

图 3-8　数据精简法

审计人员也可通过数据精简法来发现潜在的欺诈行为。通过使用模糊匹配功能，我们可以匹配员工地址和零售商地址，发现可能存在的虚假交易。当员工想制造虚假交易、挪用公司资金时，员工可能会使用与自己地址相似的地址作为零售商的地址。**模糊匹配**（fuzzy match）可用于匹配不完全相同的信息。我们可以手动设定所需的相似度。模糊匹配功能可以根据所设的相似度的要求，对达到相似度水平的信息进行提取、匹配和导出。找出相似的地址后，我们就可以对这些相关交易进行进一步分析。

3.3.2　数据精简法在其他会计领域中的应用

数据精简法同样适用于运营性审计。例如，利用数据精简法来筛选重复支付的货单，从而发现运营工作中的错误或欺诈行为。一旦重复付款的行为被发现，即可进一步分析重复支付的原因。此方法可减少公司因为重复付款造成的损失，也可预防相似情况的再次发生。

数据精简法也被财务分析师、私募经理和个人投资者等应用于财务报表分析。XBRL（eXtensible Business Reporting Language，可扩展商业报告语言）促进了公司与美国证券交易委员会之间的财务报告信息的交换。美国证券交易委员会通过 XBRL 获取了公司的财报信息后，会将信息公开，使其他利益相关方，包括供应商、竞争对手、投资者和金融分析师等获取需要的数据。XBRL 要求公司按照 XBRL 分类标准为财务数据添加标签。通过使用标记后的数据，财务分析师、信贷员和投资者可以通过建立模型来获取所有相关的财务或非财务数据，解释财务数据、预测未来收益、预测偿付能力或流动性并分析获利能力。XBRL 和相关模型的使用，使分析者可以更方便地获取财务报表的所有详细信息、脚注以及其他财务和非财务数据，并通过这些信息来分析公司的未来收益、偿债能力、流动性和盈利能力。我们将在第 8 章中进一步探讨 XBRL。

| 阶段测试 |

6.解释数据精简法在分析差旅费用和娱乐费用方面的应用。

7.举例说明债权人是如何使用 XBRL 来进行数据分析的。

3.4　回归方程

回归方程可以帮助我们对会计账户进行预测，如预测不良应收账款的准备金。

回归方程的具体分析步骤如下：

1. 找出影响预测目标的影响因素。影响预测目标的因素为自变量，因自变量变化而变化的预测目标为因变量。

2. 找到可以反映变量之间的关系的方程。如自变量和因变量之间是不是线性或非线性的关系？你是否想将数据划分到不同的群组或类型？

3. 定义模型中的参数。参数可以是反映变量之间关系的加权比重，也可以是用于区分各个类别的阈值。

回归模型由因变量和可能影响因变量的自变量组成，模型的主要结构为：

$$因变量 = f（自变量）$$

如果我们想用回归模型预测不良应收账款的坏账准备，则不良应收账款的坏账准备金为因变量，影响准备金总量的因素（如现有贷款账龄、贷款类型、客户贷款历史和已还款金额）为自变量。

以下案例为回归模型在会计领域中的具体应用。

3.4.1 管理会计应用回归模型的案例

会计师事务所每年有大量的人员流动（占员工人数的 15%～25%[①]），因此了解人员流动的原因，预测未来阶段的人员流动率是保证会计师事务所可以良好运营的重要因素。会计师事务所需要预测新一年度的业务增长、部门组成以及业务流失情况，并以此决定需要招募的新员工的人数和职位。根据案例中的实际情况，我们可对回归模型进行以下调整：

$$员工流动率 = f（现有会计从业人员薪资，经济增长情况［GDP］，$$
$$其他会计师事务所或企业会计的薪资等）$$

会计师事务所可以采用以上模型来收集相关数据，并通过此模型预测员工的流动率。

3.4.2 审计应用回归模型的案例

公司审计人员的主要工作之一是检验准备金金额的合理性，如银行的贷款损失或其他机构不良账户的坏账准备。这些准备金金额往往与管理者对公司收益的操纵有关。[②] 美国财务会计标准委员会更新了会计标准 2016-13，要求银行根据历史债务偿还率、现有信息以及对未来合理的推测来预测信贷损失。[③] 审计人员使用历史数据和行业数据来计算准备金金额。相关回归模型为：

$$债务损失的准备金 = f（现有贷款账龄，贷款类型，客户贷款历史，已还款金额）$$

3.4.3 回归模型和分类法在其他会计领域中的应用

第 1 章的 LendingClub 案例介绍了影响发放贷款的因素。在各个影响发放贷款的因素中，我们可以发现至少有三个因素可能会造成贷款申请被拒绝，包括债务收入比、工龄、信

[①] http://www.cpafma.org/articles/inside-public-accounting-releases-2015-national-benchmarking-report/ (accessed November 9, 2016).

[②] A. S. Ahmed, C. Takeda, and S. Thomas, "Bank Loan Loss Provisions: A Reexamination of Capital Management, Earnings Management and Signaling Effects," *Journal of Accounting and Economics* 28, no. 1 (1999), pp. 1-25.

[③] http://www.pwc.com/us/en/cfodirect/publications/in-brief/fasb-new-impairment-guidance-financial-instruments.html (accessed November 9, 2016).

贷评分。相关回归模型为：

$$被拒绝贷款 = f(债务收入比，工龄，信贷评分)$$

银行对信用卡交易的管理也可以应用回归分析。假如某客户在出差途中，早上到达上海，并于次日早上到达巴黎，则银行可能会拒绝该客户在巴黎使用此张信用卡。银行可通过回归模型来预测可能的欺诈行为，并拒绝可疑交易。银行可使用以下模型决定是否批准某次交易：

$$批准交易 = f(此次交易发生地点，上次交易发生地点，本次交易金额，$$
$$信用卡持有人历史差旅记录)$$

3.5 分类法

分类法是将我们不了解的个体划分到不同类别的方法。例如，当我们在考虑客户是否会冲销他的账户余额时，我们在预测冲销是否会发生（换句话说，这里有两个类别："冲销"和"好"）。

机器学习和复杂的概率模型的使用使我们有更多的机会应用分类法。分类法主要包括以下几个步骤：

1. 定义你想预测的类别。
2. 手动对一部分数据进行分类。
3. 选择一组可使用的分类模型。
4. 将你的数据分为训练组和测试组。
5. 生成分类模型。
6. 解释模型的输出结果，选出最优模型。

3.5.1 分类法涉及的术语

首先，我们需要了解分类法涉及的术语。

训练数据（training data）：其是指分析者根据自身判断手动将数据划分到某一类别中。我们知道有些客户的账户余额已经被冲销，因此我们将这些账户划分为"冲销"。我们将运用所设计的模型去观察这些客户之间的相似点，以帮助我们对新客户是否会冲销账户余额进行预测。

测试数据（test data）：测试数据是用来衡量模型准确性的已有数据。根据分类法的预测，这些数据将被划分到不同的等级，并与手动分配的结果进行比较，以衡量模型的准确性。

决策树（decision tree）：可将数据划分到较小的组别，并以**决策边界**（decision boundaries）作为区分。

图3-9分别展示了决策树（左图）和决策边界（右图）。决策树的分叉点表示将数据集分为两个或更多个组别。如左图所示，决策树的第一个分叉将零售商按照距离分为两组，分叉2和分叉3将把按照距离划分为同一组的数据根据订单量进行再一次的分组。具体的决策边界如右图所示，每组的解决边界可以不同。

修剪（pruning）功能可以在模型生成的过程中移除不必要的分叉以避免模型的过度拟合。预修剪（pre-pruning）发生在模型生成的过程中。当再次分组所提供的信息价值很低时，模型将停止生成新的分叉。后期修剪（post-pruning）将对模型进行再次评估，并移除不必要的分叉。图3-10展示了决策树的修剪功能。

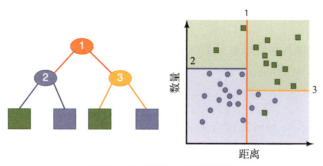

图 3-9 决策树和决策边界样图

与简单地预测数据归属于某个类别的可能性相比,线性分类器可以有效地对观察值进行排序,并找出决策边界。如图 3-11 所示,线性分类器可以将观察值划分到两个类别,但此方法并不是完美的,仍可能会包含一些错误。

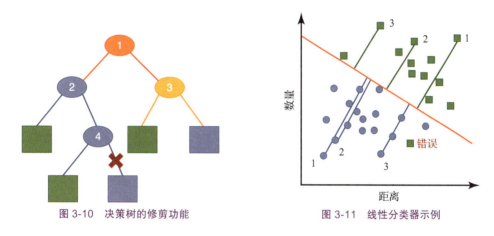

图 3-10 决策树的修剪功能　　　　　　　图 3-11 线性分类器示例

线性判别(linear discriminants)通过数学方程将观察值分为两个不同的群组,数学模型同时评估了数量和距离。

$$类别(\chi) = \bullet,如果 1 \times 数量 - 1.5 \times 距离 + 50 > 0$$
$$类别(\chi) = \blacksquare,如果 1 \times 数量 - 1.5 \times 距离 + 50 \leq 0$$

支持向量机(support vector machine,SVP)是一种判别分类器,可对超平面进行分割(见图 3-12 和图 3-13)。支持向量机首先将找出一个较宽的区域来区分两个类别,然后将找出此区域的中间线作为最优解。

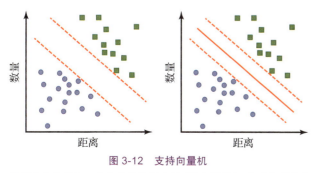

图 3-12 支持向量机
根据支持向量机,首先找到最宽边距(最大间隔),然后找到中线。

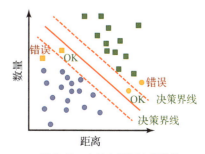

图 3-13 支持向量机决策界线
支持向量机在间距两边有两个决策界线。

3.5.2 评估分类器

当分类器错误地将观察值进行分类时，分类器将受到惩罚，惩罚（错误）越大，则模型预测数值或分类的准确性越低。

过度拟合

数据集中的数据往往并没有很清晰的决策边界。因此，分析者在优化模型的同时，需要避免模型对观察值过度拟合的情况。图 3-14 描述了不充分拟合（6 个误判值）、适度拟合（3 个误判值）和过度拟合（无误判值）的情况。一方面，分析者希望提高模型的分类能力，减少误判值，提高模型的应用价值；另一方面，过于复杂的模型虽然可以更准确地将观察值进行分类，却丧失了其预测能力。图 3-15 描述了分析者在模型复杂性和分类准确性之间的权衡。如图 3-15 所示，当分析者使用过于复杂的模型对训练数据进行更准确的分类时，模型分类的准确性很可能会下降。在这种情况下，我们需要找到最优的拟合度，使模型既可以准确地对数据进行分类，又不至于因为过于复杂而降低模型的预测能力。

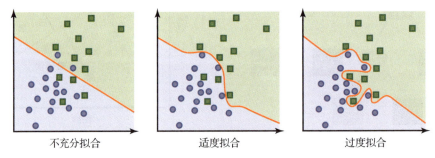

图 3-14　数据与预测模型不充分拟合、适度拟合和过度拟合的情况

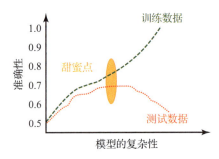

图 3-15　模型复杂性和分类准确性之间的权衡

| 阶段测试 |

8. 总体经济环境（如 GDP）是不是影响员工流动率的因素之一？如果是，经济环境与员工流动率之间是正相关还是负相关？

9. 顾客的信用评分是否会影响金融机构批准贷款的决定？如果是，顾客的信用评分与贷款批准率是正相关还是负相关？

3.6 聚类分析法

聚类分析法可以根据数据的相似度找出不同的群组，并找出形成不同群组的成因。聚类分析法将数据进行分割，将相似的数据或观察值划分到同一群组。

作为零售业的巨头，沃尔玛需要增进对顾客类型和消费习惯的了解，从而为顾客提供更好的服务，提升销售额。通过找到顾客消费习惯的相似度和差异性，沃尔玛可将顾客划分到不同的群组，并根据各个群组的消费习惯，对货品摆放和货品类型进行调整，引导顾客购买利润更高的产品。沃尔玛可通过多种方式增加对顾客的了解，如在调查问卷中询问顾客是否同意以下7个表述（7个表述反映了顾客的7种态度，1为强烈反对，7为强烈支持）。

表述 1：我享受购物。
表述 2：为了避免超过预算，我尽量不购物。
表述 3：我喜欢在外用餐时顺便购物。
表述 4：我喜欢在购物时使用优惠券。
表述 5：与价格相比，我更在意产品的品质。
表述 6：我对购物并不在意。
表述 7：通过对比不同商店的产品价格，我可能节省很多花费。
收入：问卷参与者的家庭收入（美元）。
在沃尔玛购物：你每个月在沃尔玛购物几次？

这些问题可以帮助沃尔玛将顾客划分到不同的群组，从而更好地迎合顾客的消费习惯，提供更有针对性的服务。

热度地图（heat maps）也是一种常用的聚类分析方法，它可以展现不同地理区域的消费者对某些产品的偏好，帮助我们调整销售策略，优化资源分配。

审计应用聚类分析法的案例

聚类分析法可被应用于审计设置中。假设一家保险机构的内部审计测试发现公司面临的最常见的欺诈问题为保险赔付问题。公司想根据以前的欺诈性索赔对赔付标准和方式进行相关设置。公司发现常见的相关风险类型包括重复支付、可疑收款方姓名、错误或不合理的系统记录以及可疑付款金额。

聚类分析法常用于检测保险赔款、供应商付款等交易中的异常行为（见图3-16）。通过发现各个交易之间相似的特性，我们可以将交易划分到不同的类群中。当发现某些类群仅包含很少的交易或个别个体时，我们可以对这些异常值进行标注，以待进一步调查，如大额交易或长期欠款。

聚类分析法使用的维度可能是变量之间简单的相关性，如付款金额和付款时间之间的关系；也可能是变量之间更为复杂的组合，如比率或加权方程。随着对数据的探索，审计人员可根据直觉或数据本身，发现各个类群所拥有的不同特性。图3-16所展示的是根据以下属性划分的类群：

1. 付款金额：日常交易的付款金额。
2. 付款天数：交易发生日与付款日之间的间隔。

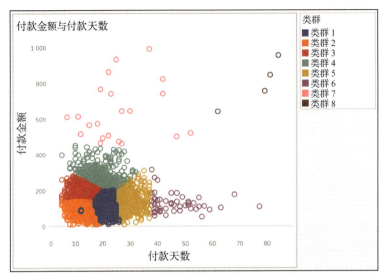

图 3-16 使用聚类分析法分析保险索赔支付的案例

资料来源：Thiprungsri S., and M.A. Vasarhelyi, 2011, page 79.

为了避免扭曲数据，分析中所用的数据已被规范化处理，异常值已被移除。在图 3-16 中，y 轴表示付款天数，x 轴表示付款金额。在图 3-16 中所示的 8 个类群中，有 3 个类群可能包含了潜在的异常值。内部审计或外部审计人员可能需要对这些观察值进行进一步的调查。

- 类群 6（紫色）包含了从处理到付款间隔时间较长的交易。
- 类群 7（粉色）包含了付款金额较高的交易。
- 类群 8（棕色）包含了付款金额较高且处理到付款之间间隔时间较长的交易。

| 阶段测试 |

10. 命名三个可能在淘宝网购物的顾客群。
11. 图 3-16 所示的类群 6 标示出了从申报保险赔偿到实际收到保险赔偿之间间隔较长的案例。为什么内部审计人员会对这个类群感兴趣呢？

本章小结

- 本章讲解了 IMPACT 模型中的第 3 步（P）：执行测试计划。此步骤通过测试和分析数据来解决我们面临的问题。
- 根据数据分析想要回答的问题和可获取的数据，我们提出了可以帮助分析者选择合适的数据分析方法的流线图，并区分了指导性方法和非指导性方法。
- 本章进一步解释了 5 种常用于会计领域的数据分析方法，包括剖析法、数据精简法、回归方程、分类法和聚类分析法，以及这些方法在会计和审计中的应用。
- 本章解释了本福德定律和模糊匹配的概念。
- 本章介绍了分类法中常用的术语，包括训练数据、测试数据、决策树、决策边界和支持向量机。同时，本章比较了分类模型对训练数据进行过度拟合和不充分拟合的情况，并解释了这两种情况对模型预测能力的影响。

关键术语

本福德定律（Benford's law） 本福德描述了数字类数据的最高位数字的分布频率。该定律说明了在自然发生的数据集合中，数据的最高位数字通常较小。

因果模型（causal modeling） 因果模型是一种与回归方程相似的数据分析方法。与回归方程不同的是，因果模型假设自变量是因变量的成因。

分类法（classification） 分类法是一种将群体中的个体分配到不同类别的数据分析方法，此方法也有预测功能。

聚类分析法（clustering） 聚类分析法是一种将个体有效地划分到不同群组的数据分析方法。

同时发生群组（co-occurrence grouping） 它是根据相关交易来发现个体之间所存在的关联的方法。

数据精简法（data reduction） 它是一种将所涉及的相关信息进行精简，以筛选出重要的信息（如高花费、高风险、高影响力的事件或交易）的方法。

决策边界（decision boundaries） 它是用于标记不同类别之间的分界线的工具。

决策树（decision tree） 它是用于将数据分配到更小的组群的工具。

模糊匹配（fuzzy match） 它是一种将相似度低于100%的数据，按照设定的相似度要求，进行配对的方法。

关联性预测（link prediction） 它是一种预测两个数据之间的关联的方法。

剖析法（profiling） 它是一种根据统计分析结果（包括均值、标准差等）发现个体、群组或整体的典型行为的方法。

回归方程（regression） 它是应用某个统计方程来预测和评估不同变量的数值的方法。

相似度匹配（similarity matching） 它是一种用来寻找和定义个体之间相似度的方法。

结构性数据（structured data） 结构性数据是储存于电子工作簿或数据库中的数据。使用者可通过设定的搜索算法轻松地搜索和使用数据。

指导性方法（supervised approach/method） 它是一种根据对自变量和因变量的假设，探索自变量和因变量之间的关系的方法。

支持向量机（support vector machine） 它用于区分不同区域的超平面，常用于分类法中，在找出决策边界之前，找出较宽泛的分类边际。

训练数据（training data） 它是经过人工评估，被手动分配到某一等级的数据。

测试数据（test data） 它是用于评估通过分析训练数据建立的预测关系的程度和强度。

非指导性方法（unsupervised approach/method） 它是一种用于探索数据中隐藏的规律和趋势的方法。

XBRL（可扩展商业报告语言） XBRL是使用XML交换财务报告信息的全球标准。

选择题

1. （   ）是用于评估预测关系的程度和强度的数据集。
   a. 训练数据　　　　b. 非结构性数据
   c. 结构性数据　　　d. 测试数据

2. 常常储存在关系数据库或电子表格中，且易于通过搜索算法进行搜索的数据是（   ）。
   a. 训练数据
   b. 非结构性数据
   c. 结构性数据
   d. 测试数据

3. 对许多真实数字集中的数字的最高位数字的观察被称为（   ）。
   a. 最高位数字假设　　b. 摩尔定律
   c. 本福德定律　　　　d. 聚类分析

4. 哪种数据分析方法可以预测两个数据项之间的联系？
   a. 相似度匹配　　　　b. 分类法
   c. 关联性预测　　　　d. 同时发生组

5. 通常模型越复杂，发生（   ）的机会就越大。
   a. 数据过度拟合

b. 数据不充分拟合
c. 数据修剪
d. 需要减少考虑的数据量

6. 通常模型越简单，发生（　　）的机会就越大。
   a. 数据过度拟合
   b. 数据不充分拟合
   c. 数据修剪
   d. 需要减少考虑的数据量

7. （　　）是通过分离超平面来找出最宽边距，然后找出中线的判别分类器。
   a. 线性分类器
   b. 支持向量机
   c. 决策树
   d. 多重回归

8. （　　）标记了不同类别之间的边界。
   a. 决策树
   b. 提出的问题
   c. 决策边界
   d. 线性分类器

9. 以下哪个方法可以将群体中的数据分配到更小的类别中？
   a. 分类法
   b. 回归模型
   c. 相似度匹配
   d. 同时发生组

讨论题

1. 目标和等级的区别是什么？
2. 指导性方法和非指导性方法有什么区别？
3. 训练数据和测试数据有什么区别？
4. 如图 3-5 所示，与指导性方法相关的三种数据分析方法是什么？
5. 如图 3-5 所示，与非指导性方法相关的三种数据分析方法是什么？
6. 如何在审计中使用数据精简法？
7. 如何在决定批准或拒绝潜在的欺诈性信用卡交易时使用分类法？
8. 相似度匹配与聚类分析法有什么区别？
9. 举例说明模糊匹配在会计工作中的应用。
10. 比较剖析法和制造公司为某个生产单位的产品设置的标准成本的相同点和不同点。
11. 图 3-1 ～ 图 3-4 表明，对于零售公司而言，数量和距离是"运输天数"的最佳预测指标，还有哪些其他变量可以用来预测"运输天数"？

简答题

1. 如何使用模糊匹配来发现可能需要披露的关联交易？
2. 审计人员试图判断网店的库存是否过时。预测过时库存的模型应包含哪些属性？
3. 审计人员试图判断客户购买工厂时判定的商誉是否已发生减损。预测商誉减损的模型应包含哪些属性？
4. 如何使用聚类分析法来分析欠款未结清的客户（应收账款）？
5. 数据精简法可以帮助我们分析关联交易（例如，首席执行官拥有自己的独立公司，并与首席执行官所任职的公司有业务往来）吗？
6. 如何使用 XBRL 分析行业的库存周转率？
7. 审计工作可以使用本福德定律来分析哪些账户？列出三个审计人员关心的账户。如果实际数据不符合本福德定律，是否会引起审计人员的注意？

参考答案

阶段测试答案

选择题答案

案例 3-1 数据精简法：模糊匹配

内部审计人员可以使用数据精简法来缩小内部控制的调查范围。不同于随机抽样法，数据精简法将帮助内部审计人员筛选出可疑交易，从而帮助内部审计人员进行更有针对性的后续调查。本案例将探究可能存在的虚假交易。我们假设当员工想伪造虚假交易时，他们有可能使用与自己住址相似的地址来作为虚假交易的客户地址。通过使用 Excel 的筛选工具和模糊匹配工具，我们将对员工信息和客户销售信息进行合并与筛选。

公司简介
此案例中的公司为服装销售公司。此公司内部审计人员想探究可能存在的伪造虚假交易的情况。

所需数据
- 模糊匹配 .xlsx（此数据包含供应商信息和员工信息）。请扫描二维码 3-1 获取数据信息。

二维码 3-1

所需工具
- 本案例将使用 Excel 的筛选工具以及下载安装的模糊搜索插件。

所需软件
- Excel 工作簿。
- Excel 模糊搜索插件（Fuzzy Lookup add-in）：
  https://www.microsoft.com/en-us/download/confirmation.aspx?id=15011。

在本案例中，你将：
第 1 步：提出想通过数据精简法解决的问题。
第 2 步：对数据进行初步处理，为下一步分析做好准备。
第 3 步：数据精简法的具体实施。

第 1 步：提出想通过数据精简法解决的问题
伪造交易是公司面临的内控风险之一。在公司内控环境存在缺陷的情况下，员工可能会伪造虚假交易，伪造不存在的供货商和采购交易，并提供虚假发票或收据。通过伪造虚假交易，员工可骗取伪造交易的交易额。为检测公司可能存在的内控风险，我们可能提出的问题为：

问题 1：什么数据可以帮助我们发现可能存在的虚假交易？
问题 2：员工和虚假交易可能存在的关联是什么？哪些方法可以用来检测员工和伪造供应商之间的关联？

问题 3：换位思考，假设你是想要伪造虚假交易的员工，你可能会有哪些反侦察的措施？

第 2 步：对数据进行初步处理，为下一步分析做好准备

为调查可能存在的虚假交易，你调取了员工和供应商的相关信息。

员工信息包括：姓名、性别、入职时间和住址。

供应商信息包括：供应商编号、姓名、地址、联系电话和交易额。

首先，你需要浏览数据，并对数据进行初步处理，为匹配员工和供应商数据做好准备。

1. 打开 Excel 工作表"模糊匹配.xlsx"（见二维码 3-1 内容）。
2. 快递浏览数据，以确保数据的完整性。
3. 此文档包含两个工作表，分别为员工信息工作表和供应商信息工作表。在员工信息工作表中，选取全部数据（点击 A1，按住 Ctrl + Shift+ 向右方向键 + 向下方向键）。
4. 在开始菜单样式功能区，点击套用表格格式，选择任意一种格式。在弹出的套用表格式窗口中，确保勾选"表包含标题"选项，点击确定。
5. 在菜单栏点击表格 > 表格设计按钮，在表格属性栏将表格名称修改为员工信息表。
6. 重复步骤 3 ~ 5，在供应商信息工作表中生成表格，并将其命名为供应商信息表。
7. 将生成的表格截图，并命名为图 3-1A。
8. 将文档另存为"模糊匹配表格.xlsx"。

第 3 步：数据精简法的具体实施

现在，我们已完成了数据分析的准备工作。接下来，我们将进一步缩小我们的调查范围。

工具：筛选

Excel 的筛选功能可以快速地帮助我们找到具有相同属性的数据，并以此缩小我们的调查范围。假设审计人员之前已经分析过所有首次交易年份早于 2020 年的供应商，则我们可将调查范围缩小到 2020 年才开始有合作的新供应商，以避免不必要的分析，减少计算机处理数据的运行时间。

9. 打开文档"模糊匹配.xlsx"，然后在工作簿中点击供应商信息。
10. 点击首次交易年份所在列的下拉菜单，我们将看到如下图所示的筛选窗口。

11. 筛选出以 2020 年为首次交易年份的供应商，我们可以取消全选，然后选择 2020 年。
12. 全选并复制筛选后的表格（Ctrl + A；Ctrl + C）。
13. 将表格选择性粘贴到新的工作表中，选择只保留数值。将此工作表命名为"2020 供应商"。
14. 重复第 4 步，使用套用表格格式，并将表格名称修改为"供应商信息表 2020"。
15. 将生成的表格截图，并命名为图 3-1B。
16. 将文件另存为"模糊匹配表格 2020.xlsx"。

工具：模糊匹配

结构性查询语句和数据透视图都要求被合并的两个表格均包含同一个属性，且只有完全相同的属性才可以被匹配。也就是说，只有当主键和外键绝对相同时，数据才可以被匹配。当员工想伪造交易时，他们可能会使用与自己的住址相类似的地址作为伪造供应商的地址，如将新华大街 1906 号改成新华街 1902 号，或将南京东路 1009 号改成南京南路 1003 号等。

在这种情况下，我们可以使用模糊搜索（Fuzzy Lookup）插件对员工信息和供应商信息，根据你设定的相似度标准进行匹配。我们可用此方法将调查范围缩小至相似度较高的匹配值中。

17. 如果你没有使用过模糊搜索（Fuzzy Lookup）插件，你需要下载并安装此插件。
18. 打开文档"模糊匹配表格 2020.xlsx"。
19. 在菜单栏中，单击 Fuzzy Lookup > Fuzzy Lookup。之后，在屏幕右方会弹出定义模糊搜索的面板。
20. 在 Left Tables（左侧表格）的下拉菜单中，选择员工信息表，在 Right Tables（右侧表格）的下拉菜单中，选择供应商信息表 2020。
21. 在 Left Columns（左侧列表）的下拉菜单中选择住址，在 Right Columns（左侧列表）的下拉菜单中选择地址。
22. 点击左右两列表格之间的合并按钮，则两个表格将按照上一步左右列表定义的匹配关系进行合并。左右列表定义的匹配关系将被列在 Match Columns（合并列表）中。
23. 接下来，我们可以在 Output Columns（输出列表）的下拉菜单中，选择我们想要输出的信息。在此案例中，为了对可疑交易进行进一步调查，我们可以选择输出：

    （1）姓名

    （2）住址

    （3）入职时间

    （4）供应商

    （5）地址

    （6）联系电话

    （7）交易额

    （8）首次交易年份

    （9）相似度

24. 我们可以根据需要回答的问题和预期的分析结果调节 Number of Matches（合并数量）。合并数量为在符合我们设定的 Similarity Threshold（相似度阈值）的前提下，允许输出的与左表格某一条信息可匹配的右表格中的信息条数。此案例中，我们可以将合并数量设为

3,以避免遗漏可匹配信息。

25. 我们可通过 Similarity Threshold 设定我们需要的相似度比率。其默认值为 0.5,向左滑动则相似度降低,向右滑动则相似度升高。当 Similarity Threshold 等于 1 时,代表主键和外键完全匹配。Fuzzy Lookup 插件可对数字、时间和英文进行检索与匹配,但不能对中文进行匹配,为了比较中文地址的相似度,我们需要将 Match Columns 表格中的 Configuration(配置)设为数字类类型,如 PhoneNumber,并设置较低的 Similarity Threshold(见下图)。

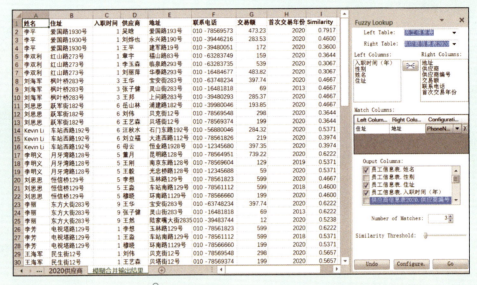

资料来源:Microsoft Excel 2016.⊖

26. 创建一个新的工作表,命名为模糊匹配输出结果(扫描二维码 3-2 获取)。
27. 点击单元格 A1,然后点击模糊检索面板右下角图标 Go,则匹配后的信息将被输出到此工作表中。你可以使用 Excel 的筛选功能进一步调整相似度,如剔除相似度为 0.000 0 的匹配信息或相似度低于 40% 的匹配信息。

二维码 3-2

问题 4:有多少供应商的地址和员工的住址相似?

问题 5:有没有 Fuzzy Lookup 显示相似度很高,但实际差异比较大的情况呢?

28. 将生成的表格截图,并命名为图 3-1 C。

案例 3-2 数据精简法:提取连续序列中的缺失值

查找连续序列中的缺失值是审计工作中常常需要面对的问题,如检查已使用支票中,支票序列号不连续的情况。连续序列中的缺失值可能是由多种原因造成的,如人为输入错误、单据或支票因某些原因需要作废,或是需要进一步调查的欺诈交易等。本案例将通过使用多个相嵌套的 Excel 公

⊖ 本章图表的资料来源除特殊说明外,均来源于 Microsoft Excel 2016。

式，快速提取和列出连续序列中的缺失值。此方法可帮助审计工作人员，快速查找到较为可疑的交易和时间，缩小调查范围，并将更多的时间与精力放在更为重要和可疑的交易中。

公司简介

此案例中的公司的主营业务为木质家具的加工和生产。公司内部审计人员按照公司规定，定期检查已使用支票是否存在支票序列号不连续的情况，并对相关情况进行及时的报告和追踪。

所需数据

- 序列缺失值提取.xlsx（此数据包含已付支票的交易信息），请扫描二维码3-3获取数据信息。

数据分析工具

- Excel 数组公式。

二维码 3-3

所需软件

- Excel 工作簿。

在本案例中，你将：

第1步：提出问题。
第2步：数据的初步处理。
第3步：数据精简法的具体实施。
第4步：处理和优化结果。

第1步：提出问题

内部审计工作的工作重心之一是发现公司账务中的错误和欺诈行为。传统的审计工作通过随机抽样等方法对公司的部分账目进行检验。然而，根据审计人员想要调查的问题，审计人员可采用数据精简法将目标锁定在更小的范围，对可疑账目进行更有针对性的调查。公司通常按照付款发生时间的先后准备支票。因此，内部审计人员可能需要对已付支票序号不连续的情况进行调查。

问题1：哪些原因可能造成支票序列号不连续的情况？
问题2：支付支票的相关财务人员是否有人员变动的情况？
问题3：可以检验支票序号不连续的方法有哪些？
问题4：是否需要列出缺失的序列号以便进一步调查？

第2步：数据的初步处理

打开 Excel 文件"序列缺失值提取.xlsx"，浏览文件包含的数据，检查文件是否包含明显的缺失值或错误。

第3步：数据精简法的具体实施

在本案例中，我们将使用 Excel 的数组运算，列出支票号序列的缺失值。为了找到缺失值，我们首先需要知道此序列在没有缺失值的情况下应包含的所有数字，然后将完整序列与实际序列相对比，找出缺失值。

1.打开 Excel 文件"序列缺失值提取.xlsx"。在单元格 F2 中输入公式：
=IFERROR(SMALL(IF(ISNA(MATCH(ROW(INDIRECT(MIN($A$2:$A$85)&":"&MAX($A

$2:$A$85))),$A$2:$A$85,0)),ROW(INDIRECT(MIN($A$2:$A$85)&":"&MAX($A$2:$A$85))),""),ROWS($F$1:F1)),"")

按住 Ctrl + Shift + Enter 以生成数组公式：

{=IFERROR(SMALL(IF(ISNA(MATCH(ROW(INDIRECT(MIN($A$2:$A$85)&":"&MAX($A$2:$A$85))),$A$2:$A$85,0)),ROW(INDIRECT(MIN($A$2:$A$85)&":"&MAX($A$2:$A$85))),""), ROWS($F$1:F1)), "")}

2. 向下拖拽 F2 单元格右下角的十字，直到出现空白单元格。

3. 对屏幕进行截图，并将其命名为"序列缺失值"，扫描二维码 3-3 获取数据信息。

以下为数组运算的拆解分析：

- 公式 MIN 和 MAX

我们可以使用公式 MIN（number1, [number2], …）和 MAX（number1, [number2], …）来分别找出序列中的最小值和最大值。MIN/MAX（number1, [number2], …）的括号里应列出需要检索的全部数字或范围。

在本案例中，我们可以用公式 Min（$A$2:$A$85）来找出工作簿中所列出的支票号的最小值，用公式 Max（$A$2:$A$85）来找出工作簿中所列出的支票号的最大值。

- 公式 INDIRECT

公式 INDIRECT（ref_text, [a1]）可以输出文本形式的参考值。

- 公式 ROW

公式 ROW（[reference]）可以输出所选的单元格或所选范围在相应 Excel 工作表中对应的行数。

公式 ROW 常常与其他函数组合使用，本案例中 {ROW + INDIRECT} 的组合，将返回由 INDIRECT 中定义的最小值到最大值组成的升序排列的整数数组。本案例中单元格 A2～A85 所包含文本的最小值为 100005，最大值为 100111，因此公式 =INDIRECT(MIN($A$2:$A$85)&":"&MAX($A$2:$A$85)) 的返回值为从 100005 到 100111 升序排列的连续整数数组。

- 公式 MATCH

公式 MATCH（lookup_value, lookup_array, [match_type]）将在指定范围（lookup_array）中搜索指定项（lookup_value），并返回其相对位置。本案例中我们将把 100005 到 100111 升序排列的整数数组与单元格 A3:A85 中所包含的文本进行对比，并返回可匹配文本的相对位置。

- 公式 ISNA

公式 ISNA 将判断括号中所包含的值是否为错误值 #N/A，并返回判断结果（TURE/FLASE）。如果被判断值为 #N/A，则返回值为 TURE；如果被判断值不为 #N/A，则返回值为 FALSE。

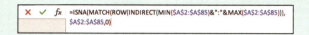

上图公式的返回值为：

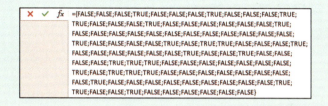

- 公式 IF

公式 IF([logical_test],[value_if_true],[value_if_false]) 可进行逻辑判断，判断测试值（[logical_test]）是否满足某个条件。如果测试值满足条件，则返回一个设定值（[value_if_true]）；如果测试值不满足条件，则返回另一个设定值（[value_if_false]）。下图中的公式将返回支票序列号的缺失值，否则返回空格。

- 公式 SMALL

公式 SMALL(array, k) 可提取数组中第 K 小的数值。因此，SMALL(array, ROWS($F$1:F1)) 的组合将在列 F 中按照从小到大的顺序列出 array 中包含的数值。当 K 大于 array 中数值的总数时，将返回 #NUM!。通过将此公式与以上公式组合使用，我们将在列 F 中获得由小到大排列的缺失的支票序列号。

- 公式 IFERROR

公式 IFERROR (value, value_if_error) 可检测序列中的错误值，如 #N/A、#VALUE!、#REF!、#DIV/0!、#NUM!、#NAME?、#NULL! 等。我们可用此公式，将上图中的 #NUM! 替换

为空格，对应公式如下图所示（扫描二维码 3-4 获取分析结果）。

二维码 3-4

第 4 步：处理和优化结果

问题 5：缺失的支票是否遵守一些规律？

问题 6：是否在某段时间支票缺失情况较为频繁？

案例 3-3　分类法

公司简介

LendingClub 是一家 P2P 借贷公司，借款人和投资者在此平台上相互匹配。LendingClub 的目标是减少用户的借款成本（如交易成本和利息成本等）和提高用户参与度。LendingClub 在其网站提供了 2007 年以来已批准和已拒绝的贷款信息，如贷款利率和贷款类型，以上数据为数据分析提供了机会。

所需数据

- LendingClub 数据集：LoanClassification2007.csv，扫描二维码 3-5 获取数据信息。

二维码 3-5

所需软件

- Excel。
- Weka，可在网站上下载：www.cs.waikato.ac.nz/ml/weka。
- 屏幕截取工具（Windows：截屏工具；Mac：Cmd + Shift + 4）。

在本案例中，你将：

- 使用各种分类模型分析数据。

第 1 步：提出问题

LendingClub 的用户为投资者和借款人，那么他们会想获得哪些信息呢？多年来，LendingClub 使用的模型是否有变化？如果我们知道是哪些因素影响了利率，那么我们是否可以利用这些信息获取利益？提出可以通过数据分析回答的问题。

问题 1：如何将贷款申请划分到不同的组群？

问题 2：在评估过去的贷款数据时，你的目标变量是什么？

问题 3：当投资者考虑接受或拒绝贷款申请时，哪些因素会影响他们的决定？

问题4：判断你需要使用哪些数据来回答问题和验证你的假设。

第2步：处理数据

本案例使用的数据 LoanClassification2007.csv 已经过初步的处理，可以直接使用。

第3步：执行分析

我们将在 Weka 中尝试使用多种分类模型，并比较它们的分类结果。

1. 打开 Weka> Explorer。
2. 打开文件：file... > 找到文档 LoanClassification2007.csv。
3. 单击 Visualize All。
4. 对屏幕进行截图，并将其命名为图 3-3A。
5. 单击 Classify。
6. 分别运行以下分类模型：
   （1）Weka > Trees > Random Forest
   （2）Weka > Meta > AdaBoostM1
   （3）Weka > Functions > Logistic
   （4）Weka > Bayes > BayesNet

问题5：哪种分类模型的准确性最高？你是怎么知道的？

第4步：处理和优化结果

问题6：你使用的分类模型是否可以帮助借款人判断贷款申请会被接受或是被拒绝？

问题7：请简单解释你的分析结果。

案例 3-4　综合案例　狄乐百货数据分析：数据提取（SQL）和回归分析

公司简介

狄乐公司的简介略。

所需数据

本书使用的狄乐百货数据均可在网站 http://walton.uark.edu/enterprise/ 上获得。你的任课教师将为你提供数据的访问权限和使用方法。"2016 Dillard's"涵盖了 2014 年 1 月 1 日～2016 年 10 月 17 日的所有交易数据。

所需软件

- Microsoft SQL Server Management studio（可通过阿肯色大学远程桌面使用该软件）。
- Excel 2016。

在本案例中，你将：

- 通过对三个问题的具体分析，解释在什么情况下消费者的单笔交易额更高。

第1步：提出问题

狄乐百货想探究在什么情况下消费者的单笔交易额更高。为了回答此问题，我们提出了以下与销售有关的具体问题：

问题 1：在样本中，哪个州的顾客的交易额最高？

问题 2：总交易额最高的州，是不是在 2016 年 9 月 1 日～2016 年 9 月 15 日交易额最高的州？

问题 3：在 2016 年 9 月 1 日～2016 年 9 月 15 日，网上交易额最高的州是不是实体店交易额最高的州？

第 2 步：处理数据

在本案例中，你需要使用"Dillard's 2016"数据库中的"TRANSACT"和"STORE"两个数据集。有关如何在阿肯色大学的远程桌面访问狄乐百货数据，请参考前面两个章节的案例。

下图为"Dillard's 2016"数据库的实体关系图。

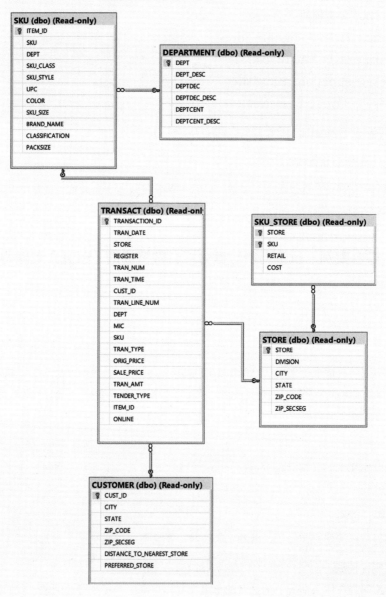

属性	描述	值
SKU	每件库存的编码	4757355，2128748
Store	店铺编码	2，3，4，100
Register	现有交易的注册码	580，30，460，…
TranCode (Trannum)	交易编码	09700，018000
Saledate	商品销售日期	2005-01-20，2005-06-02
Seq	序列码	298100028，213500030
Interid	内部 ID	265005802，671901998
Stype	交易种类（购买或退货）	P，R
Quantity	交易数量	1，2，3，4
OrgPrice	商品原价	75.00，44.00，…
SPrice	商品销售价格	26.25，65.00，…
Amt	交易总额	26.25，44.00，…
City	城市	圣路易斯，费耶特维尔
State	州	FL（佛罗里达州），AR（阿肯色州）
Zip	邮政编码	33710，72701

1. 在微软 SQL Server Management Studio 中运行以下 SQL 语句以回答前面提出的问题：

哪个州的顾客的交易额最高？（transaction 数据集涵盖了顾客购买的每件商品的数据。）

```
SELECT STATE, AVG(TRAN_AMT) AS Average
FROM TRANSACT
INNER JOIN STORE
ON TRANSACT.STORE = STORE.STORE
GROUP BY STATE
```

查询语句的输出结果为：

AL 27.992390
AR 41.379066
AZ 27.845655
CA 28.315362
CO 27.297332
FL 28.760791
GA 27.270740
IA 24.879376
ID 29.408952
IL 24.787586
IN 26.066528
KS 27.771021
KY 28.206677
LA 30.282367
MO 25.546692

MS 28.338400
MT 28.941823
NC 25.576096
NE 26.904771
NM 28.826383
NV 30.021116
NY 21.757447
OH 26.432211
OK 29.088865
SC 28.241007
TN 29.178345
TX 29.477805
UT 25.254111
VA 26.500511
WY 26.429770

2. 对屏幕进行截图，并将其命名为图 3-4A。

第 3 步：执行分析

数据输出结果显示，阿肯色州的平均交易额最高。接下来，我们将对以上数据进行进一步分析，判断样本中交易额最高的州是不是在 2016 年 9 月 1 日～ 2016 年 9 月 15 日交易额最高的州。

3. 我们可以按照以下步骤使用 SQL 查询语句来提取我们所需的数据。

在 Excel 2016 中创建查询：

（1） Data tab > New Query > From Database > From SQL Server Database

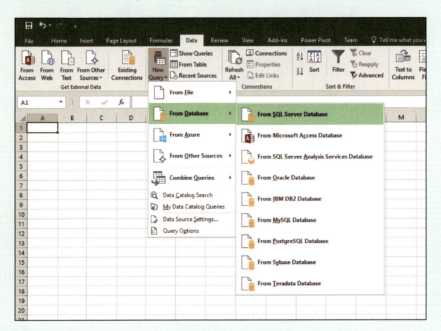

（2）在 Server 中输入 essql1.walton.uark.edu，在 Database 中输入 UA_Dillards_2016。

点击 Advanced options，在 SQL statement 中输入以下语句：

```
SELECT TRANSACT.*, STORE.STATE
FROM TRANSACT
INNER JOIN STORE
ON TRANSACT.STORE = STORE.STORE
WHERE TRAN_DATE BETWEEN '20160901' AND '20160915'
ORDER BY TRAN_DATE
```

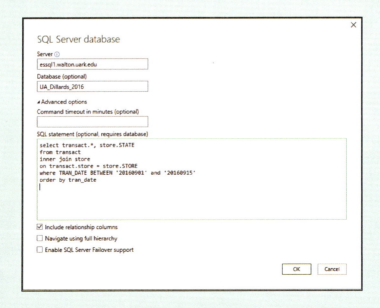

(3) 点击 OK。

(4) 如果查询语句中没有错别字或错误，则将显示以下数据预览结果：

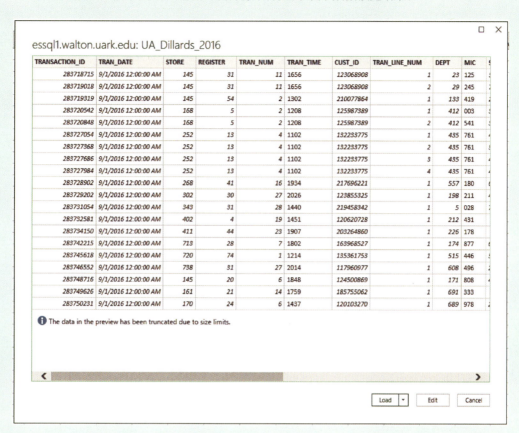

如果有错误，请单击"Edit"以返回到查询语句界面并修正错误。错误文本示例：

此错误表明列"STAT"的名称无效。

(5) 在"Data Preview"窗口中，单击"Load"，将数据加载到 Excel 工作簿中。

4. 将数据加载到 Excel 中后，你需要对 State 数据进行转换。在现有数据集的最右边新建一个列，并将其命名为 Arkansas-dummy。在名称下方的第一个单元格中输入公式"(= IF([@STATE] = "AR",1,0)"，并将该公式应用于该列的其他单元格中。当店铺所在州为阿肯色州时，公式的输出结果为 1；当店铺所在州为其他州时，公式的输出结果为 0。

5. 按照以下步骤执行回归分析。

(1) 单击 Data Analysis 选项卡。如果你未添加过 Data Analysis Toolpak，请按照以下步骤添加 Data Analysis Toolpak。

1）单击"File"选项卡，单击"Options"，然后单击"Add-Ins"。

2）在"Manage"窗口中，选择"Excel Add-Ins"，然后单击"Go"。

3）在"Add-Ins"窗口中，点击"Data Analysis Toolpak"复选框，然后单击"OK"。

(2) 单击"Regression"（见下图）。

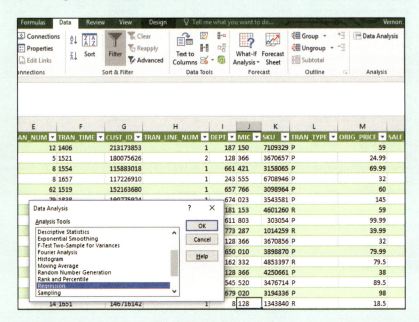

(3) 在 Input Y Range 窗口引用列 Tran_AMT 中的所有值，在 Input X Range 窗口引用列 Arkansas-dummy 中的所有值，然后单击"OK"。

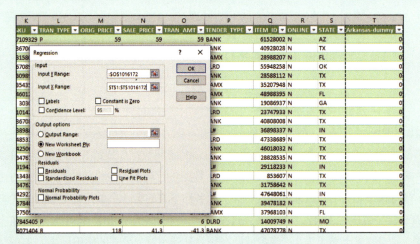

(4) 回归分析的输出结果应如下图所示。我们可以发现，变量 Arkansas 的 t Stat 大于 2.0，这表明，阿肯色州的交易金额（Tran_Amt）在统计上显著高于所有其他州的交易金额。

SUMMARY OUTPUT					
Regression Statistics					
Multiple R	0.098397082				
R Square	0.009681986				
Adjusted R Square	0.009681011				
Standard Error	50.34953996				
Observations	1016171				
ANOVA					
	df	*SS*	*MS*	*F*	*Significance F*
Regression	1	25185276.13	25185276.13	9934.721643	0
Residual	1016169	2576065821	2535.076174		
Total	1016170	2601251097			
	Coefficients	*Standard Error*	*t Stat*	*P-value*	*Lower 95%*
Intercept	26.24767466	0.052427587	500.6462424	0	26.14491835
Arkansas	17.19296482	0.172493575	99.67307381	0	16.85488323

6. 对屏幕进行截图，并将其命名为图 3-4B。

接下来，我们可以开始解决第三个问题：在 2016 年 9 月 1 日～ 2016 年 9 月 15 日，网上购物交易额是否在统计上显著高于实体店铺的交易额？因为我们已发现阿肯色州的交易额在统计上高于所有其他州的交易额，所以我们也将这一变量加入回归分析中，从而使其成为多元回归分析。

7. 为了解决这个问题，我们需要将变量 Online 转换为可以进行统计分析的虚拟变量 online-dummy。当 Online 变量的值为"Y"时，表示线上购物；当 Online 变量的值为"N"时，表示线下购物。因此，当 Online 变量的值为"Y"时，online-dummy 为 1；当 Online 变量的值为"N"时，online-dummy 为 0。我们通过以下方式对其进行转换：

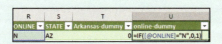

将上图中的公式应用于该列的其他单元格中。

现在，我们可以进行回归分析了。在 Input Y Range 窗口引用列 Tran_AMT 中的所有值，在 Input X Range 窗口引用列 Arkansas-dummy 和列 Online-dummy 中的所有值，然后单击"OK"。

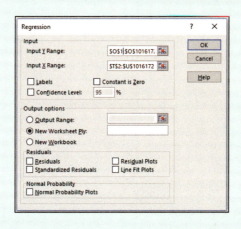

回归分析的结果表明，阿肯色州的交易额高于其他州的交易额，网上购物的交易额高于实体店铺的交易额。

SUMMARY OUTPUT					
Regression Statistics					
Multiple R	0.12253037				
R Square	0.015013692				
Adjusted R Square	0.015011753				
Standard Error	50.21384501				
Observations	1016171				
ANOVA					
	df	SS	MS	F	Significance F
Regression	2	39054381.84	19527190.92	7744.489884	0
Residual	1016168	2562196715	2521.430231		
Total	1016170	2601251097			
	Coefficients	Standard Error	t Stat	P-value	Lower 95%
Intercept	26.24767466	0.052286292	501.9991594	0	26.14519528
Arkansas-dummy	1.666764244	0.270960466	6.15131894	7.68697E-10	1.135690857
Online-dummy	25.04194061	0.33765037	74.16529889	0	24.38015725

8. 对屏幕进行截图，并将其命名为图 3-4C。

9. 将文件保存，命名为"案例 3-4 虚拟变量"。

第 4 步：处理和优化结果

问题 4：你将如何解释问题 1 的分析结果？你认为是什么原因造成阿肯色州的交易额更高？

问题 5：你将如何解释问题 2 的分析结果？阿肯色州的交易额是否显著高于其他州的交易额？网上购物的交易额是否显著高于实体店铺的交易额？为什么？分析结果会给狄乐百货的市场营销部门带来什么启发？

问题 6：回归分析表明，网上购物的交易额高于实体店铺的交易额。你认为这是为什么呢？

第 4 章

可视化：使用可视化工具和书面报告等向利益相关者分享分析结果

本章概览

本章介绍了 IMPACT 循环模型的后续步骤：如何通过数据可视化工具和书面报告，向信息使用者展示数据分析结果。与 Excel 中常用的图表（条形图、饼形图和折线图等）相比，可视化图表的设计则需要应用更多的技巧和实践经验。在本章中，我们将讨论可视化的功能和可视化可以实现的目标，从而帮助大家根据问题、数据以及分析类型来选择最合适的图表，进而来展现分析结果。同时，我们还将帮助你学习如何优化图表，从而更有效地呈现需要传达的信息。最后，本章将讲述如何根据不同的信息使用者的兴趣和需求定制数据分析报告。

本章的重点在于如何捕获和传达信息以更好地解释一个决定的成因。数据很重要，数据分析也很有效，但只有在我们可以用易于理解的方式沟通和传达分析结果时，才能充分地发挥数据的重要性和数据分析的有效性。

上章回顾

在第 3 章中，我们具体分析了数据分析过程中使用的各种模型和分析工具。我们讨论了如何在不同情况下选择合适的分析模型和分析工具，以及如何合理地解释数据分析结果。此外，在第 3 章中，我们还通过具体的会计案例详细解释了如何使用合适的分析模型和工具，分析财务数据并解决相关的财务问题。

下章预览

会计数据分析被广泛地应用于审计工作中。本书第 5 章将进一步解释数据分析在内部审计和外部审计中的应用，包括通过数据分析评估公司数据以及为管理层的决策提供支持性材料。第 5 章将重点讲解数据分析对审计工作底稿、审计计划、持续监管和持续性数据认证的影响。

学习目标

目标 4-1　确定数据可视化的目的
目标 4-2　根据数据集选择最合适的图表
目标 4-3　优化图表，提高信息沟通的有效性
目标 4-4　通过书面报告沟通数据分析结果

> **开篇案例**　　　　通过可视化视图展示总统选举得票情况

在 2016 年总统大选之前，民意调查显示几乎所有的选民都预测希拉里·克林顿会获胜。就像当年预测在 2012 年总统大选中希拉里·克林顿会比奥巴马获得更多支持者一样，大选结果并非如此。这就是本章的重点：如何捕获和传达信息，以更好地解释一个好决定或一个坏决定的成因。如本章所述，数据很重要，数据分析也很有效，但只有在我们可以以易于理解的方式沟通和传达分析结果时才能充分发挥数据的重要性与数据分析的有效性。

©Justin Sullivan/Getty Images

　　数据是非常重要的。真实完整的数据是数据分析的基础，合理有效的分析是数据分析的关键，同时通过高效且易于理解的方式向信息使用者沟通数据分析结果也是数据分析不可或缺的重要一步。本书的一位作者经常问她的学生，如果他们是实习生，老板要求他们提供公司客户的地理信息，他们会简单地向老板提供销售数据库中的客户信息表吗？他们是否会进一步使用查询语句或数据透视表对不同省份的客户进行汇总和分析？在工作中，为了有效地回答老板提出的问题，员工可能需要提供简短的书面摘要或易于理解的可视化图表。将数据分析结果通过合适的可视化工具展现出来，可以帮助信息使用者更轻松、更迅速地理解数据分析结果。无论你使用的是大数据集还是小数据集，数据可视化都可以帮助你更有效地呈现数据分析结果。

　　回想一下你接触过的一些最初的数据可视化（如饮食金字塔和元素周期表）。如今，可视化分析频繁地出现在社交媒体中，用于汇总和拆解复杂的信息。这些可视化分析可以在更短的时间内传达更多的信息。和传统方法相比，可视化分析在展示动态的、复杂的和多层次的数据分析结果时，展现出了明显的优势。

4.1　确定数据可视化的目的

　　与选择数据模型和优化数据模型相比，交流数据分析结果不再局限于科学本身，而更像是一个艺术作品。一旦你熟练掌握了可使用的工具之后，你将需要尽可能地以清晰简洁的方式向利益相关者传递重要信息。这个过程可能涉及图表、标注框和相关的统计信息等。在过去的 30 年中，可视化逐渐进入大家的视野并得到了广泛的应用。管理人员使用仪表板快速地评估关键绩效指标（KPI）并迅速地调整运营目标，分析师通过绘制图表来分析一段时间内公司股价和财务业绩之间的关系，以选择符合业绩预期的投资组合。

　　在你使用可视化工具分析数据之前，你首先需要确认你所使用的数据是真实可靠的，且分析结果可以通过可视化工具有效地展示出来。本书前三章已经详细描述了 IMPACT 循环模型的前三个步骤。这些步骤可以帮助你证实数据的真实性和可靠性。

在 IMPACT 循环模型的第 4 步中，你需要回答以下两个问题来帮助你选择合适的方法和工具来呈现数据分析结果：

1. 你是否仅需要解释已有的数据分析的结果？你是否想通过可视化工具浏览和探索数据？（你的目的是探索数据还是解释分析结果？）
2. 你所使用的数据类型是什么，是概念性的定性数据还是以数据为主导的定量数据？

《哈佛商业评论》的高级编辑 Scott Berinato⊖ 将以上问题可能的答案汇总在了图 4-1 中。本章将着重讲解第二象限所涉及的情况，即描述性的定量数据分析。同时，我们也将讨论如何展现适用于第四象限的数据分析结果，即描述性的定量数据分析结果。可视化在定性分析中的应用并不多，偶尔可应用于描述性定性分析中。

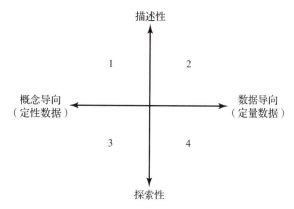

图 4-1　四种图表类型

资料来源：S. Berinato, *Good Charts: The HBR Guide to Making Smarter, More Persuasive Data Visualizations* (Boston: Harvard Business Review Press, 2016).

一旦你知道了以上两个关键问题的答案，并确定了你所分析的数据类型和分析目标所处的象限位置之后，你就可以选择最适合完成该分析的工具了。首先，你可以判断带有简单图表的书面报告是否可以充分地展现数据分析结果。如果可以，你只需要使用 Word 或 Excel 就可以满足你的需求。如果不可以，你可以进一步判断你是否需要使用交互式仪表板或周期性报告。如果需要使用交互式仪表板或周期性报告，则 Tableau 是一个更好的选择。在本章的后半部分中，我们将更深入地讨论这些工具的具体应用。

4.1.1　第 1、3 象限与第 2、4 象限：定性数据与定量数据

定性数据（qualitative data）是分类数据。对这些数据我们所能做的就是对它们进行计数和分组，在某些情况下，我们可以对它们进行排序。定性数据也可以被进一步地定义为定类数据和定序数据。定类数据（nominal data）是最简单的数据形式，包括头发的颜色、性别和种族等。如果你有一组个体发色的数据，你可以统计出拥有各个发色的人数，但你无法对发色本身进行排序（也就是说棕色的发色和红色的发色是各自独立的，没有可比性）。同时，你也无法进行除计数之外的任何其他计算（如求发色的平均值等统计结果）。定序数据（ordinal data）是更为复杂的定性数据。与定类数据相类似，我们可以对定序数据进行计数和分类，同时也可以对其进行排序，例如将奖牌分为金牌、银牌和铜牌，或将顾客满意度分为不同的等级（非常满意、满意、一般、不满意、非常不满意）。如果你有一组学生在某门课程中获得的成绩的数据，你可以像对待定类数据一样对获得优秀、良、及格和不及格的学生人

⊖　S. Berinato, *Good Charts: The HBR Guide to Making Smarter, More Persuasive Data Visualizations* (Boston: Harvard Business Review Press, 2016).

数进行计数。此外，你还可以对这些数据进行排序——优秀优于良，良优于及格，依此类推。但只要表示等级的数据为文字形式（并且不会转换为相应的数字等级），你就无法进行计数以外的其他计算，如计算平均值和标准差等。

除了计数和可能的排序（仅应用于定序数据）之外，定性数据也常常被用来显示不同等级或类别所占的**比例**（proportion）。也就是说对每个类别的个体计数，然后计算每个类别在总体中所占的比例。例如，如果我们有一个160人的数据集，其中有100个人的学历为本科，那么我可以计算出拥有本科学历的人数在总体人数中所占的比例，即用100（拥有本科学历的人数）除以160（数据集中的人数总数），结果为62.5%。

定性数据（定类数据和定序数据）也可以被称为"概念性"数据，因为此类数据是文本驱动的，并且代表概念而非数字。

定量数据（quantitative data）是比定性数据更加复杂的数值数据。定量数据的每个数据点之间的差异都是很有意义的。比如5减4的差可以与5减3的差相比较。定量数据可以像定性数据一样被计数、分组和排序，但同时也可以用来计算平均值、标准差等统计值，而且经过标准化处理的定量数据更具有可比性。第3章中的剖析法提到了**正态分布**（normal distribution）的概念。正态分布是许多自然发生的数据集都会遵循的现象，例如学生的考试分数、新生婴儿的身高和体重。在数据分布符合正态分布的情况下，数据的中位数、均值和众数都相等，其中一半观测值应低于均值，另一半观测值应高于均值。如果要比较两个符合正态分布的数据集，即使两个数据集的均值差别很大，你仍然可以通过标准分数（Z值）对其进行**标准化处理**（standardizing），进而比较两组数据的分布情况。通过上述转换，你可以将符合正态分布的数据集转换为正态分布的一种特殊情况，即**标准正态分布**（standard normal distribution）。标准正态分布的平均值为0（因此，其众数和中位数也为0），标准偏差为1。在这种情况下，你不再是比较数据集中不同的数字，而是在比较观测值的相对位置。因此，你可以将两个经过标准化处理的数据集的数据分布描绘在同一张图表上，以帮助你比较不同的数据集的数据分布的差异。

与定性数据相似，定量数据也可以分为两种不同的类型：定距和定比，但是人们对这两种数据类型的差异是否有意义一直存在争议。然而，无论这两种数据类型的差异是否有意义，都不会影响你想要执行的分析和运行的计算。定比数据被认为是最为复杂的数据类型。定距数据和定比数据之间最明显的差异在于，**定比数据**（ratio data）中的0有特殊含义而定距数据中的0没有意义。换言之，对于定比数据而言，当数据接近0时，0表示"不存在"。例如，货币可被视为定比数据。我们可以有5元、72元或8 967元，但当其为0时，则表示我们不拥有货币。

定量数据的另一个类型是定距数据。**定距数据**（interval data）中的0是没有特殊含义的。换句话说，在定距数据中，0并不代表着"不存在"，而仅仅是一个数字。例如，当我们衡量温度时，32摄氏度比25摄氏度高，20摄氏度比10摄氏度高。但是，0摄氏度并不表示温度"不存在"，它仅表示居于1摄氏度和−1摄氏度之间的温度。

定量数据可以被进一步分为离散数据和连续数据。**离散数据**（discrete data）是用整数表示的数据。例如，篮球比赛中每队获得的分数为离散数据。每队可获得2分、3分或157分，但不能获得3.5分。相反，**连续数据**（continuous data）可以是某一范围内的任何值。例如身高是连续数据，个体的身高可以是155厘米、166.5厘米或188.8厘米。有时，离散数据和连续数据之间的差异可能会很模糊，因为有时离散变量也可以用连续数据表示。例如，每个家庭的人口数是离散数据，可以是2个人、3个人、或5个人等，但不可以是3.5个人。但当我们分析某个省份或某个城市平均家庭人口数时，可以选择使用连续数据来表示平均水平。判断数据是离散数据还是连续数据还可以帮助你确定需要创建的图表类型，比如连续数据比离散数据更适合用折线图表示。

4.1.2　第1、3象限与第2、4象限：描述与探索

本书中涉及的有关于IMPACT循环模型中步骤"C"的案例和数据分析工具主要是为了实现描述数据的目的。**描述性可视化**（declarative visualizations）的主要目的是向信息使用者描述和呈现数据分析结果。在执行数据分析的过程中，我们首先需要提出问题，然后进行分析，最后沟通分析结果。这意味着，可视化图表提供的信息应是可靠的。你可能在IMPACT循环模型的前几个步骤中对数据中隐藏的信息和规律进行了探索，但在你向信息使用者展示数据分析结果时，你仅仅是在描述前几个步骤中发现和汇总的分析结果。

另外，有时你也可以使用数据可视化来实现**探索性可视化**（exploratory visualization）的目的。在这种情况下，步骤P（执行测试计划）、A（处理和优化结果）和C（沟通结果）之间的界限就没有那么清晰了。通常情况下，我们会在可视化软件（例如Tableau）中执行测试计划，并在交互式的环境中探索数据。最后，我们会根据我们在可视化软件中获得的信息和见解，回答步骤"I"中提出的问题。

图4-2在图4-1的基础上添加了更多的信息。这些信息可以帮助你在回答了上面提到的两个问题之后，进一步判断和选择合适的可视化工具。图表的象限代表了两个主要问题：

1.你是否仅需要解释已完成的数据分析的结果？你是否想通过可视化工具浏览和探索数据？（你的目的是探索数据还是解释分析结果？）

2.你所使用的数据类型是什么，是概念性的定性数据还是以数据为主导的定量数据？

一旦你确定了这两个问题的答案后，你就可以根据你的分析目的和你可以获得的数据集来确定最合适的可视化工具和方法了。

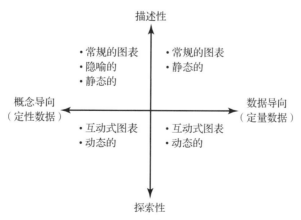

图4-2　四种图表类型的详细描述

资料来源：S. Berinato, *Good Charts: The HBR Guide to Making Smarter, More Persuasive Data Visualizations* (Boston: Harvard Business Review Press, 2016).

| 阶段测试 |

1. 列举两种你听说过或使用过的通过分类和数据可视化来解释复杂概念的方法。
2. 使用互联网或其他资源（如教科书、报纸或杂志等），列举可应用于图 4-2 中各个象限的数据可视化的示例。
3. 判断以下数据的数据类型（如定类数据、定序数据或定量数据）：
   （1）教学评价问卷中，学生可以从优秀、良好、中等或较差中做出选择。
   （2）一年内，每周的黄金收盘价。
   （3）道琼斯工业平均指数上列出的公司名称。
   （4）用摄氏度表示的室外温度。

4.2 选择正确的图表

确定了数据类型和数据可视化的目的之后，接下来我们将设计数据可视化，包括选择合适的颜色、字体和图形等。更为重要的是，选择合适的图表类型。可视化图表应尽可能多地通过图表本身传递信息，减少相关的文字说明。同时，我们应尽量简化图表的设计，应避免包含可能会分散读者注意力的"华丽的"、冗余的"装饰"。

4.2.1 适用于定性数据的图表

由于定性数据和定量数据的复杂性不同，所以有些图表适用于定量数据却不适用于定性数据。最常被用来描述定性数据的可视化图表包括：

- 饼状图
- 条形图
- 堆叠条形图

饼状图可能是定性数据中最常用到的可视化图表，它显示了整体的各个组成部分。换句话说，饼状图代表了每个类别的数据在数据整体中所占的比例。

条形图也可以显示每个类别的数据在数据整体中所占的比例，但条形图更擅长于显示各个类别的数据在占比方面的差异。

在大多数情况下，条形图比饼状图更容易被理解。因为人类的眼睛更擅长比较不同列的高度或水平条的长度（取决于图表的方向）。饼状图每个分区的大小更难被直观比较，尤其是在不同分区所占比例相对相似的情况下。

图 4-3 为使用极简文具数据集制作的两个不同的图表。两个图表分别比较了该文具公司的不同种类的文具的销售情况。饼状图中橡皮和 32 开笔记本的销量差异很难被比较，但在条形图中，我们可以明显地看出橡皮比 32 开笔记本的销量高。

当然，我们可以通过在饼状图中添加每个分区所占的百分比来改进饼状图（见图 4-4）。但是通过查看条形图中各个类别之间的排序和各个类别的具体数值，我们可以更快速、更直观地看到各个类别之间的差异。

我们也可以使用堆叠条形图或 100% 堆叠条形图来展示以上数据（见图 4-5）。该图不是 Excel 中的默认选项，但可以在本章稍后介绍的另一个数据可视化工具 Tableau 中使用。图 4-5 中左侧的图是堆叠条形图，它显示了每种文具的销量占总销量的比例，以每种文具售出的数量表示。图 4-5 中右侧的图是 100% 堆叠条形图，它显示了每种文具的销量占总销量的比例，以每种文具销量的百分比表示。

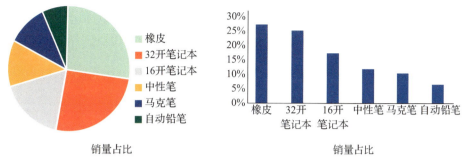

图 4-3　使用饼状图和条形图来比较不同产品的销售情况

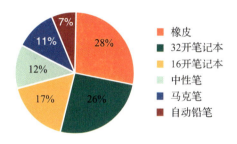

销量占比

图　4-4

条形图和饼状图是展示定性数据时最常使用的图形，其他可用于定性数据的图形还包括：

- **树形图和热图**：这两种图的可视化类型较为相似，都是通过图形的大小和颜色来显示不同类型的数值所占比例的大小。树形图通过物理空间显示比例，而热图则使用颜色来突出显示不同值的比例。但是，两者都具有比较强烈的视觉效果，因此可能不适用于表示精确的数字或比例的情况。
- **符号地图**：符号地图是一种地理地图，可用于展示定性数据在不同地理区域（如跨省份或跨国家）所占的比例。
- **词云**：词云适合用来表示文本数据。词云是通过统计数据集中每个单词被提到的频率而形成的（见图 4-6）。当给定单词出现的频率（比例）越高时，该单词在单词云中的字体就越

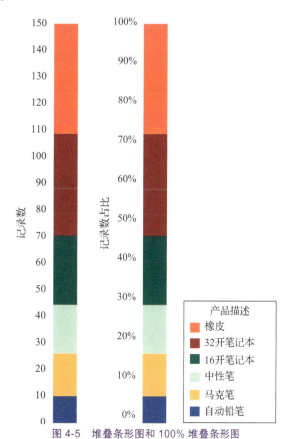

图 4-5　堆叠条形图和 100% 堆叠条形图

大。当你向调查对象提出开放式问题时，词云可以帮助你快速直观地展示你收集到的答案，你可以以此来判断调查对象对某一问题或事项是抱有积极的态度还是消极的态度。

同时，你可以在创建词云时根据你的需求添加设置，如省去最常用的单词（例如我、是、的等），以避免数据峰值不必要的倾斜（见图4-6）。

图4-6 词云示例

4.2.2 适用于定量数据的图表

用于绘制定量数据的可视化图表与以上定性数据用到的可视化图表具有类似的特征（可以对数据进行分组和计数），但复杂程度更高。

对定量数据进行可视化处理的方法有很多。除词云之外，以上提到的用于定性数据的所有图表都可用于描述定量数据。同时，我们还可以通过以下图形展示更复杂的定量数据。

- **折线图**：提供的信息与条形图相似，但折线图更适用于显示一段时间内的数据变化或数据趋势。因此，折线图可以更有效地描述连续数据，而条形图则适用于展示离散数据。因为定性数据的本质是分类数据（非连续数据），所以不建议使用折线图来描述定性数据。
- **箱形图和盒须图**：适用于分析数据的分布情况，如四分位数、中位数和异常值的分布情况。
- **散点图**：用于识别两个变量之间的相关性，或者用于识别趋势线或最佳拟合线。
- **填充地图**：与符号地图不同的是，填充地理地图使用不同的颜色展示了定量数据在不同地理区域（例如省份或国家）的数据范围。

图4-7汇总了上面所述的图形类型。每种图形分别代表了探索性数据可视化和描述性数据可视化。图4-7按

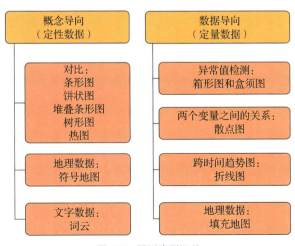

图4-7 图形类型汇总

照各个图表的最佳使用方法,对不同的图形类型进行了再分(例如,在比较定性变量时,条形图是最佳选择),但可视化图表的使用并不应该局限于类似分类的结果。就像条形图也可用于比较定量数据一样,图中所列图形也可以用于展示其他类型的数据或实现其他的分析目标。

与选择和完善分析模型相比,交流分析结果更像是一件艺术作品。当你可以熟练掌握相关技能之后,你的目标将是以清晰简明的方式向利益相关者传达重要的信息。虽然可视化图形通常可以非常有效地传达信息,但如果你没有谨慎地选择合适的图形,则有可能干扰读者对信息的理解。例如,被操纵的条形图可能会对信息使用者造成误导。同样,3D 图形也极具欺骗性。即使在使用正确的数字时,图形的比例也可能会失真。

4.2.3 帮助挑选视觉工具的工具

有很多工具都可以帮助我们实现数据可视化和其他探索性数据分析。高德纳(Gartner)每年会对这些工具进行评估,并创建以下有关商业智能的"魔力象限",如图 4-8 所示。魔力象限可以帮你分析你应该使用哪个工具。

图 4-8　高德纳魔力象限:商业智能和分析平台

基于高德纳的魔力象限,不难看出 Tableau 和 Microsoft 是目前最受欢迎与表现最优异的两个选择,而这两个工具也是本书关注的重点。以上高德纳分析提到的 Microsoft 工具包括了整个 Microsoft BI 套件,Excel 仅是其中的一部分。在本书中,我们将主要关注于 Microsoft 工具包中 Excel 的应用。Tableau 在执行能力方面的表现略高于 Microsoft,而 Microsoft 在视图完整性方面的排名略高于 Tableau。这是因为 Tableau 是一种较新的产品,Tableau 将大部分精力都放在了数据可视化上,而 Microsoft Excel 具有一个更强大的数据分析平台。与 Tableau(以及市场上任何其他数据可视化软件)相比,Excel 的最大优势在于其极高的市场占有率。Excel 的市场销售时间比其他任何竞争对手都更长,几乎所有企业或大学的计算机上都有安装 Excel。**如果你的数据分析项目更倾向于描述性而不是探索性，那么你更有可能在 Excel 中执行数据可视化，展示分析结果**。当你在 Excel 中执行 IMPACT 循环模型的第 2 步到第 4 步时，你可能会继续使用 Excel 来制作图表，呈现分析结果。

Tableau 在直观呈现数据和易于操作方面获得了用户的高度赞誉，很适合用于探索性数据分析。在你执行探索性数据分析时，你可能不会等到第 5 步才将数据导入 Tableau，展示分析结果。相反，你可能会在 IMPACT 循环模型的第 2 步就将数据从 Excel 或 Access（或存储数据的任何位置）等工具中加载到 Tableau，并在 Tableau 中执行分析。如果你还没有提出明确的问题或者不是很确定你要提出的问题，你可以在 Tableau 中更换不同的图表类型来探索和分析你的数据，从而发现数据中隐藏的规律和趋势。在这个过程中，你会在执行数据分析的同时不断调整和优化可视化图表。Tableau 的缺点之一是它的成本较高，但幸运的是，Tableau 对教育事业非常支持。经认证的学术机构的学生和教职人员可以免费使用 Tableau Desktop。作为学生，你可以在以下网站上下载 Tableau 的免费许可证：https://www.tableau.com/zh-cn/academic/student。下载 Tableau 后，你可以通过打开示例超市提供的示例工作簿了解你可以使用的可视化图表。你可以在"开始"界面底部找到"示例工作簿"（见图 4-9）。

图 4-9　Tableau 示例工作簿

打开工作簿后，你将在工作簿底部看到各种选项卡。这些选项卡展示了不同的可视化方法。当你在 Tableau 中执行探索性分析或在 Tableau 中呈现已有的分析结果时，你可以尝试使用多种不同的可视化图形来分析或展示你的数据，以发掘不同图形可以传达的信息，并以此选择最有效的沟通方式。在 Tableau 工作簿的右上角，你将看到"智能显示"窗口，该窗口提供了不同的可视化选项（见图 4-10）。

图 4-10　Tableau 中的可视化选项

资料来源：@2019 Tableau Software Inc.All rights reserved.

在"智能显示"选项卡中，只有适用于已载入数据集的可视化效果才会以全色显示。

4.2.4　通过（错误）示例学习如何创建合适的图表

我们可以通过尝试使用不同的可视化图表，帮助我们选择和优化适用于不同数据集的可视化图表，并探索数据中隐藏的价值。我们将通过对比可以有效传达信息的可视化图表和可能扭曲分析结果的可视化图表，讲解如何选择合适的图表。

在图 4-11 中，英国报纸《每日邮报》(*Daily Mail*) 试图强调对英国经济增长的第二次评估的评估结果比第一次的评估结果高的情况。国家统计局的评估表明，第四季度的经济增长率应该是 0.7%，而不是 0.6%。实际上，第二次经济增长率的评估与第一次相比提高了不到 0.15%。然而，报纸使用的可视化图表却让经济增长率在视觉上看起来好像增加了 200%。同时，本图没有体现出两次评估的时间差异（见图 4-11）。

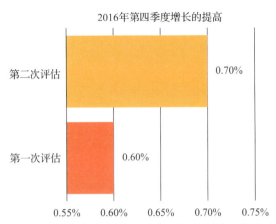

图 4-11 因为使用不合适的度量方式而扭曲了数据之间的对比关系的条形图

我们可以对图 4-11 进行修改，重新使用正确的比例来显示数据（以 0 为起始值而不是 0.55%）并表现出时间的变化（沿水平轴绘制数据），如图 4-12 所示。如果想强调经济的增长，我们可以选择类似于图 4-13 的图。这两个新建的图均显示出了经济增长的幅度，同时又不会让读者产生误解或夸大实际增长比例。如图 4-14 所示的饼状图，是展示数据最好的方法吗？

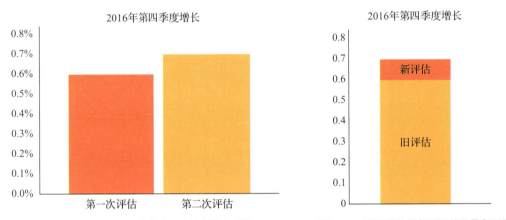

图 4-12 用合适的度量描绘经济增长的条形图

图 4-13 可用于替换条形图的堆叠条形图

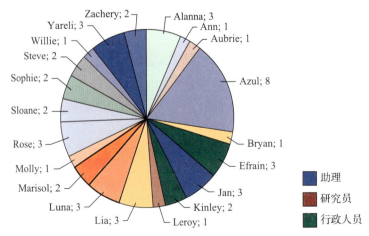

图 4-14 饼状图有时很难清晰地反映个体之间的差异

如果你想强调用户名称,你可以考虑使用图 4-15 所示的按序排列的条形图。如果你想强调不同类别,你可以使用图 4-16 所示的条形图对不同类别进行比较。如果你想更好地显示比例,你可以尝试使用堆叠条形图来描绘数据之间的关系(见图 4-17)。总之,在任何情况下,你都可以找到更好的方式来更加清晰地传达信息。

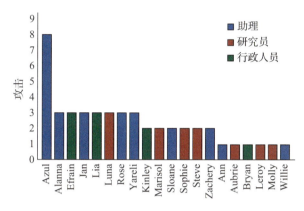

图 4-15　按序排列的条形图可以更加清晰的反映个体之间的差异

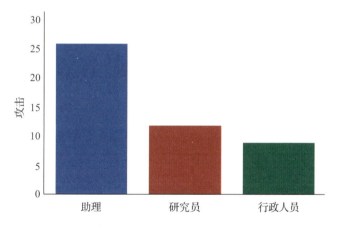

图 4-16　此条形图可以更加清晰地显示各个类别之间的差异

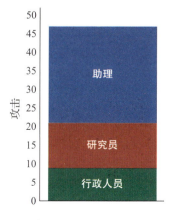

图 4-17　堆叠条形图可以强调各个类型所占的比例

| 阶段测试 |

4. 以下两个图形描绘了同一个数据集 Sláinte Sales Subset 中每日的啤酒销量。哪个图形更适于表示不同日期的啤酒销量，条形图还是折线图？你更喜欢哪一个？为什么？

（1）

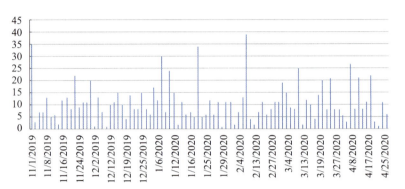

资料来源：Microsoft Excel 2016.①

（2）

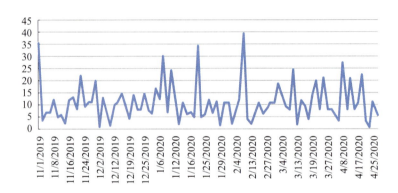

5. 假设同一数据集包含了不同季度的数据。下图是使用 Excel 的图表功能制作的条形图。图表的制作过程非常简单且易操作，但图表本身存在问题。你认为这张图存在什么问题？

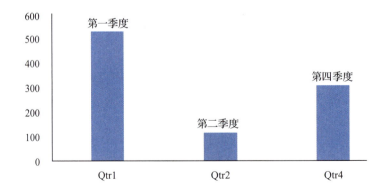

6. 下面的四个图形描绘了同一数据集中每种啤酒的销量。你更倾向于使用折线图还是条

---

① 本章图表资料来源除特殊说明外，均来源于 Microsoft Excel 2016。

形图？无论你选择折线图还是条形图，哪一对图表更容易被理解？

a.

b.

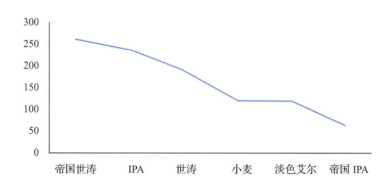

c.

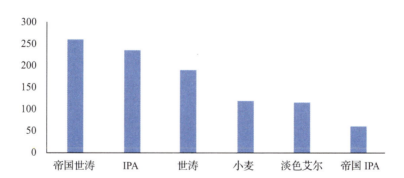

d.

4.3 进一步优化图表以更好地传达信息

确定了可视化的目的以及最优的图表类型之后，你需要进一步优化图表，选择正确的度量单位、颜色和格式。

4.3.1 数据的度量和增量

Excel 和 Tableau 等工具的功能经过不断的优化现已可以更加直观地传达信息，因此，在很大程度上，我们并不需要担心数据的度量和增量，这两种工具会根据数据集选择合适的度量和增量。尽管如此，在创建数据的度量和增量时，你仍需考虑以下四个主要问题：

1. 你需要在可视化图表中分享多少数据以避免产生误解或分散注意力？例如，你需要决定应该在可视化图表中显示过去四年的数据还是过去两个季度的数据？当你考虑剔除一些数据以缩小可视化分析的数据范围时，你的目的是仅显示有用信息，还是歪曲数据结果或隐藏不良表现？注意不要因为数据不符合你的期望而隐藏有意义的数据。

2. 如果你的数据中包含异常值，你是否应该在图表中显示它们？保留异常值是否会在某种程度上扭曲数据的度量单位？是否应该剔除异常值？如果图表的目的是要引起对异常值的关注，则它们需要被保留（但你需要确保异常值不是错误值，这应在 IMPACT 循环模型的第 2 步中完成）。如果图表的目的是显示数据集的主体（非异常值），则异常值可能与数据的内在价值无关，此时异常值可以被剔除。

3. 除了确定需要展示多少数据之外，你还需要选择合适的数据度量单位。通常，图表以基准线 0 为起始点，但如果 0 对你的数据集没有意义，则可以另选一个有意义的基准线。你需要谨慎地选择基准线，以避免使用过度夸张的比例，过分强调或忽略了趋势线或条形图。趋势线应在图表的 2/3 的位置。一旦你决定了数据的度量单位之后，你需要保证数据度量的增量应该是"自然的"、符合客观规律的，例如 1 秒、2 秒、5 秒、100 秒等（而不是 3 秒或 0.02 秒）。

4. 你需要提供上下文或参考点来解释数据度量的含义吗？例如，如果图中显示的某公司的股价为 100 美元每股，你是否能够立即判断出该公司的股价是较高还是较低？虽然有些信息不是必要信息，例如不同时间点公司股票价格的变化、公司所在行业的平均股价及其竞争对手的股价等，但如果没有这些信息，就无法充分体现你所分析的数字的价值。

4.3.2 色彩

Excel 和 Tableau 可以越来越好地选择合适的数据度量与增量。与此同时，Excel 和 Tableau 会使用默认的主题色彩创建数据可视化。当然，你可以选择自定义主题。如果这样做，你需要考虑以下几点：

- 什么时候应该使用多种颜色？使用多种颜色通常可以有效地区分不同类型的数据，突出显示图表的焦点。但是，请勿使用多种颜色表示相同类型的数据。注意可视化的重点不是创造艺术品或通过使用不同的色彩来使图表看起来更漂亮，而是展示数据的内在价值。

- 生活经验让我们了解了红色、黄色和绿色之间的差别。通常情况下，红色意味着我们想要"停止"消极的事情，而绿色意味着我们想要"继续"积极的事情，就像红绿灯一样。你应该遵循惯例和习俗使用红色与绿色。因此，用红色表示正面的事情而用绿色表示负面的事情是违反人们的直觉和习惯的，这会使你的图表更难被理解。你可能还需要考虑信息使用者是色盲的情况。如果你担心可视化图表的使用者可能是色盲，则应避免使用红色、绿色，并改为使用橙色、蓝色。Tableau 已将初始默认颜色改为橙色、蓝色（来替代红色、绿色）。
- 创建图表后，你需要将颜色转换为灰度以确保对比度仍然存在。这既是为了确保色盲观众可以理解可视化图表，又是为了确保所选色阶的对比度足够鲜明。

| 阶段测试 |

7.通常，外部顾问会使用公司的配色方案作为数据可视化的主题色彩或将公司商标用作散点图上的点。虽然这可能是支持企业文化的很好的方法，但通常不是创建图表最有效的方法。为什么这些方法会损害图表的有效性？

4.4　沟通：使用文字传达有价值的信息

作为学生，你所写的文字大部分都是给老师看的。你可能会用尊敬的语气给教授写电子邮件，用严谨的、描述性的语言撰写论文或文学论述，你也有可能有机会撰写商业简报或报告。然而，在你进入专业领域后，你需要改变你的写作语气。如果你习惯了学术性的写作风格，那么当你在商业环境中与同事和客户沟通时，你需要进行一些练习。贾斯汀·佐贝尔（Justin Zobel）在《计算机科学写作》中写道："描述科学的文字最重要的一点就是要易于理解，即清晰、明确、无误、有趣和简洁。"⊖本书的作家团队非常尊重文学和不同的写作风格，但在传达数据分析结果时，我们应使用简洁的文字向信息使用者直接传达信息，尽量减少描述性的语言，将重点放在传达关键信息上。

4.4.1　内容和结构

如下面所示，你需要使用文字描述 IMPACT 循环模型的每个步骤。

I：解释说明你的研究内容。即使你是按照用户要求进行的数据分析，你仍需要阐述数据分析的目的及其他的历史信息。无论你的项目是大型项目的一部分，还是一个长期项目的某个环节，或者是为了帮助管理者制定决策所进行的分析，你都需要使用文字解释相关背景信息。

M：针对不同的信息使用者，你可能不需要详细描述 IMPACT 循环模型的第 2 步"处理数据"中的详细内容，但需要简述数据的来源和内容。如果信息使用者有相关技术背景或对数据的处理过程感兴趣，则你可以详细介绍 ETL 流程中涉及的数据提取、转换和加载，但通常情况下你并不需要详细介绍以上信息。

P 和 A：与上一步相似，根据信息使用者的兴趣和需求，你可能不需要详细描述测试计划和完善分析结果的过程，但你可以选择简单的概述数据分析类型和数据分析的局限性。

⊖　Justin Zobel, *Writing for Computer Science* (Singapore: Springer-Verlag, 1997).

C：如果你的报告中包含数据可视化，则需要说明读者应如何使用可视化。如果你想突出强调分析的某些方面，并将其通过可视化展示出来，则需要阐述数据可视化的哪一个部分描述了这些信息。虽然可视化自身通常可以充分地传达有效信息，但你可以通过文字解释说明重要信息已被包含在数据可视化分析中。

T：讨论后续数据分析。例如，我们是否需要在每周或每个季度更新书面报告或可视化图表？随着时间的推移，应注意哪些可能出现的趋势或异常值？

4.4.2 受众群体和语气

仔细考虑数据分析的受众群体对有效地沟通分析结果至关重要。例如，如果你要写三条信息：①告诉你母亲，你周末要回家，需要洗衣服；②告诉你的教授，你周五的课会缺席；③询问你最好的朋友是否想和你一起去快餐店。为了提高效率，你把所有内容都放在一封电子邮件中并将它同时发送给你的母亲、教授和你的好朋友。这无疑是传达信息的最快方法。但这是个好主意吗？当然不是。你的母亲不需要知道你会缺席周五的课，你也不希望你的教授出现在快餐店，与你和你的朋友一起共进午餐。因此，你应根据你想传达的信息，分开发送邮件。也就是说，你应根据信息受众裁剪所需传达的信息，并简练地向信息使用者传达他们需要知道的信息。

同样，你应该根据读者的兴趣和需求来筛选你需要传达的数据分析结果。如果你需要向不同的人沟通数据分析结果，你可能需要量体裁衣，准备不同的版本。例如，一方面，你可能需要向程序员和数据库管理员提供数据提取、转换和加载（ETL）的详细信息；另一方面，你可能需要向经理简单描述 ETL 的过程，并重点解释可视化图表和数据分析结果。考虑到信息使用者的知识和技能，不要低估信息使用者的理解能力，也避免向非技术人员使用过多专业的和技术性的词语，并且仅在需要的时候提供必要的解释。

4.4.3 修改

与 IMPACT 循环模型的第 4 步（处理和优化结果）相似，你应该不断完善你的书面报告。在你获得大量的练习之前（甚至在你已成为专家以后），你应该请其他人阅读你的报告，以确保你的报告清晰易懂。贾斯汀·佐贝尔建议说，在你修改你的作品时，你需要"有广阔的胸襟——接受不喜欢你自己以前写过的任何东西……如果有人不喜欢你写的东西，请记住，你需要取悦的是读者，而不是你自己"。[⊖] 始终将读者作为写作的重点将有助于你在行文中使用合适的语气，提供正确无误的内容，并避免覆盖过多的细节。

| 阶段测试 |

阶段测试问题 5 和问题 6 使用不同的图表描述了 Sláinte 销售数据集中每日啤酒的销售数量。根据以下两个信息使用者的不同需求制定书面报告，描述从提交数据请求开始，到 ETL 数据转化，一直到数据分析、创建可视化图表的全部流程。

8. 对不同产品销售业绩感兴趣的首席执行官。

9. 负责向首席执行官每月提供固定信息的程序员。

⊖ Justin Zobel, *Writing for Computer Science* (Singapore: Springer-Verlag, 1997).

本章小结

- 本章重点介绍了 IMPACT 循环模型的第 5 步——"C"，讨论了如何向信息使用者沟通和展示数据分析项目的结果。你可以根据信息受众以及你要展示的数据来决定你是否想使用可视化和书面报告来沟通分析结果。
- 为了选择正确的图表，你首先需要确定数据可视化的目的。以下两个关键问题可以帮助你分析可视化的目的：
  - 你是否仅需要解释已完成的数据分析的分析结果？你是否想通过可视化工具浏览和探索数据？（你的目的是探索数据还是解释分析结果？）
  - 你所使用的数据类型是什么，是概念性的定性数据还是以数据为主导的定量数据？
- 本章解释了不同数据类型之间的差异（描述性和探索性、定性和定量），以及如何根据不同的数据类型选择合适的工具（通常是 Excel 或 Tableau）和图表。
- 根据分析目的和数据类型选定正确的图表后，你需要进一步完善你的图表。你可以通过回答以下问题来决定可视化数据的度量、增量和色彩：
  - 你需要在可视化图表中展示多少数据以避免产生误解或分散注意力？
  - 如果数据包含异常值，你是否应该在图表中显示它们？保留异常值是否会在某种程度上扭曲数据度量？
  - 除了确定需要展示多少数据之外，选择什么样的数据度量更合适？
  - 你需要提供上下文或参考点来使数据度量有意义吗？
  - 什么情况下应该使用多种颜色来展示数据？
- 最后，本章讨论了如何通过书面报告来描述数据分析项目。书面报告应包含对 IMPACT 循环模型的各个步骤的描述，且应针对不同信息受众量身定制书面报告。

关键术语

连续数据（continuous data） 连续数据是定量数据的一种，与离散数据正相反。连续数据可以取一个范围内的任何值，如高度。

描述性可视化（declarative visualizations） 描述性可视化的目的是向信息使用者描述或展示数据分析的结果。描述性可视化通常创建于数据分析完成之后，用于描述和展示数据分析结果。

离散数据（discrete data） 离散数据是定量数据的一种，与连续数据正相反。离散数据用整数表示，如篮球比赛中的得分。

探索性可视化（exploratory visualizations） 在 IMPACT 循环模型中的步骤 P（执行测试计划）、A（处理和优化结果）和 C（交流见解）的划分不明显时，用于探索数据的内在价值。通常，在探索数据时，你可以直接在可视化软件（例如 Tableau）中执行测试计划，而不是在数据分析完成之后创建图表。

定距数据（interval data） 定距数据是一种定量数据，在定类数据、定序数据、定距数据和定比数据的复杂性排序中，定距数据为第三复杂的数据。定距数据可以像其他定性数据一样被计数和分组，且每个数据点之间的差异是有意义的。但是，定距数据的 0 没有意义。在定距数据中，0 并不意味着"不存在"，而仅仅是另一个数字，如温度的度量——摄氏度。

定类数据（nominal data） 定类数据是一种定性数据。在定类数据、定序数据、定距数据和定比数据的复杂性排序中，定类数据是最为简单的数据。你仅可以对定类数据进行计数、分组和计算比例，如头发的颜色、性别和种族。

正态分布（normal distribution） 一种数据分布类型，其中数据集的中位数、均值和众数均相等，因此一半的观察值高于平均值，一半的观察值低于平均值。这是自然数据集中常常存在的规律。例如学生的高考分数、新生儿的身高和婴儿体重等。当数据集符合正态分布时，你可以对其进行标准化处理以便后续的分析比较。

定序数据（ordinal data） 定序数据是一种定性数据，在定类数据、定序数据、定距数据和定比数据的复杂性排序中，定距数据为第二复杂的数据。像定类数据一样，你可以对定序数据进行计数和分类。同时，你还可以对定序数据进行排序。例如，金牌、银牌和铜牌。

比例（proportion） 比例是定量数据常用的统计量。通过计数来计算某项数据的数量占总数的比例。

定性数据（qualitative data） 定性数据是分类数据。你仅可以对这些数据进行计数和分组，并在某些情况下对数据进行排名。定性数据可以被进一步分成两类：定类数据和定序数据。绘制定性数据可用的图表不多，因为它远不如定量数据复杂。

定量数据（quantitative data） 定量数据比定性数据复杂。定性数据可以被进一步分成两类：定距数据和定比数据。定量数据的数据点之间的间隔是有意义的。你不仅可以对数据进行计数、分组和排序，还可以进行更复杂的计算，如计算平均值、中位数和标准差。

定比数据（ratio data） 定比数据是一种定量数据，在定类数据、定序数据、定距数据和定比数据的复杂性排序中，定比数据是最为复杂的数据。像定类数据一样，你可以对定序数据进行计数和分类。像区间数据一样，定比数据每个数据点之间的间隔都有意义。此外，定比数据的0有意义，0表示"不存在"，如货币。

标准正态分布（standard normal distribution） 标准正态分布是正态分布的一种特殊情况。标准正态分布的平均值为0（因此，其众数和中位数也为0）、标准差为1。

标准化（standardization） 标准化是用于比较两个符合正态分布的数据集的方法。通过公式转换，你可以将符合正态分布的数据集转换为标准正态分布。如果对两个数据集进行了标准化处理，则可以将两组数据的分布放在同一张图表上进行比较，这将帮助你更容易地获取数据里隐藏的信息。

选择题

1. 金牌、银牌和铜牌是以下哪种数据？
   a. 定类数据
   b. 顺序数据
   c. 结构化数据
   d. 测试数据

2. 在20世纪60年代后期，埃德·奥特曼（Ed Altman）开发了一种模型来预测公司是否面临严重的破产风险。他称其为奥特曼Z分数，该分数现已在金融领域中获得广泛的应用。根据统计方法的名称，你可以猜测出该分数是从哪个统计分布中得出的？
   a. 正态分布
   b. 泊松分布
   c. 标准化正态分布
   d. 均匀分布

3. 贾斯汀·佐贝尔建议在修改文字时，你要"有广阔的胸襟——接受不喜欢自己以前写过的任何东西"，你需要取悦的只有：
   a. 自己
   b. 读者
   c. 顾客
   d. 你的老板

4. 以下哪项不是定类数据的例子？
   a. 性别
   b. SAT成绩
   c. 发色
   d. 民族

5. 华氏度是以下哪种数据类型的示例？
   a. 定距数据
   b. 离散数据
   c. 定类数据
   d. 连续数据

6. 以下哪种数据是最为简单的数据类型？

a. 定比数据
b. 定距数据
c. 定序数据
d. 定类数据
7. 以下哪种数据是最为复杂的数据类型？
a. 定比数据
b. 定距数据
c. 定序数据
d. 定类数据
8. 不建议将折线图用于以下哪种类型的数据？
a. 正态化的数据
b. 定性数据
c. 连续数据
d. 趋势线
9. 图 4-7 汇总了不同数据类型可以选择的可视化图表，以下哪个选项不包含在图中？
a. 相关
b. 对比
c. 分布
d. 正态化
10. 以下哪个图形最适合用来表示两个变量之间的关系（参考图 4-7）？
a. 散点图
b. 条形图
c. 饼状图
d. 直方图

讨论题

1. 解释为什么图 4-1 的四个象限有助于描述如何交流信息？图 4-1 将概念导向和数据导向列在水平轴的两端，这有什么意义吗？你可以想到一种更好的方式来组织和区分不同的图表类型吗？
2. 图 4-7 中显示的哪个图形最适合用于展示单个变量（如高度）的分布（如头发的颜色和大学专业的分布情况）？
3. 箱形图和盒须图适用于显示数据集的极端值与异常值。在什么情况下将这些数据传达给信息使用者很重要？哪些资产负债表或利润表账户中的异常值很重要？
4. 基于 datavizcatalogue.com 提供的信息，判断折线图最适合用于展示哪种数据关系，对比、相关、组成还是分布？从中选择两个。
5. 基于 datavizcatalogue.com 提供的信息，讨论使用词云展示文档中的词汇频率的主要缺陷是什么。
6. 基于 datavizcatalogue.com 提供的信息，讨论箱形图是如何显示数据是否对称的。
7. 哪种图表可以更有效地说明一家公司在过去 5 年中的每股收益？
8. 书中提道："如果你的数据分析项目更偏向于描述性而不是探索性，那么你更有可能在 Excel 中执行数据可视化。"你同意这个观点吗？
9. 根据本书的内容和你自己的经验，简析为什么 Tableau 是探索性数据分析的理想选择。

简答题

1. 图 4-7 中显示的哪个图表最适合比较多个时期的每股收益？哪个图表最适于比较较少的几个时期的每股收益？
2. 图 4-7 中显示的哪个图表最适于展示年底应收账款余额的相关组成部分的静态数据？哪个图表最适于展示应收账款余额的组成部分在两个或两个以上时期的变化情况？
3. 四大会计师事务所（德勤、安永、毕马威和普华永道）在美国审计和税收市场占有主导地位。哪种图表可以通过展示各个事务所在美国每个州的审计收入来分析各个会计师事务所在各州的业绩表现？
4. datavizcatalogue.com 列出了 7 种不同的图表。如果你想按数量评估各地区的客户密度，你将使用哪一种图表？在图表中，你将如何展示某些客户比其他客户购买了更多商品的情况？你会用同一个图还是不同的图来展示以上信息？

5. 在你看来,分析师在图表中使用不适当的度量是因为单纯的错误还是因为分析师没有经验(或未经过有效培训)?还是因为分析师想故意误导信息使用者?

参考答案

阶段测试答案

选择题答案

案例 4-1 通过数据透视表完成描述性数据可视化

此案例基于第 2 章案例 2-2 中已完成的有关极简文具数据的分析。该案例生成的数据透视表显示了每个产品在 2019 年 11 月～2020 年 7 月每月的销量。

当数据分析以描述客观事实为目的时,数据分析的过程很可能需要在 Excel 中完成,数据可视化将在分析完成后用来展示数据分析的结果。

公司简介
极简文具公司简介见以前章节的说明。

所需数据
- 极简文具数据集 .xlsx（见第 2 章二维码 2-1）。

所需技能
- Excel 表格和数据透视表的相关经验。

所需软件
- Excel。
- 屏幕截取工具（Windows：截图工具；Mac：Cmd + Shift + 4）。

IMPACT 循环模型中的第 1 步～第 4 步

IMPACT 循环模型中的第 1 步～第 4 步已在案例 2-2 中执行完成。在此,你可以使用已经准备好的数据文件"极简文具 – 数据透视表 .xlsx"（扫描二维码 4-1 获取）。

二维码 4-1

第 5 步:交流见解
本案例演示了两种展示你的分析成果的方法。请逐步完成以下两个备选方案。

备选方案 1:创建数据透视表
1. 单击数据透视表中的某个单元格,在工具栏中点击选项卡"**数据透视表分析**"。
2. 如果你使用的是 Windows 系统,则会在工具栏的工具区域看到数据透视表按钮;如果使用 Mac,则可以从"**插入**"选项卡插入常规图表。本案例中的一些功能在 Mac 系统不适用,因此建议在 Windows 系统中完成本案例。
3. 单击"**数据透视表**"按钮后,将会弹出插入图表窗口,窗口中列出了可选的可视化数据透视表。默认选项为柱形图。条形图也是一个不错的选择,它通过水平方向的数据条显示数据而不是垂直方向的数据条。根据你的喜好创建条形图或柱形图,然后单击"**确定**"。
4. 对生成的数据透视表的屏幕进行截图（将其命名为图 4-1A）。

5. 与常规图表相比，使用数据透视表的优势在于你可以切割你的数据，并同时在数据透视表和数据透视图中筛选数据。如果你想向信息使用者展示数据分析结果，并预期信息使用者会提出有关某个月份或某个产品的相关问题，你可以使用 Excel 的切片器工具，以互动的方式过滤数据。你可以在功能区上的"**数据透视表分析**"选项卡中，单击"**插入切片器**"。
6. 在弹出的窗口中，选择"**产品_描述**"，创建一个交互式过滤器。此功能可以帮助你查看不同产品在过去几个月中的销售情况。
7. 以"**销售订单_日期（月）**"为基准创建第二个切片器。
8. 对屏幕进行截图，其中包括你创建的数据透视图、数据透视表和两个切片器（将其命名为图 4-1B）。

问题 1：花几分钟时间使用切片器过滤数据。找出三个可以通过可视化获得的内在信息。
问题 2：可视化和互动式切片器与原始的数据透视表相比有什么不同？

备选方案 2：在数据透视表通过条件格式和迷你图实现可视化
条件格式和迷你图可以快速地展示图表的局部数据，并比较数据，发现数据中隐藏的趋势。

9. 为了通过可视化快速地展示极简文具每种产品在一段时间内的总销量的变化，我们可以在总计列使用条件格式工具。**选择**数据透视表中"**总计**"列中的数据（见图 4-18）。

以下项目的总和:销售数量	列标签							
行标签	1	2	3	4	5	6	7	总计
16开笔记本	42916	110412	131991	21303	16173	193701	71575	588071
32开笔记本	246146	110267	134164	47275	24926	112564		675342
中性笔	81159	63894	157029	17263	126359	63430	14856	523990
文件夹	81442	27232	157403	44720	51988	22132	14116	399033
橡皮	199687	45099	128309	86299	150773		73002	683169
自动铅笔	66477	16298	87282		116316	119583		405956
订书器	45229	33787	82477	96537	78442	47411	10845	394728
马克笔	38191	8548	7708	199806	73848	188009		516110
总计	801247	415537	886363	513203	638825	746830	184394	4186399

图 4-18

资料来源：Microsoft Excel 2016.

10. 在"**开始**"工具栏，单击"**条件格式**"按钮，弹出的下拉菜单中列出了可选的条件格式。
11. 选择"**数据条**"，然后在渐变填充菜单中选择第一个选项蓝色数据条。
12. 条件格式很有用，它可以帮助我们比较不同产品的销售总计。但是，如果你想比较每种产品在不同月份的销量，你可以在每一行旁边显示迷你折线图。为此，请选择数据透视表中所有你想分析的数据，但不要选择任何其他的数据标签或数据，如产品描述、月份和总计。
13. 在"**插入**"工具栏的"**迷你图**"区域，单击"**折线**"。
14. 弹出的窗口将显示所选数据的数据范围，同时将提示你选择放置迷你图的位置范围。我们可能想在数据透视表的右侧显示趋势线，因此你可以选择总计右侧的第一个空白列中的单元格（见图 4-19）。

以下项目的总和:销售数量	列标签						
行标签	1	2	3	4	5	6	7
16开笔记本	42916	110412	131991	21303	16173	193701	71575
32开笔记本	246146	110267	134164	47275	24926	112564	
中性笔	81159	63894	157029	17263	126359	63430	14856
文件夹	81442	27232	157403	44720	51988	22132	14116
橡皮	199687	45099	128309	86299	150773		73002
自动铅笔	66477	16298	87282		116316	119583	
订书器	45229	33787	82477	96537	78442	47411	10845
马克笔	38191	8548	7708	199806	73848	188009	
总计	801247	415537	886363	513203	638825	746830	184394

图 4-19

资料来源：Microsoft Excel 2016.

15. 单击"**确定**",创建迷你图(见图 4-20)。

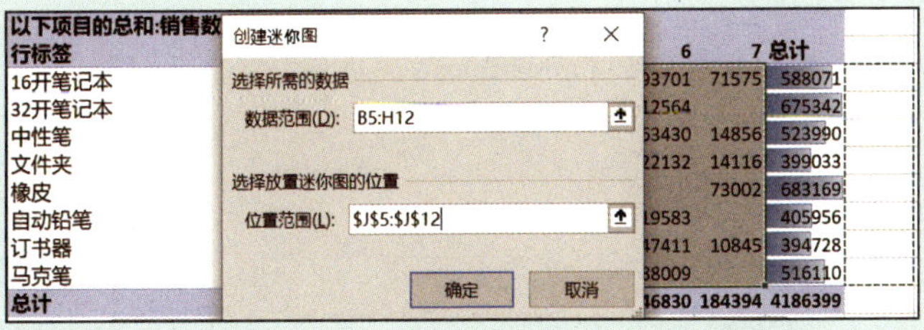

图 4-20

资料来源:Microsoft Excel 2016.

16. 你会发现有的迷你折线图有断开的情况。如果你希望看到一条连续的实线并用零值取代空白单元格,则可以更改此选项。单击任意包含迷你折线图的单元格,迷你图选项卡将出现在工具栏中。
17. 单击"**编辑数据**"按钮下半部分的向下的箭头以显示菜单。
18. 从菜单中选择"**隐藏和清空单元格**"。
19. 在弹出的窗口中选择选项"**将空单元格显示为零值**",然后单击"**确定**"。
20. 对屏幕进行截图,其中包括你设置的条件格式和迷你折线图(将其命名为图 4-1A)。

问题 3:与创建数据透视表相比,你认为什么情况更适于创建迷你图或条件格式?
问题 4:还有哪些其他可视化方法可用来解释这些数据?如果你想创建一个每月更新的报告,你可以使用哪两个可视化图表?
问题 5:准备书面报告,在报告中讨论数据分析项目和可视化展示的信息。

案例 4-2 使用 Tableau 来执行探索性分析和创建仪表盘

当数据分析项目的本质是探索性分析时,你可以在 Tableau 中执行分析。你的数据分析项目可能始于一个你脑海中比较宽泛的问题,但在回答该问题时,你的探索性分析将持续不断地引出新的问题。数据可视化可以用来探索数据,并最终用来展示分析结果。

公司简介
极简文具简介略。

所需数据
- 极简文具数据集。

所需软件
- Tableau。请与你的指导老师联系以获得帮助或点击此链接下载 Tableau,网址是 https://www.tableau.com/zh-cn/academic/student,然后单击"免费获取 Tableau"以注册免费的学生许可证。你的学生许可证有效期为一年。
- 屏幕截取工具(Windows:截屏工具;Mac:Cmd + Shift + 4)。

在本案例中，你将：

第 1 步：提出合适的问题。

第 2 步：完成 ETL 流程，将数据加载到 Tableau 中进行分析。

第 3 步：使用数据可视化分析你导入的数据。

第 4 步：使用仪表板展示你的数据。

第 1 步：提出合适的问题

如果你已完成案例 2-1 或案例 2-2，你将会对极简文具数据集非常了解并已提出你想分析的问题。在本案例中，假设你现在在工作中遇到的情况是：极简文具想请你帮助公司找出公司明年的业绩在哪些方面可以有所提高。此外，公司注意到产品的边际利润没有预算中估计的高，希望你能帮助确定可以改善其定价、营销或战略的一些领域。具体来说，极简文具想了解每种产品的销售情况。

我们将从分析每种产品的总销量的问题入手。

第 2 步：完成 ETL 流程，将数据加载到 Tableau 中进行分析

要完成 ETL 流程，我们需要从 Excel 中提取数据并将其转换、加载到 Tableau 中。

1. 打开 Tableau。

2. 从"连接到文件"选项中选择"Microsoft Excel"。

资料来源：Tableau Software, Inc.⊖

3. 找到"极简文具数据集"文件，然后单击"打开"。这将会把数据加载到 Tableau 中。

4. 首先显示的界面为数据源界面，其中包含三个工作表供你选择。我们可以从浏览销售数据开始我们的分析。双击销售工作表以将其加载到 Tableau 中。

⊖ 本章案例图片资料来源除特殊说明外，均来源于 Tableau Software, Inc.。

5. 数据应该可以被顺利地加载到 Tableau 中。检查载入的每个字段的数据类型是一个好习惯。你可以注意到"销售 订单 ID"上方是 Abc，而"销售订单 日期"上方是日历图标。这说明"销售订单 ID"数据是以文本格式导入的，而"销售订单 日期"是以日历格式导入的。"销售数量"和"产品 价格"上方的数字符号表示这些数据是以数字格式导入的。这与我们之前的设置完全一样，因此无须转换数据。

问题 2：如果"销售订单 日期"是以数字格式导入的，那我们在按月对数据进行进一步分析时，会出现什么问题？请举例说明。

问题 3：为什么"销售 订单 ID"以文本格式导入但字段中的数据看起来都是数字数据？将该字段的储存格式改为数字会有什么好处呢？为什么继续以文本格式储存该数据并不会给我们的分析带来问题？

第 3 步：使用数据可视化分析你导入的数据

单击 Tableau 左下角的"工作表 1"，开始处理数据。Tableau 的运行界面与 Excel "数据透视表"区域的结构相类似。"销售"工作表中包含的字段可被分为维度和度量。

- 维度是描述性属性，这些属性通常是我们在数据透视表中用来对其他字段进行切割或分组的字段。
- 度量是数字，这些字段通常是你要拖到数据透视表中的"值"区域，用来计数、求和或求平均值的数据。

6. 要查看已售产品的数量，可以从双击度量区域的"销售数量"开始。
   请注意，Tableau 的默认图表并不是数字表格，而是条形图中的数据条。这清楚地表明了 Tableau 对数据的处理方式与 Excel 是不同的。Excel 的默认图表为数字表格，而 Tablcau 的默认图表为可视化图表。
7. 为了按照产品种类对产品销量进行分组，双击维度区域的"产品代码"。
8. 对屏幕进行截图（将其命名为图 4-2A）。

你刚刚创建的可视化图表已经回答了我们最初提出的问题（每个产品的销量为多少），然而我们可以进一步完善可视化效果。

问题 4：哪两种方法可以用来完善此视觉效果，使其更易于被理解？

9. 对数据条进行排序：在 Tableau 屏幕的顶部有一排图标，在中间的位置有两个排序的图标，点击图标将数据按照降序排序。

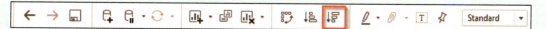

10. 为数据条添加标签：在数据视图的左侧，有一个"标记"窗口。它提供了多种查看数据的

方式。点击"标签",在弹出的窗口勾选"显示标记标签"。

11. 接下来,为了帮助信息使用者快速地了解每个数据条对应的产品名称,我们可以用"**产品名称**"来代替"**产品 代码**",这需要你将销售数据与产品数据合并。单击界面左下角的"**数据源**"选项卡。

12. 双击"**产品**"工作表以将产品数据加载到 Tableau 中。产品数据将显示在界面右侧、下方区域,数据上方将显示连接这两个工作表的维恩图。你需要确保工作表被正确地合并。也就是说,你需要确保两个工作表通过匹配**产品**工作表中的主键和**销售**工作表对应的外键将两个工作表合并(与将两个表连接到 UML 图的原理相同)。

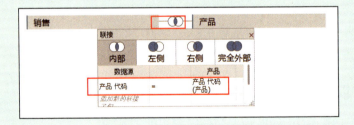

13. 返回"**工作表 1**"以使用新数据。
14. 双击维度中的"**产品 描述**",将产品详细信息添加到可视化图表中。
15. 现在,你已将产品描述添加到可视化中,可以将产品代码在列中移除。你可以将胶囊状的"**产品 代码**"图标拖拽到"**列**"区域外,从而在可视化中删除产品代码。删除产品代码后,你需要单击第 9 步中提到的排序按钮,重新将数据条按降序排列。
16. 对屏幕进行截图(将其命名为图 4-2B)。
17. 有时在执行探索性数据分析时,你需要保存你刚刚完成的可视化,以便于你之后进行后续的分析。我们将重命名工作表 1,然后将其复制到新的工作表中以进行进一步分析。右键点击选项卡"**工作表 1**",然后选择"**重命名(R)**"。输入"**产品总销售量**"作为工作表名称。

18. 右键单击刚刚被重命名的工作表选项卡，然后选择"**复制**"。

19. 接下来让我们深入研究这些产品销量在不同年份的变化。将维度中的"**销售订单 日期**"拖放到列中，并将其放置在"**产品 描述**"的左侧。

请注意，胶囊状图标不仅标示了变量名称，还标示了年，你可以点击图标上的加号以扩展分组。

20. 对屏幕进行截图（将其命名为图 4-2C）。

如果扩展"**销售订单 日期**"一次，数据将按照季度分组。如果继续扩展"**销售订单 日期**"，数据将被进一步细化，并按照月份分组。

21. 将工作表重命名为"**产品总销量（年）**"。
22. 回到"**数据源**"选项卡，然后添加"**客户**"工作表。在一些情况下，数据可能不能按照你的预期进行合并。

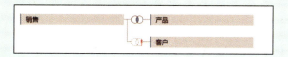

这可能是数据导入的格式不同造成的。当你分别浏览销售工作表和客户工作表时,你会发现销售工作表中的客户 ID 格式为**字符串**,而客户工作表中客户 ID 格式为**数字**。

右击韦恩图中的客户工作表,选择移除。接下来,你可以按照第 5 步所示,将销售工作表中的客户 ID 格式改为数字,也可以在工作表区域勾选"**使用数据解释器清理**"。

双击工作表区域的"**客户**"工作表,重新添加"**客户**"工作表。

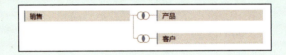

23. 你需要确保"**客户**"工作表和"**销售**"工作表通过合适的主键和外键合并起来(根据 UML 图中描述的数据关系)。
24. 如果你想分析产品在不同地理区域的销售,则需要转换数据格式。通过在数据源中浏览数据,你会发现变量"**客户 城市**"和"**客户 省**"的左上角的图标为 Abc,这意味着在导入数据时,Tableau 将这些地理数据识别为字符串。分别单击"**客户 城市**"和"**客户 省**"左上角图标 Abc,修改数据格式。

25. 修改"**客户 城市**"的格式时,选择"**地理角色**",然后选择"**城市**"。

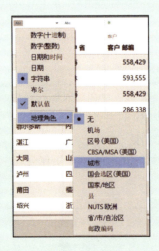

修改"客户 省"的格式时，选择"地理角色"，然后选择"省／市／自治区"。

26. 通过单击选项卡"产品总销量（年）"右侧的图标，创建一个新的图表（不要复制已创建的图表）。

27. 这次，我们将创建一个报告，并在报告中显示各省份产品的销量。双击度量区域的"客户 省"，Tableau 会自动生成符号地图。图中的点代表了该公司客户在不同省份的分布。
28. 双击度量区域的"销售数量"。此时，符号地图中的点已根据各省份客户数量更改为大小相同的点。

因为 Tableau 的默认地理区域为美国，因此在修改地理区域前，你创建的符号地图可能需要根据中国的数据情况做调整。

地图的右下角显示"27 未知"，点击该图标。在弹出的窗口，选择"编辑位置..."。

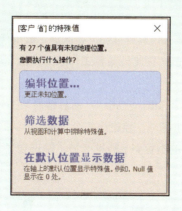

在编辑位置窗口，单击国家／地区右侧的下拉菜单，在下拉菜单中选择"中国"，如果你的分析范围仅限于中国，可在弹出窗口选择"固定"，然后单击"确定"。

修改后，符号地图会有所调整。

29. 接下来，通过更改可视化图表类型，我们可以找出更易于解释数据的可视化图表。如果窗口右上角未显示"智能显示"菜单，你可以单击"智能显示"，然后选择符号地图右侧的填充"地图"。
30. 将此工作表重命名为"**产品销售数量（省份）**"。
31. 对屏幕进行截图（将其命名为图 4-2D）。

第 4 步：使用仪表板展示你的数据

现在，你已经创建了三个简单且有意义的数据可视化图表，你可以创建仪表板以展示分析结果。通过 Tableau，你可以轻松地将所有这些可视化图表放置在一个交互式窗口上。

32. 点击"新建仪表板"图标，该图标位于"新建工作表"图标的右侧。

33. 在"仪表板"视图的左侧并没有维度和度量区域，取而代之的是已创建的三个工作表。你可以将工作表拖放到右侧"**在此处放置工作表**"区域。你可以按照自己的意愿摆放这些图表。
34. 你可将任意工作表作为筛选器。点击"**产品总销量**"工作表。当工作表处于工作状态时，工作表的右上方有四个小图标。点击第三个（漏斗形状的）图标，仪表板中的所有工作表都将按照此工作表所选的数据条/数据区域，筛选要显示的数据。单击此图标以执行此操作。

35. 同理，单击"**产品总销量（省份）**"工作表中的该图标（漏斗状图标），将"**产品总销量（省份）**"工作表作为仪表板的过滤器。

现在，你可以单击"产品总销量（省份）"工作表中的任一个或多个省份，仪表板中的三个工作表将仅显示所选省份的数据。

36. 按产品或省份筛选仪表板中的数据，对屏幕进行截图（将其命名为图 4-2E）。

问题 5：创建这些工作表和仪表板之后，你会建议极简文具继续分析哪些其他数据？还有哪种数据可视化类型可以帮助极简文具制定决策？

案例 4-3　使用 Tableau 制作词云

当你想向信息使用者展示文字分析结果时，你可以使用词云来强调文字出现的频率。词云可以通过字体大小和字体颜色强调或区分文字。

公司简介
极简文具公司简介略。

所需数据
- 极简文具数据集 .xlsx（见第 2 章二维码 2-1）。

所需软件
- Tableau。请与你的指导老师联系以获取帮助或点击此链接下载 Tableau，网址是 https://www.tableau.com/zh-cn/academic/student，然后单击"免费获取 Tableau"以注册免费的学生许可证。学生许可证有效期为一年。
- 屏幕截取工具（Windows：截屏工具；Mac：Cmd + Shift + 4）。

在本案例中，你将：
第 1 步：提出合适的问题。
第 2 步：完成 ETL 流程，将数据加载到 Tableau 中进行分析。
第 3 步：使用数据可视化分析你导入的数据。
第 4 步：使用词云展示你的数据。

第 1 步：提出合适的问题
如果你已完成案例 2-1 或案例 2-2，你将会对极简文具数据集非常熟悉并已提出你想分析的问题。

在本案例中，假设你现在在工作中遇到的情况是：极简文具想请你帮助公司分析不同产品的市场回应、分析顾客对产品的评价。你可以通过分析顾客对不同产品的评价来衡量顾客对产品的综合印象。

第 2 步：完成 ETL 流程，将数据加载到 Tableau 中进行分析
在执行 ETL 流程的过程中，你需要从 Excel 中提取和转换数据，并将数据加载到 Tableau 中。

1. 打开 Excel 文件"案例 4-3 极简文具 – 顾客评价 .xlsx"，并快速浏览你的数据（扫描二维码 4-2 获取）。

二维码 4-2

2. 打开 Tableau。从"连接到文件"选项中选择"Microsoft Excel"。

3. 找到"案例 4-3 极简文具 – 顾客评价 .xlsx"文件（见二维码 4-2），然后单击"打开"。这将把数据加载到 Tableau 中。
4. 首先，我们将进入数据源界面，此界面包含三个工作表供你选择。我们可以从浏览销售数据开始我们的分析。双击销售工作表，将工作表中的数据加载到 Tableau 中。

5. 数据应该可以被顺利地加载到 Tableau 中。检查载入字段的数据类型是一个好习惯。你可以注意到，"销售 订单 ID"左上方有图标 Abc ，"销售订单 日期"左上方有一个迷你的日历图标。这说明"销售订单 ID"数据是以文本格式导入的，而"销售订单 日期"是以日历格式导入的。"销售数量"和"产品 价格"上方的数字符号表示这些数据是以数字格式导入的。这与我们之前的设置完全一样，因此无须转换数据。

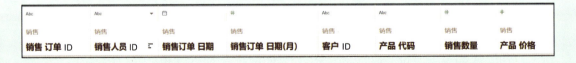

第 3 步、第 4 步：使用数据可视化分析你导入的数据并使用词云展示你的数据。

6. 在数据源选项卡工作表区域，勾选"使用数据解释器"选项，双击销售和产品工作表以合并两个工作表。
7. 在本案例中，你想通过数据可视化展示顾客对产品的评价。为了实现这个目的，你可以将维度中的"顾客评价"拖放到标记区域的"标签"图标上，将维度中的"产品描述"拖放到标记区域中的"颜色"图标上，将度量中的"记录数"拖放到标记区域中的"大小"图标上。

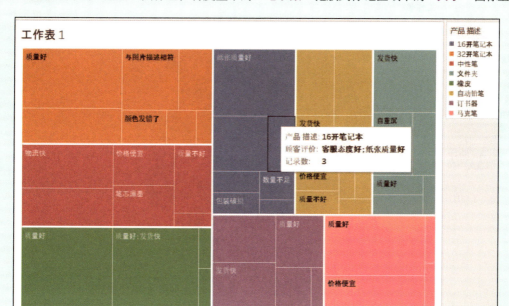

Tableau 会默认生成树形图，图中不同的颜色代表了不同的产品，图形的大小代表了评价出现的频率。图中的文字代表了评价的具体内容。你会发现图中有些空白的矩形。当你将光标悬置在这些空白矩形上时，这些矩形代表的详细信息将会显示出来。

8. 点击界面右上角"智能显示"图标，选择右下角的"填充气泡图"。

9. Tableau 会将顾客评价作为"标签"添加到气泡图中。这可以让读者快速地了解图中的绿色代表橡皮，粉色代表马克笔。但因为右侧的图例已经描述的这些信息，如果你想简化图表，你可以将标签"产品 描述"拖拽到标记窗口外，以在气泡中去除产品描述信息。

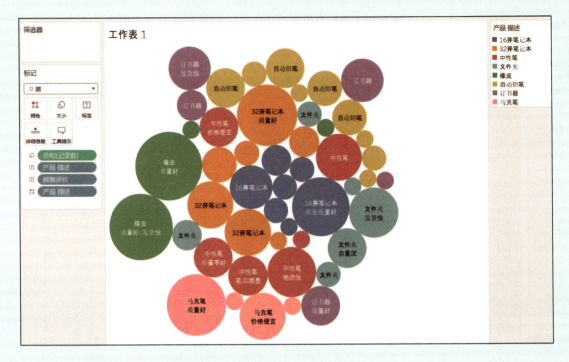

10. 在你浏览数据时，你会发现有些订单并没有收到顾客的评价。你可以使用"**筛选器**"剔除这些信息。将维度中的"**顾客评价**"拖放到标记区域上方的"**筛选器**"区域。在弹出的窗口"**筛选器【顾客评价】**"中，点击评价清单下方的按钮"**无**"以取消全选，勾选"Null"，然后勾选"**排除（X）**"。窗口下方的摘要中将会显示筛选结果"所选内容：排除了1个值（共26个）"。点击"**确定**"。

第4章 可视化：使用可视化工具和书面报告等向利益相关者分享分析结果 149

修改后的气泡图如下图所示。

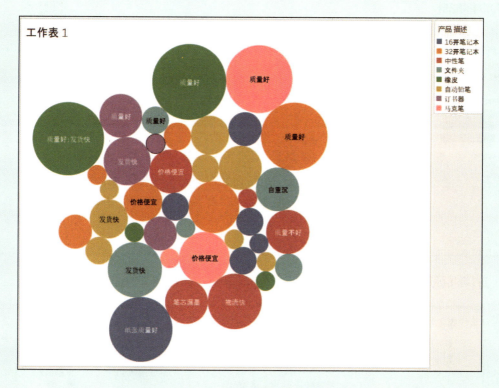

回到标记区域，点击标记正下方的下拉菜单，选择"**文本**"。

在工作表上方的工具栏中，你可以对视图进行调整。点击标准右侧的向下的箭头，选择"整个视图"。

调整后的词云应如下图所示。

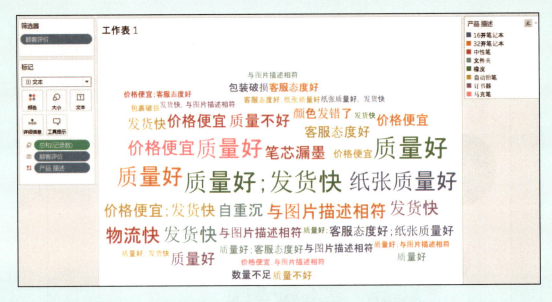

11. 将光标悬置在你感兴趣的文本上时，你将看到该产品收到该评价的次数。

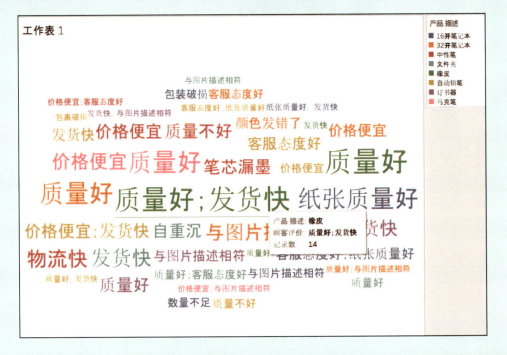

12. 如果你想进一步分析顾客对每种产品的评价，你可以将维度中的"产品 描述"拖放到"页面"区域中。

你可以在屏幕右侧颜色示意图下方的"产品 描述"窗口修改产品种类。下图为顾客对16开笔记本和32开笔记本的评价的词云。

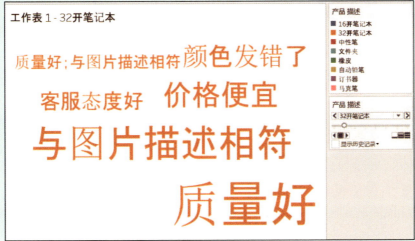

如果你想在各个产品的页面同时使用文字大小和颜色表明某个评价出现的频率,可以将度量中的"记录数"拖放到标记区域的"颜色"图标上。

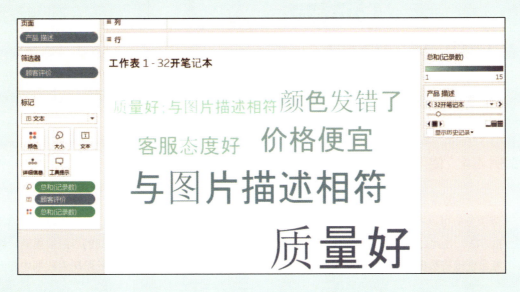

在右侧的"总和（记录数）"区域，你可以点击右上角的箭头，以修改颜色。在下拉菜单中，点击"编辑颜色"。

你可以在色板的下拉菜单中选择适用于数据分析的目的颜色。

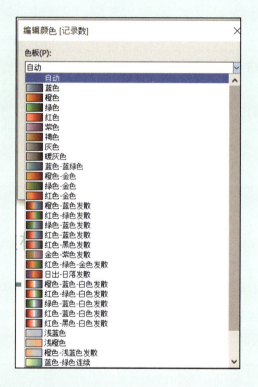

13. 将工作表1重命名为顾客评价。
14. 制作词云以展现顾客对自动铅笔的评价，对屏幕进行截图（将其命名为图4-3）。

问题6：根据以上分析，你会为公司提出哪些建议？

案例4-4 使用Tableau发现数据中的群集

聚类分析可以将数据按照某些属性将具有相似属性的数据分为不同的群集，是探索性分析常用的分析方法。在此过程中，IMPACT循环模型中的环节"P""A"和"C"之间的界限很模糊。你有可能会直接将数据导入到Tableau等可视化工具中，并在可视化工具中分析和探索数据中隐藏的趋势和规律。

公司简介
极简文具公司简介略。

所需数据
- 案例4-4 极简文具–运输时间.xlsx（扫描二维码4-3获取）。

二维码 4-3

所需软件
- Tableau。
- 屏幕截取工具（Windows：截屏工具；Mac：Cmd+Shift+4）。

在本案例中，你将：
第1步：提出合适的问题。
第2步：完成 ETL 流程，将提取、转换后的数据加载到 Tableau 中进行分析。
第3步：使用数据可视化分析你导入的数据并描绘数据的群集。
第4步：处理和优化结果。

第1步：提出合适的问题

如果你已完成案例2-1或案例2-2，你将会对极简文具数据集非常熟悉并已提出你想分析的问题。

在本案例中，假设你现在在工作中遇到的情况是：极简文具想请你帮助公司分析不同产品有哪些相似之处。不同的产品是否有共同的优点，或共同的缺陷？

第2步：完成 ETL 流程，将提取、转换后的数据加载到 Tableau 中进行分析

你需要从 Excel 中提取和转换数据，并将处理后的数据加载到 Tableau 中。

1. 打开 Excel 文件"案例4-4 极简文具–运输时间.xlsx"（见二维码4-3），并快速浏览你的数据。
2. 打开 Tableau。从"连接到文件"选项中选择"Microsoft Excel"。

3. 找到"案例4-4 极简文具–运输时间.xlsx"（见二维码4-3）文件，然后单击"打开"。这将把数据加载到 Tableau 中。
4. 首先，我们将进入数据源界面，此界面包含三个工作表供你选择。我们可以从浏览销售数

据开始我们的分析。双击销售工作表,将工作表中的数据加载到 Tableau 中。

5. 在数据源选项卡工作表区域,勾选"**使用数据解释器**"选项,然后将"**销售**"工作表拖放到右上方"**将工作表拖到此处**"区域。双击"**客户**"工作表,以合并"**销售**"工作表和"**客户**"工作表。
6. 数据将被加载到 Tableau 中。检查载入的每个字段的数据类型是一个好习惯。你可以注意到变量"**发货日期**"和变量"**收货日期**"左上方的日历图标。这与我们之前的设置完全一样,因此无须转换数据。

同时,你会发现变量"**客户 省**"的左上角的图标为 Abc,这意味着在 Tableau 中导入数据时,将这些地理数据识别为字符串。因此我们需要对数据格式进行修改。单击"**客户 省**"的左上角图标 Abc,然后在下拉菜单选择"**地理角色**",然后选择"**省 / 市 / 自治区**"。

第 3 步:使用数据可视化分析导入的数据并描绘数据的群集

7. 点击界面左下角的"**工作表**"选项卡,开始你的探索性分析。我们将根据货品的运输时间或销售数量数据等探索数据中存在的群集。
8. 首先,你需要创建一个新的度量变量来衡量每件货品的运输时间。右击维度区域的变量"**发货日期**",在下拉菜单中选择"**创建**",然后选择"**计算字段**"。

在计算字段窗口上方,定义创建字段的名称。将"计算 1"改为"运输时间"。在窗口下方区域定义计算公式。DATEDIFF(date_part, start_date, end_date, [start_of_week]) 公式可用于计算两个日期数据之间的差值。Date_part 定义了你想计算差值的日期类型,如 year

（年）、quarter（季度）、month（月）和day（日）。

在本案例中，你想知道货品是在几日内送达的，所以应使用'day'（注意：公式中的引号，应是英文格式的单引号）。日期差异的起始日为变量"**发货日期**"，结束日期为变量"**收货日期**"。你可以在度量区域找到新创建的变量"**运输时间**"。

9. 双击维度区域的变量"**客户 省**"。数据处理可能会花费一些时间。

页面载入后，点击地图右下角的图标"**27 未知**"。在弹出的窗口，选择"**编辑位置…**"。在编辑位置窗口，单击国家/地区右侧的下拉菜单，在下拉菜单中选择"**中国**"，如果你的分析范围仅限于中国，可在弹出窗口选择"**固定**"，然后单击"**确定**"。

点击"**智能显示**"，选择填充"**地图**"。

10. 双击创建的变量"**运输时间**"，以在地图中填充运输时间。Tableau 会默认计算各省份货品运输时间的总和。

将光标悬置于标记区域的胶囊状图标"**总和（运输时间）**"上，单击图标上出现的向下的箭头，选择"**度量**"，选择"**平均值**"。

11. 在 Tableau 视图左侧区域点击"**分析**"选项卡。在模型菜单中选择"**群集**"。

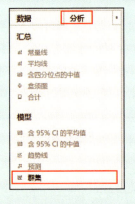

在弹出的窗口中，你可以定义根据哪些变量划分群集。你可以首先尝试按照运输时间划分群集。同时，你可以定义群集数。如果你只是刚刚开始探索数据，可以不设定群集数。如果是这种情况，你可以直接关闭该窗口，Tableau 会自动划分群集。

系统会根据运输时间划分群集。
12. 为了查看聚类分析的摘要和模型，你可将光标悬置于"标记"区域的胶囊状图标"群集"上，单击图标上出现的向下的箭头，选择"描述群集"。

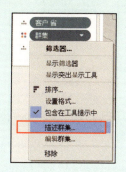

描述群集窗口解释了聚类分析的相关统计量。如下图所示，群集一的平均运输时间为 4.1 天，群集二的平均运输时间为 1.9 天，群集二的平均运输时间为 6.2 天。

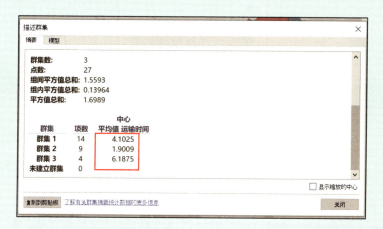

13. 同时，你也需要查看聚类分析的结果是否有意义。点击选项卡"模型"，查看方差分析结果。在使用多变量分析集群时，方差分析结果可以帮助你判断哪个变量可以更有效的划分群集。例如，F 统计数据的值越大，则变量可以更有效的划分群集；P 值越小，群集之间的差异越明显。

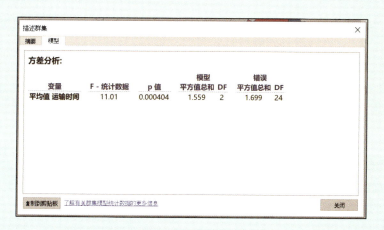

14. 将光标悬置于"标记"区域的胶囊状图标"群集"上，单击图标上出现的向下的箭头，选择"编辑群集"。

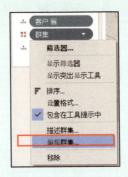

将度量中的数据"销售数量"拖放到"群集"窗口中的"平均值（运输时间）"下方。

15. 将工作表重命名为"聚类分析"，对新生成的聚类分析进行截图（将其命名为图 4-4A）。

第 4 步：处理和优化结果

在 Tableau 中加载这些数据后，你可以进一步探索数据中隐藏的规律和趋势。你可以根据其他变量划分群集，并比较相关模型。

问题 6：根据聚类分析的结果，你可以得出什么结论？你会向公司经理提出什么建议？

案例 4-5　综合案例　狄乐百货数据分析：在 Tableau 中创建地理数据可视化

公司简介
狄乐百货公司简介略。

所需数据
本书使用的狄乐百货数据均可在网站 http://walton.uark.edu/enterprise/ 上获得。你的任课教师将为你提供数据的访问权限和使用方法。"2016 Dillard's"涵盖了 2014 年 1 月 1 日～2016 年 10 月 17 日的所有交易数据。

所需软件

- Microsoft SQL Server Management Studio 和 Microsoft Excel（可在阿肯色大学的远程桌面使用以上软件）。
- Tableau（可在阿肯色大学的远程桌面使用此软件）。

在本案例中，你将：

- 了解如何在 Tableau 中准备数据可视化。

第 1 步：提出合适的问题

案例 3-4 中的问题 2 如下：总交易额最高的州，是不是在 2016 年 9 月 1 日～2016 年 9 月 15 日交易额最高的州？

在本案例中，我们将对交易数据进行可视化分析，从而帮助数据使用者获取制定决策所需的信息。

问题 1：如何使用各州的销售信息来帮助经理做出决策？

问题 2：管理者是否会想要在可视化中分别查看各州的销售信息？哪个可视化方法可以最有效地分析交易数据？

第 2 步：处理数据

将数据加载到 Tableau 中。

1. 打开一个新的 Tableau 工作簿并连接到 "Microsoft SQL Server"。

2. 输入你获取的 "Server"（服务器）和 "Database"（数据库）的信息，然后单击 "Sign In"（登录）。

3. 等待连接到服务器。接下来，你会有两个选择：如果你很确定你只想可视化某一组特定的数据，你可以在"Connections"（连接）页面输入你的查询需求；如果你想更深入地分析数据并回答多个问题，你也可以连接到整个表。

在 Tableau Connections 页面中输入自定义查询

4. 双击"New Custom SQL"（新建自定义查询）。

5. 在"Edit Custom SQL"（编辑自定义 SQL）窗口输入 SQL 查询命令，然后单击"OK"。

```
SELECT state, avg(tran_amt) AS Average
FROM transact
INNER JOIN store
ON transact.store = store.store
GROUP BY state
```

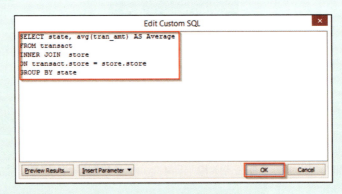

6. 加载数据可能需要花费几分钟。完成后，我们将预览数据。

数据应该可以被顺利地加载到 Tableau 中，但是因为 Tableau 会自动解释数据，所以最好在数据载入后浏览数据以确保我们不需要进一步对数据进行转换。在 Tableau 中，你通常需要检查导入数据被分配的数据类型。数据类型由一个小图标表示。Abc 表示字符串，数字符号 # 代表数字数据，日历图标代表日期，地球仪图标代表地理数据。例如下图所示的两个字段的数据类型分别代表字符串和数字。

7. 你会发现，"state"（州）被导入的数据格式为"Abc"，这说明州是以字符串的格式被导入的，而不是地理信息。

8. 为了使其发挥地理信息的作用，你需要将数据类型改为地理信息。单击"Abc"，然后在下拉菜单中选择"Geographic Role"（地理信息），然后选择"State/Province"（州 / 省）。

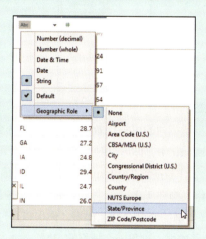

9. 在 Tableau 执行以上修改后，单击 Tableau 界面下方的"Sheet 1"。

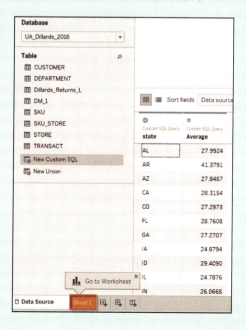

10. 在度量区域双击"state"。

Tableau 将立即生成填充地图，图中的蓝色圆点代表了狄乐百货所覆盖的州。

11. 为了使这些数据更有意义，我们可以将平均值添加到该视图中。双击度量区域的"Average"。

12. Tableau 可能会默认显示符号地图。然而，（填充）地图可以更好地展示平均值之间的差异。点击 Tableau 界面右上角的"Show Me"图标（在"Show Me"图标没有自动显示的情况），然后点击"Filled Map"（填充地图）。

在 Connections 页面合并工作表

合并工作表将生成与上述步骤相同的可视化效果，但同时也为数据分析提供了更大的灵活性，因为更多的数据将被加载到 Tableau 中，你可以对更多的数据进行可视化分析。

13. 将"Transact"（交易）工作表拖到 Tableau 界面中的"将表拖到此处"区域。
14. 将"Store"（店铺）工作表拖到 Tableau 界面中的"将表拖到此处"区域。
15. Tableau 可以默认选择合适的变量合并工作表，你可以通过点击合并示意图（类似于维恩图）来检查工作表的合并方式，这是一个很好的习惯。

16. 弹出的"Join"（合并）窗口应如下图所示。此图说明"TRANSACT"工作表和"STORE"工作表是通过两个工作表中的变量"store"合并起来的。如与下图显示不同，请修改合并方式。

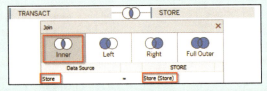

17. 检查数据被导入的格式是否正确。例如，本案例中城市和邮政编码被导入的格式为地理数据，但州不是。
18. 如步骤 8 所示，你需要将州的格式转化为地理信息（state/province）。
19. 单击 Tableau 界面下方的"工作表 1"。
20. 双击维度区域的 State（州）。

Tableau 将立即生成填充地图，狄乐百货所在州将用蓝色圆点显示。

21. 为了使这些数据更有意义，我们可以将平均值添加到该视图中。首先，双击"**度量**"区域的"Tran Amt"（交易金额）。

22. Tableau 可能需要花费几分钟来填充数据，填充后，视图中蓝色圆点的大小将代表各州销售额之间的差异。Tableau 对销量额执行的默认统计运算为求和（SUM）。所以，我们需要将运算改为求平均值。

23. 将鼠标悬停在"Marks"（标记）区域中的"SUM（Tran Amt）"图标上，图标上将显示一个向下的箭头。

24. 单击箭头，在下拉菜单中选择"Measure(Sum)"，然后选择"Average"（平均值）。

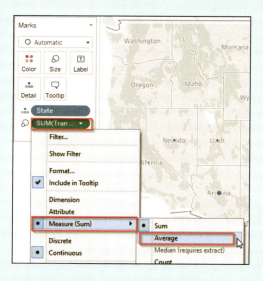

25. Tableau 默认使用的可视化图表为符号地图。然而，（填充）地图可以更好地展示平均值之间的差异。点击 Tableau 界面右上角的"Show Me"（智能显示）图标（如果"Show Me"图标没有自动显示），然后点击"Filled Map"（填充地图）。
26. 对屏幕进行截图（将其命名为图 4-5A）。

第 3 步：执行分析

数据可视化通常可以更容易地展示出问题的答案，同时也会引导你探索更多新的问题。例如，在本案例中，阿肯色州的平均交易额明显高于其他州，这可能会使你想对阿肯色州的店铺销售进行更深入的分析。你可能会想了解，是否阿肯色州的所有店铺的业绩都很好，还是某一个店铺的业绩遥遥领先。

27. 如果点击视图中的"Arkansas"（阿肯色州），Tableau 将为你提供仅保留阿肯色州数据的选项，以便你可以对阿肯色州的数据进行进一步的分析。单击"Keep Only"（仅保留）。

28. 从维度区域中，双击"City"（城市）。
29. Tableau 无法识别城市信息，因此会将填充地图转换为符号地图。不过，条形图更适合展示现有的分析结果，因此请在"Show Me"菜单中单击"Horizontal Bars"（水平条）。

问题 3：哪个城市的平均交易额最高？（对数据进行排序可以帮助我们回答这个问题。）点击排序按钮可以帮助你对数据条进行排序。排序后，平均交易金额最高的城市将被排在第一位。

©Tableau Software, Inc. All Rights Reserved.

问题 4：讨论管理者想通过分析各州的销售额获得什么信息？
问题 5：根据现有的分析，你还可以使用这个数据集探究哪些其他有意义的问题？

为了进一步挖掘数据中包含的信息，我们可以继续探究在莫梅勒市（Maumelle，美国阿肯色州的一个城市）销售最好的产品。为了实现这个分析，我们需要继续合并两个工作表：SKU 工作表（提供了已售商品的产品信息）和 DEPARTMENT 工作表（提供了每个产品的品类信息）。

30. 单击 Tableau 界面左下角的"Data Source"(数据源)选项卡。

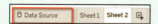

31. 将当前数据与"SKU"和"DEPARTMENT"工作表合并。

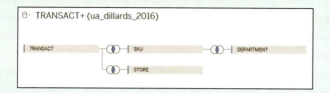

32. 返回到已创建水平条的 Tableau 工作表中,单击 MAUMELLE 右侧的水平条,然后单击 "Keep Only"(仅保留)。

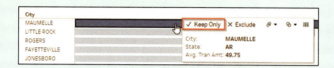

DEPARTMENT 和 SKU 中的数据可被划分为不同的层级。各部门的产品可以被划分到不同的 deptcent(century) 中,并被进一步细分到不同的 deptdec (decade) 中。

33. 首先查看莫梅勒市店铺数据的一级分类——Department century。描述性变量可以更有效地帮助我们解释变量。双击度量区域 DEPARTMENT 工作表中的变量"Deptcent Desc"。

34. 为了更深入地分析数据,我们可以在图表中添加 Department decade 数据。
双击度量区域 DEPARTMENT 工作表中的变量"Deptdec Desc"来添加二级分类。

35. 你还可以通过在 Tableau 中创建等级来收拢或展开数据分类。在度量区域,将"Deptdec Desc"拖放到"Deptcent Cent"图标上。

36. 在弹出的窗口,点击"OK"。

37. 在 Rows(行)区域,你会发现胶囊状图标 Deptcent Desc 上出现了一个减号,这意味着分类等级已展开,你可以点击减号以收拢分类等级。

38. 对屏幕进行截图（将其命名为图 4-5B）。

第 4 步：处理和优化结果

在数据载入 Tableau 中之后，你可以进行大量的分析并实现数据可视化。

问题 6：如果莫梅勒市的店铺经理想最大化店铺利润，根据你所看到的莫梅勒市店铺中不同部门和不同产品的销售业绩，你会提出哪些建议，是为某些商品投放更多的广告，还是减少某些产品的广告投放，抑或在店铺附近开一个新店，等等。

案例 4-6　综合案例　狄乐百货数据分析：Tableau 中的可视化回归

公司简介

狄乐百货公司的简介略。

所需数据

本书使用的狄乐百货数据均可在网站 http://walton.uark.edu/enterprise/ 中获得。你的任课教师将为你提供数据的访问权限和使用方法。"2016 Dillard's"涵盖了狄乐百货在 2014 年 1 月 1 日～2016 年 10 月 17 日的所有交易数据。

打开 Excel 文件"案例 4-6 虚拟变量 .xlsx"，并快速浏览你的数据，可扫描二维码 4-4 获取。本案例还需要使用案例 3-6 创建的 Excel 文档。

二维码 4-4

所需软件

- Microsoft SQL Server Management Studio 和 Microsoft Excel（可在阿肯色大学的远程桌面使用以上软件）。
- Tableau。

在本案例中，你将：

- 了解如何在 Tableau 中可视化回归分析。

第 1 步：提出合适的问题

在第 3 章中，你运行了多个回归和其他种类的分析以回答下列问题：

- 总交易额最高的州，是不是在 2016 年 9 月 1 日～2016 年 9 月 15 日交易额最高的州？
- 在 2016 年 9 月 1 日～2016 年 9 月 15 日，网上交易额最高的州是不是实体店交易额最高的州？

在本案例中，我们将通过数据可视化帮助用户制定决策。

第 2 步：处理数据

在 ETL 程序中，我们需要将第 3 章案例创建的 Excel 文件中的数据提取、转换并加载到 Tableau 中。

1. 打开 Tableau 并 **Connect to**（连接到）Microsoft Excel。

2. 浏览本地文件，找到案例 3-2 中你创建和保存的包含虚拟变量的 Excel 文件，然后单击"Open"（打开）以提取数据到 Tableau 中。

3. 在 Tableau 中运行回归时，你需要将自变量放在区域"Columns"（列）中，将因变量放在区域"Rows"（行）中。为此，你需要将度量区域的"Arkansas-dummy"（阿肯色虚拟变量）拖到"Columns"中，将度量区域的"Tran Amt"（销售额）拖到"Rows"中。

4. Tableau 会默认聚合度量值，但本案例中我们对具体的销售额感兴趣。为了取消聚合，显示详细的交易，你需要点击界面上方的"Analysis"（分析）选项卡，然后单击"Aggregate Measures"（聚合度量），以取消聚合此度量值。

5. 分解聚合可能需要一些时间。完成后，回到"Analysis"（分析）选项卡中，单击"Lines"（线），然后选择"Show All Trend Lines"（显示所有趋势线）。

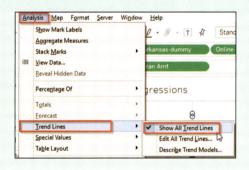

第 3 步：执行分析

6. 将鼠标悬停在趋势线上以查看回归方程和 p 值。

7. 每个变量都有可能在一定意义上解释每笔交易的销售额（Tran Amt），但是在进行数据可视化时，比较不同的回归模型可能会帮助我们获得更多的信息。通过在"Columns"中添加

"Online-Dummy"(网购虚拟变量)和"DLRD-dummy"⊖(狄乐百货信用卡消费虚拟变量),我们可以比较不同的模型。请注意,以上分析均为单变量分析,分别比较了阿肯色地区、网购和狄乐百货信用卡消费对销售额各自单独的影响,而不是在同一个回归方程中分析三个变量对销售额的影响。

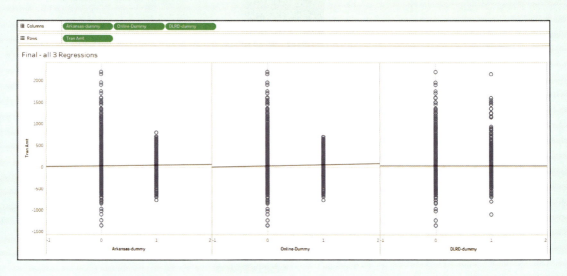

第 4 步:处理和优化结果

问题 1:与其他变量相比,这三个变量中的哪个变量显现出更明显的趋势?

问题 2:这三个变量中的哪一个变量能更好地解释平均交易额?

(提示:请参考三个模型中各自的 r 平方或三个模型的 p 值。)

问题 3:在阿肯色地理区域模型的趋势线中,在不考虑阿肯色虚拟变量的影响下,销售额的基准线(y 轴截距)是多少?

问题 4:假设我们可以获得狄乐百货每个用户的净资产信息。你认为这个信息会比阿肯色州区域的网购或使用狄乐百货信用卡支付购买能更好地解释狄乐百货的销售额吗?为什么?

⊖ TENDER_TYPE 列描述了顾客的支付方式,当 TENDER_TYPE 列中显示的内容为 DLRD 时,代表顾客使用狄乐百货的信用卡支付的该笔交易。因此我们可以使用以下公式生成狄乐百货的信用卡支付的虚拟变量:=IF([@[TENDER_TYPE]]="DLRD",1,0)。

第 5 章

现代审计和持续审计

本章概览

数据分析被广泛应用于审计工作中。人们希望能提高数据的质量,并提高鉴证程序的可信性。在本章中,我们将探讨常用于内部审计和外部审计中的、用来衡量公司数据并支持管理者公告的数据分析技术。我们还将介绍如何通过数据分析实现持续审计。

上章回顾

在第 4 章中,我们解释了如何通过可视化和书面报告沟通数据分析结果,讨论了如何根据数据集和分析目的选择最合适的图表。同时,我们也讨论了如何优化可视化图表,从而更有效、更充分地展示分析结果。最后,第 4 章解释了如何根据信息使用者的兴趣和需求制定数据分析报告。

下章预览

在第 6 章中,你将学习如何使用审计软件执行实质性审计测试,包括何时、以何种方式选择样本以及如何确认账户余额。具体来说,我们将讨论有计算机辅助的审计技术用到的不同类型的描述性、诊断性、预测性和说明性分析。

学习目标

目标 5-1　了解现代审计技术
目标 5-2　评估审计计划
目标 5-3　理解审计测试的本质、范围和时间
目标 5-4　选择合适的审计任务和方法
目标 5-5　衡量持续审计中的审计警报
目标 5-6　理解工作底稿界面

开篇案例　　　　　普华永道的 Halo 软件

大型的会计师事务所为客户提供了多种分析工具。以普华永道的 Halo 为例,审计人员

可以使用该软件调取客户数据，并在易于操作的仪表板中找出数据之间的关联和数据背后隐藏的趋势。通过对详细数据的分析，如对某个人、某个日期、某一次交易或某一个数值的分析，审计人员和管理人员可以发现业务流程中效率低下的问题，找出公司存在的风险，以及纠正数据质量方面存在的问题。像 Halo 这样的工具可以帮助审计人员在制订审计计划的时候，将注意力聚集在偶发性事件和异常行为上，从而缩小审计范围。

©Shutterstock/Nonwarit

资料来源：http://halo.pwc.com.

5.1 现代审计

你在之前的审计课程中应该已经了解了鉴证服务在建立和维护资本市场可信性中的重要性。面对美国、欧盟和其他司法管辖区域日益严格的监管，内部审计和外部审计工作致力于提升鉴证工作的质量并减少（或至少不增加）审计费用。这大大增加了人们对审计自动化的需求。与此同时，管理者、股东和其他利益相关者也更加依赖于审计人员根据自己的专业判断对审计报告进行的解释和证实。

审计人员数十年来一直在使用简单的数据分析来评估企业存在的风险。例如，使用库存周转率来评估过时库存的情况，使用营运资金比率来衡量公司的流动性是否存在问题。内部审计人员通过评估成本的变化和差异来衡量公司的运营效率，发现不良供应商。

职业怀疑态度与鉴证业务是现代审计和传统审计中非常重要的组成部分，但是审计的方式正在发生改变。机器人可以完成很多传统审计的鉴证工作，现代审计则在此基础上提供额外的鉴证服务。在过去的审计工作中，审核人员抽取样本并根据收集的样本来推断整体行为。现在，审计人员需要理解编入机器人程序中的控制程序和相关参数。换句话说，自动化机器人完成了更多常规的分析工作，使审计人员一方面有更多的时间和精力来判断和解释警报与其他数据，另一方面也能集中精力使用机器人来测试参数数据。

审计人员可以通过数据分析更准确地评估风险、更好地选择实质性程序和控制测试，从而提高审计质量。即使数据分析在实施过程中往往仅执行常规的审计工作，但其使用的模型可能非常复杂，需要审计人员的判断和解释作为支持。例如，如果审计人员每天收到 1 000 条违规通知，审计人员就需要判断这是意味着公司存在控制缺陷，还是由于自动化设置的标准过于精细。所有这些被检测的违规情况是否需要获得及时的关注？还是大部分被诊断为违规的情况是由于误判造成的（正常和可接受的情况被误判为异常情况）？

审计人员的职责是为了确保公司使用合适的分析方法，并确保数据分析的输出结果（包括仪表板、异常值报告，或准确的预测模型）符合管理层的预期和主张。

5.1.1 日益重要的内部审计

放眼鉴证市场，很多新兴的趋势正在影响着会计专业。第一，会计师事务所对数据分析的应用不再局限于上市企业财务报表的审计工作，而是将其扩展到公司内部审计的方方面面，例如提高数据质量和内部控制，完善可以支持公司业务流程的复杂的信息系统。第二，随着越来越多的公司将内部审计工作外包或部分外包给会计师事务所，会计师事务所面临的风险评估和咨询业务正在增加。第三，外部审计人员更加依赖于内部审计提供的材料和信息，并将其作为财务报表意见的支持性材料。

正是因为这些原因，很多公司在数据分析方面的创新都源于公司的内部审计部门，这些部门致力于提高企业的商业价值和降低成本。应用数据分析后，审计部门在管理方面获得了优势，并被鼓励继续使用数据分析。在首席审计执行官（CAE）和其他管理层的指导下，审计人员开始建立团队开发和应用数据分析工具，用于协助以下审计工作：

- 商业流程的有效性和实用性审计。
- 公司治理、公司风险和合规性审计，包括内部控制的有效性审计。
- 信息技术和信息系统审计。
- 欺诈案件的司法审计。
- 财务报表审计。

同时，内部审计人员通常对公司正在使用的各种企业资源计划（ERP）系统也非常了解。例如，他们知道如何比对不同企业资源计划系统（如 JD Edwards、SAP）生成的账目。由于不同企业对这些系统的应用情况有所不同（甚至在组织内部也存在差异），内部审计人员比其他人更容易理解同一数据分析工具很难适用于所有公司战略的事实。

| 阶段测试 |

1. 审计人员如何在审计测试中使用数据分析？
2. 举例说明为什么内部审计在现代审计中的地位变得越来越重要？为什么内部审计工作对外部审计及其工作范围来说也很重要？

5.1.2 审计数据

在过去的几十年中，越来越多的企业开始使用 ERP 系统并渐渐转向以数据为中心的企业。这些 ERP 系统在不同的组织之间可能存在很大的差异。一些公司采用**同构系统法**（homogeneous systems approach），如母公司所有部门和子公司均使用统一安装的 SAP 系统。这种方法使管理层可以整合储存于不同位置的信息，并将其汇总到财务报表中。其他通过收购成长起来的公司常常采用**异构系统法**（heterogeneous systems approach）。这样的公司试图整合被收购公司现有的系统，然后通过一系列数据解读工具将这些系统（如 PeopleSoft、JD Edwards 等）输出的数据转换为有用的财务信息。**系统翻译软件**（systems translator software）尝试将不同 ERP 系统中的表格和字段关联起来，并创建**数据仓库**（data warehouse），从而实现集中分析数据，如图 5-1 所示。

审计人员面临的主要困难之一为获取合适的数据。如第 2 章中所述，审计人员通常需要自己提取或要求 IT 经理提供**平面文件**（flat files）。在某些情况下，这些文件可能是不完整、不相关、范围受限的，或者因为未被 IT 经理视为优先事项而被延误。理想情况下，审计人员可以获得数据仓库的只读访问权限，从而浏览和分析交易数据（如采购和销售）等其他主要的公司文件（如员工和供应商信息）。因此，他们可以分析多种关系并以更有意义的方式探索数据中隐藏的规律。在这两种情况下，审计人员都需要处理数据重复的问题，且无法直接从产生式或**实时系统**（production or live systems）中调取数据。

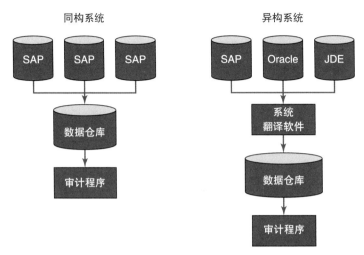

图 5-1　同构系统、异构系统和系统翻译软件

美国注册会计师协会（AICPA）的**审计数据标准**（audit data standards，ADS）定义了审计人员在执行审计任务时常常需要用到的表格和字段。AICPA 根据审计人员可能用到的数据向 ERP 系统供应商提出了常见输出数据的统一标准。

采用统一标准的目的是减少审计人员在加载和转换数据时需要花费的时间和精力，使审计人员可以尽早地开始分析数据，并在数据仓库中对实时数据进行持续分析。ERP 系统可以自愿选择是否提供标准化的数据。现在，这些标准的应用仍然是很有限的，但是这些标准为审计所需数据的确提供了很好的基准。

当前的审计数据标准包含了以下方面：

- **基本标准**定义了文件和字段的格式以及其他用户和业务部门需要的主要数据。
- **总账标准**说明了账户图、数据源列表、试算表和总账的详细信息。
- **订单到现金分类账标准**关注于销售订单、应收账款、运输、发票、现金收讫和账目调整，如图 5-2 所示。
- **采购到支付分类账标准**定义了审计所需的采购订单，以及商品交付、发票、付款和账户调整的相关数据。
- **库存分类账标准**定义了产品的主要数据、位置数据、现有库存数据和库存移动的相关数据。

有了数据标准，审计人员不仅可以简化他们获取数据的流程，还可以创建数据分析工具，从而在公司内部和专业机构之间分享数据。这可以促进审计人员之间的合作，促进数据分析正在不同组织之间的使用。数据标准也在第 6 章中涉及的实质性测试中发挥着重要作用。

| 阶段测试 |

3. 使用同构系统的优势是什么？如果合并目标公司和可能的母公司使用相似的财务报告，这会使合并目标公司更具吸引力吗？

4. 审计数据标准的使用是如何促进数据在审计人员和公司之间传输的？如何为双方节省时间？

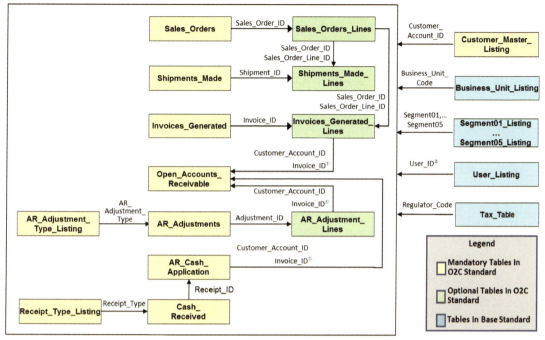

图 5-2　订单到现金流程的审计数据标准

注：审计数据标准定义了审计所需的从订单到现金收讫或销售流程的常见要素。
① 如果我们仅使用客户信息（而不是发票号）来追踪应收账款余额，则我们应通过 Customer_Account_ID 来合并此表和 Open_Accounts_Receivable 表格中的数据。
② 我们可以通过以下三列数据合并表格：ID-Entered、Approved_By、Last_Modified_By。
资料来源：https://www.aicpa.org/InterestAreas/FRC/AssuranceAdvisoryServices/DownloadableDocuments/AuditDataStandards/AuditDataStandards.O2C.July2015.pdf.

5.2　审计计划自动化

到目前为止，我们已经讨论了多种审计人员可以使用的工具以及不断变化的审计环境。自动化和数据分析对审计行业的影响主要体现在优化审计计划方面。自开始审计工作之日起，审计人员通常遵循标准化的审计计划开展审计工作，并依次决定是否需要审计财务报表、认证企业资源计划系统、提出改善业务流程的建议等。标准化审计计划的好处在于可以让审计团队的新成员快速地参与到审计工作中来并做出贡献，同时还确定了审计工作的优先顺序。

审计计划包含以下一个或多个要素：

- 指导审计工作的**方法**。
- **审计范围**、财报期间、重要性级别和预期审计时间。
- 审计内容包含**潜在风险**。
- 审计团队在收集和分析审计证据的过程中将要执行的**审计程序**和**任务**，通常包括控制测试和对交易明细的实质性检测。
- 审计人员及其主管的**正式评估**。

正规化和标准化的审计计划为数据分析和最终的自动化在审计工作中的应用提供了条件。例如：

- 审计工作方法受到特定标准的约束，例如美国公众公司会计监督委员会（PCAOB）提出的审计标准、美国反虚假财务报告委员会下属的发起人委员会（COSO）提出的企业风险管理框架，或信息系统审计和控制协会（ISACA）提出的信息和相关技术控制目标框架（COBIT）。数据分析可用于分析以上哪些标准适用于被审计公司。
- 审计范围决定了用于筛选会计记录和用于评估交易信息的参数。
- 不同复杂程度的数据分析可用于在计划审计工作的阶段分析客户数据，并决定审计工作的重点，包括异常值检测和对其他可疑或存在风险的交易的实质性测试。
- 审计程序通常会定义审计人员将要评估的数据、储存位置和属性。这些变量是第6章讨论的实质性分析程序常常需要使用的数据。
- 对审计数据的评估也可以看作是对风险的评分，具体表现在异常值的数量等方面。如果相关的判断和决策很容易被定义，则以规则为基础的分析可以自动评估风险分数，以待审计人员审核。对于更为复杂的判断，第3章讨论的日益普及的人工智能和机器学习可以帮助你解决这类问题。毕竟，如果我们有大量审计人员为不同情况和结果分配的风险分数，我们就可以创建模型对目标值准确地进行分类。

很多内部审计部门已开始采用数据分析来提高审计质量。审计人员会说服管理层，告诉他们使用数据指导审计是有价值的。一旦他们展示了数据分析的价值，他们将获得更多资源来构建审计程序和调整现有的审计程序，从而在合适的时候增加更多以数据为中心的评估。

考虑到对组织潜在的影响，审计人员更有可能采用已有的审计计划，而不是从头开发新的系统。与IMPACT模型相似，以下步骤可以用来提高审计计划的自动化，并将数据分析融入审计工作：

1. **提出**现有审计计划的问题和需求。
2. **处理**数据，找出可以用于自动化的数据和因素。
3. **执行**测试计划，在此情况下根据第2步提出的变量建立数据分析（制定规则或模型）。
4. **处理**和优化结果。列出在分析中可能出现的异常值以及审计人员可以采取的补救措施。
5. **交流**见解。检测数据分析采用的规则，并将其与审计人员手动分析的结果进行对比。
6. **追踪**结果。通过对警报进行跟进和对模型进行必要的修改来追踪结果。

假设内部审计人员的任务是通过数据分析实现对SAP系统中包含的与职责分离方面相关的控制活动的自动评估。审计人员制订审计计划以及相关的控制测试程序。审计计划用来说明哪些表格和字段包含了相关数据，例如授权流程和相关的员工或授权信息。审计人员可以使用这些信息来建立模型，搜索角色不匹配的使用者并以此提醒审计人员。

5.3 持续审计技术

数据分析及审计自动化使审计人员能够持续监控和审计公司内部的系统与流程。传统审计可能会要求内部审计人员每12～36个月执行一次常规审计计划，但持续审计则时刻监控着公司商业的变动。例如，持续审计可以实时监控采购交易中是否包含未经授权的采购订单，并在每月月底评估月末调整项。当异常值出现时，例如，订单中顾客的地址与员工地址相匹配时，审计人员会立即收到警报和可用于处理该问题的选项，从而做出及时的回应。

持续审计（continous auditing）是一个可以为业务流程和系统提供实时保障的流程。持续审计可以通过规则或分析实现对内部控制和交易的**持续监控**（continous monitoring）。持续审计会**持续报告**（continous reporting）系统的运行情况，这使审计人员可以了解在给定的时间内，系统是否在管理人员设置的参数范围内运行。

持续审计的流程与审计计划自动化类似，但是添加了一个额外步骤——按照指定的时间和频率对数据进行评估并在发生异常情况时通知审计人员。

警报和异常

每当自动化审计或持续审计的规则被打破时，系统就会将此活动认定为**异常值**（exception）。系统会标记异常值并生成**异常值报告**（exception report），说明相关记录和日期。

警报本质上是一个分类问题。数据被输入到包含一系列判断条件的决策树中后，将被划分为阳性事件（有警报）或阴性事件（无警报）。还记得我们在第3章中讨论过模型的准确性吗？警报并不总是正确的。

一旦收到警报或异常值通知，审计人员将会遵循一系列程序来解决问题。首先，他们必须确定收到的警报是否为**真阳性事件**（true positive，即有问题的交易，如错误或欺诈行为）还是**假阳性事件**（false positive，即正常交易被错误地归类为有问题的交易）。当收到过多的**假阳性事件**（假警报）时，审计人员将面临信息过载（information overload）的情况，即过多的错误警报会分散审计人员的注意力，使其无法充分地评估系统。因为审计人员通常会想将注意力放在真阳性事件上，因此应该尝试训练或完善模型，从而最大限度地减少假警报（flood of alarms）的数量。表5-1汇总了可能出现的警报类型。

表 5-1 审计人员需要衡量的警报类型

是否有警报	正常事件	异常事件
有警报	假阳性	真阳性
无警报	真阴性	假阴性

5.4 工作底稿和审计工作流程

随着审计程序变得越来越技术化，相关文件记录可以帮助审计人员更好地适应自动化控制和自动化流程。审计人员需要对她们使用的工具和工具的输出结果有更好的了解。工作底稿在此过程中发挥着重要的作用。

工作底稿对于审计计划、审计绩效和审计评估都至关重要。工作底稿包含了审计人员需要遵循的审计流程、收集的证据以及和客户沟通的相关内容。与数据分析有关的工作底稿应包含以下各项：

- 用于记录审计流程（从收集数据、处理数据、建模到评估数据）的工作程序。
- 与IT相关的文档，包括帮助理解系统运行方式的流程图和程序图。

- 数据库地图（如 UML 图）和数据字典（定义了审计分析所需数据的数据位置和数据类型）。
- 记录了现有自动化控制的文档，包括参数和用于分析的变量。
- 证据材料，包括数据提取、数据转换和模型输出结果等信息。这些文件将作为控制活动和管理层认定的支持性材料。

用于将审计质量持续保持在一个较高水平的政策与流程对于审计工作的完整性和一致性来说是非常重要的。审计公司或首席审计执行官有责任提供相关指导和标准化的工作流程，以确保不同的审计人员和审计团队都可以生成清晰的审计结果。这些标准化的流程包括使用统一的符号，以及统一的用以说明文档源或数据源的引用机制。

电子工作底稿和远程审计工作

审计团队和审计公司逐渐开始采用各种信息和通信技术来实现跨地区的远程合作。越来越多的内部审计和外部审计团队开始远程与遍布在世界各地的专家和数据科学家团队一起交流合作。许多日常的工作被转交给远程的/临时性的工作人员来完成。现场的审计人员可以腾出更多的时间参与到需要更多专业判断和专业知识的业务活动中来。这些改变提高了工作效率，节省了企业成本。

电子工作底稿平台等其他协作工具（如 Microsoft Teams 或 Slack）将审计团队凝聚在了一起。TeamMate 或 Xero 等电子工作文档平台帮助审计团队实现了工作流程（包括证据的收集和评估，以及意见的生成）的自动化。大型会计师事务所更是拥有专用的系统来实现类似的目的。例如，普华永道使用三个系统来实现其审计过程的自动化，其中 Aura 用于指导需要收集和分析哪些证据，Halo 对收集的证据进行数据分析，Connect 提供了具体的工作流程，使经理和合作伙伴可以查看并签署文件。这些平台大多都将文件储存于云中，审计团队成员可以在世界的任何地方参与到审计的各个环节中。较小的审计公司可以使用 Office 365 提供的 OneDrive 来储存临时工作表，但这样做对文件的控制能力会较小。

| 阶段测试 |

5. 持续审计使用警报来识别异常值。这些异常值代表了可能的审计问题，需要审计人员的进一步调查。如果根据持续审计系统设置的参数生成的警报和异常值数量过多，这代表持续审计是会提高审计的有效性还是会降低审计的有效性？
6. 普华永道使用三个不同的系统来实现审计流程的自动化。Aura 用于指导需要收集和分析哪些证据，Halo 对收集的证据进行数据分析，Connect 提供了具体的工作流程，使经理和合作伙伴可以查看并签署文件。这是否与本书讨论的 IMPACT 模型包含的步骤相一致？

本章小结

在过去几十年中，随着审计工作的发展，数据分析给审计工作带来了很大的改变。审计数据范围的扩大降低了错过关键要素的可能性。数据分析提高了审计人员评估风险、生成审计意见、鉴证审计流程和控制活动的能力。

关键术语

审计数据标准（audit data standards，ADS）审计数据标准定义了审计人员执行常规审计任务时常常需要用到的表格和字段。AICPA制定了这些标准。

数据仓库（data warehouse）数据仓库累积储存了从内部和外部数据源收集的数据（包括财务数据），从而帮助管理者做出决策。

平面文件（flat file）平面文件是单一的数据表，说明了用户定义的变量并独立于任何应用程序。

同构系统法（homogeneous systems approach）同构系统仅安装和使用了一种系统，与异构系统正相反。

异构系统法（heterogeneous systems approach）异构系统安装和使用了多种系统，与同构系统正相反。

产生式或实时系统（production or live systems）产生式或实时系统可以及时收集和报告当前的交易信息。

系统翻译软件（systems translator software）系统翻译软件将不同ERP系统中的表格和字段关联了起来，并将其转换为统一的格式。

选择题

1. 在首席审计执行官和另一位经理的指导下，公司组建团队来开发和应用数据分析工具，以在以下方面协助审计工作，除了：
   a. 商业流程的有效性和实用性审计
   b. 公司治理、公司风险和合规性审计，包括内部控制的有效性审计
   c. 税务合规审计
   d. 财务报表审计

2. 哪个分类账的审计数据标准定义了产品的主要数据、位置数据、现有库存数据和库存变动数据？
   a. 订单到现金分类账
   b. 采购到支付分类账
   c. 库存分类账
   d. 基本分类账

3. 哪个分类账审计数据标准定义了采购订单、商品交付、发票、付款和账户调整所需的数据？
   a. 订单到现金分类账
   b. 采购到支付分类账
   c. 库存分类账
   d. 基本分类账

4. 公司有两个部门，一个在美国，另一个在中国。一个使用Oracle，另一个使用SAP作为其基本的会计系统。这种情况被称为：
   a. 同构系统
   b. 异构系统
   c. 双数据仓库系统
   d. 双重语言会计系统

5. 对于审计人员来说，以下哪项能说明报告阶段、审计时间和重要性级别？
   a. 审计范围
   b. 潜在风险
   c. 方法
   d. 程序和具体任务

6. 以下所有条件均可作为审计方法的标准，除了：
   a. PCAOB的审计标准
   b. COSO的ERM框架
   c. ISACA的COBIT框架
   d. FASB的会计准则

7. 当持续审计对正常的事件发出警报时，我们将其称之为一种：
   a. 假阴性
   b. 真阴性
   c. 真阳性
   d. 假阳性

8. 当持续审计对异常情况没有发出警报时，我们将其称之为一种：
   a. 假阴性
   b. 真阴性
   c. 真阳性
   d. 假阳性

9. 实时监控未授权的采购活动并在每月月

底衡量财务报表调整项符合以下哪种情况：
a. 传统审核
b. 内部控制的定期测试
c. 持续审计
d. 连续监控

10. 谁最有可能了解公司正在使用的各种 ERP 系统？
a. 首席执行官
b. 外部审计人员
c. 内部审计人员
d. IT 人员

讨论题

1. 为什么大多数有关于数据分析的创新都来自内部审计而不是外部审计？如果不是，又是为什么呢？
2. 公司是否有可能将 JD Edwards 等产品中记录的分类账合并到 SAP 记录的分类账中？为什么？
3. 跨国公司可能同时使用多种不同的财务报告系统和 ERP 软件包吗？
4. 系统翻译软件是如何工作的？它如何将合并后的数据存储在数据仓库中？
5. 为什么从数据仓库中提取数据比直接从实时系统中提取数据更好？
6. 审计人员会将异构系统视为审计风险吗？为什么？
7. 为什么审计公司更喜欢使用专用工作底稿而不是仅仅将工作底稿存储在云端？

问答题

1. 使用同构系统有哪些优势？如果将要被合并的公司与其可能的母公司使用相似的财务报告系统，这会使其并购项目更具吸引力吗？
2. 查看图 5-2 中涉及的订单到现金流程的审计数据标准，其中在应收账款调整表格中，用以调整应收账款的机制是什么？为什么遵循这样的标准很重要？
3. 哪个组织制定了审计数据标准？你认为哪个组织机构适合编辑和修正这些标准？四大会计师事务所还是较小的会计师事务所？
4. 在审计人员计划审计工作时，不同复杂程度的数据分析方法可帮助审计人员将注意力放在哪些方面，并以此决定审计重点？审计人员在此阶段应使用哪种工具或测试？
5. 如果持续审计系统收到过多的假阳性警报，公司应该采取什么措施？相反，如果持续审计警报系统遗漏了大量异常值（即假阴性情况），公司应该采取什么措施？
6. 持续审计的流程与审计计划自动化类似，但相比之下审计自动化添加了额外步骤——按照指定的时间和频率对数据进行检测和评估，并在发生异常时通知审计人员。你认为持续审计会代替传统审计吗？

参考答案

阶段测试答案

选择题答案

案例 5-1　在云端设置文件

审计人员常常在电子工作文档中搜集证据。他们常常将相关政策和流程储存在一个永久文件中，并将当前审计工作收集的相关证明材料储存在临时文件中。审计人员可以选择将这些信息储存在本地文件夹中，然而，广为应用的远程协作的工作方式使越来越多的公司将上述文件储存在云端。许多商业工作底稿应用软件都可以实现此功能，同时，一些云端平台也提供了部分相似的功能，如 Microsoft OneDrive。

公司简介

你在一个中型制造业企业被轮转到内部审计部门。你的团队仍在使用公司电子邮件来传送收集证明材料（文档和 Excel 工作表文件居多）。这些文件包含了很多重复项，而且没人可以确定哪个文件是最新的版本。你可以使用 OneDrive 来简化上述流程。

所需技能

- 收集文档、浏览文档历史记录和修订记录。

所需软件

- 现代化的网页浏览器。

在本案例中，你将：

第 1 步：创建共享文件夹。
第 2 步：上传文件。
第 3 步：查看修订记录。

第 1 步：创建共享文件夹

注意：以下说明仅适用于 Microsoft OneDrive 免费版，但其他竞品（如 Box、Dropbox、Google Drive 等）的使用方法与之类似。

1. 转到 OneDrive.com。
2. 单击右上角的登录。
3. 使用你的 Microsoft 账户登录（如果你所在的学校或公司使用 Office 365，你也可以使用学校账户或工作账户登录）。
4. 在 OneDrive 的主界面上，单击"新建">"文件夹"。
5. 将文件夹命名为"DA 审计工作底稿"。
6. 打开新建文件夹，然后单击屏幕顶部工具栏中的"共享"。
7. 按照指示添加一个你的同学或你的老师的电子邮件地址。点击地址栏上方图标"拥有链接的人员都可编辑",在旁边的下拉菜单中选择"允许编辑",然后单击"应用",最后单击"发送"。

8. 对屏幕进行截图(将其命名为图 5-1A)。

问题 1：与使用邮件传送文件相比,在一个共享文件夹中分享文件有什么好处?

第 2 步：上传文件

现在,你已经有了你的文件夹,你可以将本章案例和第 6 章案例中用到的文件陆续上传到你创建的文件夹中。

9. 按照教师指导,在 Connect 中下载文件"Audit Analytics Lab Files 1"(扫描二维码 5-1 获取)。
10. 将下载的文件解压到本地计算机。你将看到两个文件夹：Master Audit File 和 Current Audit File。
11. 返回到 OneDrive 文件夹"DA 审计工作底稿"中,将两个文件夹上传到该文件夹中：
    (1) 单击"上传">"文件夹",找到刚刚解压的两个文件夹,然后点击"上传"。
    (2) 或将刚刚解压的两个文件夹拖放到浏览器中的 OneDrive 窗口中。
12. 你将在 OneDrive 中看到这两个文件夹。因为它们已在共享文件夹中,与你共享此文件夹的同学或同事也将在此文件夹中看到这两个文件夹。
13. 对截取屏幕进行截图(将其命名为图 5-1B)。

二维码 5-1

问题 2：浏览刚刚上传的两个文件夹。你看到了什么文件?
问题 3：如何使用数据分析分析这些文件?

案例 5-2　查看对工作底稿的修改(OneDrive)

有关此案例的背景信息,请参见案例 5-1。共享文件夹可以帮助审计团队成员共享和编辑文档。商业软件额外提供了授权、批准等功能。这些功能可以提高审计人员对共享文档的内部控制,并减少成员对审计证据的操纵和扭曲等。云端文档存储平台可以通过储存多个版本的文档来实现对文本的控制。在共享成员编辑文档的同时,云端将不断储存文档的历史版本。因此在需要的时候,文档可以被还原成之前的版本。

在本案例中,你将：
第 1 步：上传修订后的文档。
第 2 步：查看被修订文档的历史记录。

第 1 步：上传修订后的文档
首先,对 DA 审计工作底稿文件进行更改。

1. 按照教师指导，下载文件"Audit Analytics Lab Files 2"（扫描二维码 5-2 获取）。
2. 将下载的文件解压到本地计算机。你将看到两个文件：Audit Plan 和 User_Listing。
3. 返回到 OneDrive 文件夹"DA 审计工作底稿"中，将文件 Audit Plan 上传到 Master Audit File 中，并将"User_Listing"上传到 Current Audit File 中。OneDrive 将在弹出窗口中询问你是否想要替换还是保留两者。点击替换。
4. 对屏幕进行截图（将其命名为图 5-2A）。

二维码 5-2

第 2 步：查看被修订文档的历史记录

现在，让我们查看一下文档的历史记录。

5. 右键单击任意一个新上传的文件，然后在出现的菜单中，选择"版本历史记录"。在弹出的新的浏览器页面的左侧窗口中，将显示已保存的不同版本的文档。
6. 在列表中，点击"较早版本"。
7. 对屏幕进行截图（将其命名为图 5-2B）。
8. 你可以点击不同的版本并比较不同版本文档中储存的信息。同时，你也可以选择还原或下载较早的版本。

问题 1：这两个不同版本的文档之间有什么变化？

案例 5-3 确定审计数据要求

作为内部审计团队的新成员，你已经邀请团队成员加入了共享文件夹，并且正在对贵公司的内部审计进行现代化改革。首席审计执行官对使用数据分析来提高审计效率非常感兴趣。内部审计经理也已经批准并授权你浏览过去的审计计划。内部审计经理提供了过去三年用以评估采购到付款（采购）过程的三个"审计执行表"，并希望你提出相应的现代化改革意见。

所需技能
- 浏览审计计划，查找与数据有关的相关步骤，并找到数据储存的位置。

所需软件
- 现代化的网页浏览器。

在本案例中，你将：
第 1 步：查找用于评估数据的审计步骤。
第 2 步：确定数据储存的位置。

第 1 步：查找用于评估数据的审计步骤
1. 在 OneDrive 中打开"DA 审计工作底稿"文件夹。
2. 打开"Master Audit File"文件夹，查找标题为"Audit Action Sheets"的文档，然后打开并编辑文档。

3. 使用"**突出显示颜色黄色**"标记主表或交易表，例如"Vendors"或"Purchase Orders"。
4. 使用"**突出显示颜色绿色**"标记字段或属性，例如"Name"或"Date"。
5. 使用"**突出显示颜色蓝色**"标记特定值或规则，例如"TRUE""January 1st""Greater than..."。
6. 在 Master Audit File 文件夹中创建一个名为"Audit Automation Summary"的新电子表格，使用以下标题汇总三个 Audit Action Sheets 中突出显示的数据元素：

AAS#	Table	Attributes	Values/Rules	Step(s)	Notes

7. 对屏幕进行截图（将其命名为图 5-3A）。

问题 1：阅读第一个 Audit Action Sheet。你认为还有哪些会对分析该账目有用的数据元素没有列在这个步骤中？

第 2 步：确定数据储存的位置

既然你已经分析了 Audit Action Sheets，那么就要开始浏览系统文件夹来看看那些数据元素在哪里。

8. 在 Master Audit File 中，打开文件 UML System Diagram 和 Data Dictionary。
9. 使用你在"Audit Automation Summary"文件中标记的数据元素，将数据对应的表、属性和可接受数值，作为三个新列添加到文档中：

数据库工作表	数据库属性	可接受数值

案例 5-4　准备审计计划

找出相关数据元素后，你可以正式开始制订内部审计计划。之前，内部审计部门每 24 个月执行一次上文提到的三个审计执行表。你提出，提高某些测试的测试频率将提高内部控制质量，并帮助审计人员更快地对异常值做出回应。内部审计经理要求你为这三个审计执行表制定新的执行时间表。

所需技能
- 查看审计计划，区分必须手动完成的步骤和可以通过自动化完成的步骤。
- 同时，确定应在何时执行这些步骤。

所需软件
- 现代化的网页浏览器。

在本案例中，你将：
- 评估执行审计步骤的时间表。

1. 在 OneDrive 中打开"Audit Automation Summary"电子表格。

2. 添加两个新列：

自动/手动	频率

3. 针对每个元素和规则，判断是需要手动审计数据还是自动审计数据。在该列中添加"自动"或"手动"。
4. 最后，确定评估数据的频率。注明"每日""每周""每月""每年"或"审计期间"。说明数据生成的时间。例如，有些数据生成于每日交易中，但可能每几个月才会发生变化（如雇用新员工）。
5. 对屏幕进行截图（将其命名为图5-4A）。
6. 保存并关闭文件。

第 6 章

审计数据分析

本章概览

在本章中,我们将重点讨论审计工作中涉及的实质性测试。我们将讲解审计计划以及应在何时执行样本测试。同时,我们还将帮助读者理解简单的审计分析。此外,我们还将讨论如何使用聚类分析来检测离群值以及本福德定律在审计工作中的应用。

上章回顾

在第 5 章中,我们讨论了数据分析在内部审计和外部审计中的应用,尤其是在评估公司数据以及为管理层的决策提供支持性材料这两个方面的应用上。此外,第 5 章还详细讨论了审计计划、审计数据标准、持续审计和审计工作底稿。

下章预览

第 7 章将介绍如何应用数据分析来衡量公司绩效。我们可以通过衡量公司过去的业绩并将其与业绩目标相比较来评估公司业绩目标的完成程度,并以此对已做出决策或现有业务流程提出调整方案。

学习目标

目标 6-1　了解不同类型的审计分析以及应在何时使用这些分析
目标 6-2　了解基本的描述性审计分析
目标 6-3　了解更为复杂的统计分析,包括本福德定律
目标 6-4　了解高级预测性分析和规范性分析

开篇案例

惠普内部控制案例

惠普公司的内部审计人员使用数据分析来优化公司流程和内部控制。管理层在手工会计分录中发现了异常行为。为了对异常值进行进一步调查,内部审计部门和多个公司治理团队合作创建了仪表板来监视会计活动。仪表板可以帮助管理人员和审计人员更容易地发现数据中隐藏的趋势,识别活动的峰值,并深入分析个体输入的数据。会计数据的分析可以帮助惠

普在内部审计工作中发现公司面临的风险，并通过实时数据更好地实施内部控制。与传统的周期性审计相比，审计数据分析可以有效地提高公司的内控水平。

6.1 何时使用审计数据分析

©Anatolii Babii/Alamy

如第 5 章所述，数据分析可被应用于审计工作中。数据分析的应用扩大了审计范围，减少了审计时间。让我们首先回顾一下审计程序的性质、范围和时间。审计程序的性质说明了我们为什么（why）要执行审计程序。换句话说，审计程序的性质定义了审计的目标和输出结果。审计程序的范围说明了审计工作需要做多少（how much）测试。审计测试的范围随着数据普及性的增强而不断扩大。最后，审计时间说明了应该多久（how often）执行一次审计程序。审计程序的这三个要素可以帮助我们确定如何在审计中应用数据分析。

审计人员应首先评估审计部门现有的能力，明确数据分析的目标。数据分析的应用可以为公司带来额外价值吗？可以帮助公司完善审计流程吗？可以提高审计效率吗？从理论上讲，应用数据分析是有价值的。但实际上，人们很容易高估数据分析将会带来的收益，而实际的收益却往往低于预期。由此可以看出，如果缺少明确的目标和对结果的预期，审计部门将无法成功应用数据分析。这里我们将再次使用 IMPACT 模型。

6.1.1 提出问题

审计部门想使用数据分析实现什么功能呢？你需要分析权职分配的情况吗？你需要测试内部控制是否可以有效运行吗？你是否在调查运营效率低下的问题（如重复向供应商付款的情况）？你是否想发现违规的员工或供应商？你是否想要搜集证据来验证合规性？你是否想测试账户余额以确保与财务报表数据保持一致？

上述活动可以帮助内部审计部门验证公司业务的合规性，发现舞弊的情况，衡量公司的运营绩效和内部控制等情况，并帮助外部审计部门评估财务报告和相关风险。

6.1.2 处理数据

从理论上讲，审计人员通常有权访问非实时数据库中的只读文件。在实际工作中，审计人员可能需要多次获取平面文件或向 IT 经理多次提出提取数据的请求。获取数据后，审计人员将会使用 Excel 或 Tableau 等软件工具分析数据。公司提供的大多数审计数据为结构性数据，例如电子表格文件。

审计数据标准总结了审计人员需要评估的常规数据，如表 6-1 中所示的销售订单表。想了解用户销售订单信息的审计人员会关注销售订单 ID（Sales_Order_ID）、录入员工（Entered_By）、录入日期（Entered_Date）、录入时间（Entered_Time）、批准人（Approved_By）、批准日期（Approved_Date）、批准时间（Approved_Time）和本地货币销售金额（Sales_Order_Amount_Local）。这些数据可以帮助审计人员发现交易中的异常日期（如周末）或与特定用户相关的异常高的交易量。

表 6-1　审计数据标准中的销售订单表字段

字段名称	描述
Sales_Order_ID（销售订单 ID）	每个销售订单的唯一标识符，此 ID 可通过字段组合（例如，文档编号、文档类型和年份）为每个销售订单创建唯一标识符
Sales_Order_Document_ID（销售订单文档 ID）	销售订单上的标识号或代码
Sales_Order_Date（销售订单日期）	销售订单的日期，无论输入订单的日期如何
Sales_Order_Fiscal_Year（销售订单会计年度）	销售订单发生的会计年度：YYYY 表示年份，遵循 XBRL-GL 使用的 CCYYMMDD 会计年度（ISO 8601）
Sales_Order_Period（销售订单阶段）	销售订单发生的会计阶段，如周为 W1～W53、月为 M1～M12 以及季度为 Q1～Q4
Business_Unit_Code（业务部门代码）	与被审计财务报表相统一的，用于标识业务部门、区域、分支等信息的代码，需与文档"业务部门清单"中的业务部门代码相匹配
Customer_Account_ID（顾客账户 ID）	预期向其付款或有可抵扣货款余额的客户的标识符。需与文档"顾客清单 YYYYMMDD"中的顾客账户 ID 相匹配
Entered_By（录入员工）	（来自文档"用户清单"）创建该条记录的用户 ID
Entered_Date（录入日期）	记录录入系统的时间，也被称为创建日期，这是系统生成日期，而不是员工录入日期，不需要与交易日期相符
Entered_Time（录入时间）	交易录入系统的时间，也被称为创建时间，ISO 8601 用 24 小时制表示录入时间（1:00 pm 为 1 300）
Approved_By（批准人）	批准创建或修改交易的员工的用户 ID（来自文档"用户清单"）
Approved_Date（批准日期）	批准录入记录的日期
Approved_Time（批准时间）	批准录入记录的时间，ISO 8601 用 24 小时制表示批准时间（1:00 pm 为 1 300）
Last_Modified_By（最后修改人）	最后一次修改记录的员工（来自文档"用户清单"）
Last_Modified_Date（最后修改日）	最后一次修改记录的日期
Last_Modified_Time（最后修改时间）	最后一次修改记录的时间，ISO 8601 用 24 小时制表示最后修改时间（1:00 pm 为 1 300）
Sales_Order_Amount_Local（本地货币销售金额）	以本地货币记录的销售金额
Sales_Order_Local_Currency（销售订单使用货币）	用以记录交易的货币，见 ISO 4217 编码
分支 1	预留字段，可用于表示利润中心、部门、资金、程序、分支、项目等各方面信息
分支 2	同上
分支 3	同上
分支 4	同上
分支 5	同上

资料来源：Adapted from https://www.aicpa.org/content/dam/aicpa/interestareas/frc/assuranceadvisoryservices/downloadabledocuments/auditdatastandards/auditdatastandards.o2c.july2015.pdf，accessed January 1, 2018.

一直以来，有许多数据在逃避着审计审查，包括手写日志、手写手册以及其他纸质或文本繁多的文档。从本质上讲，很多需要手动完成的工作，如观察和检查等，是不能通过数据分析完成的。尽管人工智能技术已取得重大进展，但审计工作仍依赖于审计人员的专业判断。数据分析不能完全取代审计人员对人类行为的观察和对数据背后隐藏的可疑事件的察觉，至少现在还不能。

有些数据可能并不容易获得。例如，审计人员可能需要验证公司是否按顺序执行公司流程。在传统的评估步骤中，审计人员可能需要观察或采访执行工作的员工。现在，大部分工作流程都可以在线上系统中完成，因此审计人员可以按照任务的时间顺序执行数据分析，并确定工作流程中的批准顺序以及每个任务需要花费的时间。这种形式的流程挖掘可以帮助审计人员获取内在信息，找出可以提高效率的领域。同样地，储存于纸质文档中的数据，例如，从供应商处收到的发票等，可以通过专业软件完成扫描，并将其转换为表格数据。这些新数据可以与其他交易数据合并在一起，以便于更深入的分析。

审计人员逐渐有更多的机会分析非结构性数据。这些数据（如监控视频或电子邮件）可以帮助审计人员在评估经济事件时获得更多见解，但这仍超出当前数据分析在审计工作中的应用范围。

6.1.3　执行测试计划

尽管审计人员可以在审计流程中应用许多不同的测试或模型，但传统审计通常使用**计算机辅助审计技术**（computer-assisted audit techniques，CAAT）执行数据分析。CAAT是自动化脚本，可以用于验证数据，测试控制，对交易明细和账户余额进行实质性测试，并为审计工作提供支持性材料。CAAT擅长于反复多次地执行计算，识别高风险样本，并通过其他分析性检验识别异常行为或异常项目。

大多数的CAAT是根据预设的预期结果来总结和描述被评估的数据的。例如，有的公司对帮助新用户开户的员工提供奖励机制，如果审计人员想评估奖励机制的执行情况，则需要评估新开户数量与员工因为客户开户获得的激励奖金是否匹配。审计人员可以按照账户类型查看新账户的数量、客户数量、开户日期，并将数据按员工排序，查看业绩最好的员工。上述**描述性分析**（descriptive analytics）按照指定变量汇总分析了相关活动和数据。审计人员可以选择一个账户样本来验证开户的真实性，即验证新的账户和相关文件确实存在。

在审计人员对数据有了基本了解之后，便可以执行**诊断性分析**（diagnostic analytics），查找数据之间的关系和数据背后隐藏的趋势。例如，审计人员可能会查找客户和员工信息之间的共同点，并依次判断员工是否通过伪造虚假客户来提高个人绩效。他们可能还会关注那些拥有相似信息的客户（如相同的地理位置和账龄）。审计人员通常也会对样本中的离群值进行进一步调查，因为离群值代表了高风险或存在风险的事项。

之后，审计人员将会执行**预测性分析**（predictive analytics）。在此过程中，他们将试图发现异常值背后隐藏的趋势和相关变量。审计人员将使用变量来建立模型、预测可能值，或对数据进行分类。在我们的示例中，预测模型可以用于评估新开账户，并将拥有相似个人信息的客户和员工标记为高风险客户或员工。

最后，审计人员可能会执行**规范性分析**（perscriptive analytics），即根据过去面对类似情况所采取的行动，制定相应的行为规范。这样做可以帮助审计人员在未来遇到相似的情况时做出回应。在人工智能和机器学习的帮助下，规范性分析可以帮助经验不足的审计人员发现审计问题并做出决策。例如，当一个客户创建的新账户已被闲置超过 12 个月时，审计人员可以通过规范性分析提出一系列问题，判断这个新账户是不是一个虚假账户，相关员工是否有创建其他虚假账户的可能，以及是否应该中止此账户并暂停相关员工的工作。审计人员将在获取分析结果后，根据自己的专业判断采取合适的行动。

大多数审计人员都会在审计过程中执行描述性分析和诊断性分析。在极少数情况下，他们可能会尝试使用预测性分析和规范性分析。很多时候，当审计人员发现需要进行后续分析时，他们会与数据科学家合作，共同创建可供未来使用的数据分析。

表 6-2 中列出了 CAAT 和审计程序中的描述性分析、诊断性分析、预测性分析和规范性分析的一些示例。

表 6-2　审计数据分析示例

分析类型	CAAT 示例	审计程序示例
描述性分析——根据某些变量分析数据和汇总活动信息	**账龄分析**：按日期分组 **排序**：找出最大或最小值 **统计摘要**：求平均值、中位数、最小值、最大值、计数和求和 **抽样**：随机抽样	根据地理位置等信息分析新开账户和获得开户奖励的员工
诊断性分析——发现数据的规律和数据之间的相关性	**Z 分数**：离群值检测 **本福德定律**：根据首位数字分析用户和交易的异常行为 **深层研究**：探索数值背后的细节 **精确和模糊匹配**：找出工作表之间的关联并合并工作表 **连续性检测**：检测记录中的缺失值或重复数据 **分层**：按类型将数据分组 **聚类分析**：根据隐含的相似度将数据分组	分析公司是否有闲置超过 12 个月的新开账户
预测性分析——找到用于辨识不同类别的变量和数据背后隐藏的趋势	**回归**：根据自变量预测因变量 **分类**：预测某个记录归属的类别 **概率**：使用分数排名评估分类情况 **情感分析**：通过文字中的正面情绪/负面情绪来预测积极或消极的结果	通过分析新开账户常见的账户类型、受众特征和员工激励措施来分析闲置超过 12 个月的新开账户
规范性分析——通过对过去的观察提出建议	**What-if 分析**：帮助制定决策 **应用统计**：预测特定的结果或等级 **人工智能**：通过观察过去的行为来预测在相似的情况下，未来可能会发生的行为	分析结果将决定未来需要遵循的程序，如非活跃用户创建新账户时，需经历的批准程序

尽管许多分析都可以通过 Excel 实现，但大多数 CAAT 都是基于通用审计软件（GAS）设计的，如 IDEA、ACL 或 TeamMate Analytics 等。通用审计软件与传统电子表格软件相比，具有两个明显的优势。首先，通用审计软件可以分析大型数据集。其次，它可以自动完成一些常规的分析。审计人员不需要编写一系列复杂的公式，仅需要单击一些按钮即可获得结果。此外，通用审计软件还提供了可编写脚本，使审计人员可以记录或编写常见分析，以备在后续的工作中重复使用。

6.1.4 处理和优化结果

不同的模型会生成不同的分析结果。数据抽样将列出需要审计人员进一步评估的高风险交易。职责分离分析将列出访问权限过高的用户列表。根据实际情况,审计员应在审计计划中制定相应的审计程序来处理这些筛选出的高风险事项、异常值和特例。审计程序包括评估样本涉及的相关文件、审查涉及高风险活动的员工和向审计委员会告知违规行为等。

6.1.5 交流见解

我们可以使用仪表板汇总和展示审计分析结果,尤其是在公司采用持续审计的情况下。通过 CAAT 获得的审计证明材料可用于判定公司的流程和数据。这些证明材料应被包含在审计工作底稿中。

6.1.6 追踪结果

是否可以有效地检测和处理异常情况是衡量内部审计有效性的一个重要指标。审计工作可能需要额外的分析来追踪异常值随时间的变化,以及报告和解决相关问题需要花费的时间。同时,审计人员应定期验证 CAAT 中包含的分析程序,确保 CAAT 可以按照预期持续地运行。

| 阶段测试 |
1. 以表 6-2 作为指导,比较描述性分析和诊断性分析,讨论如何在审计中应用这些分析?
2. 如何在持续审计中使用仪表板展示审计结果并回答相关问题?

6.2 描述性分析

现在,你已经大致了解了 CAAT 包含的分析类型和审计常用的分析方法。接下来,我们将更深入地研究这些分析的运行方式和生成的分析结果。请记住,描述性分析可以有效地对数据进行排序和汇总,并为更高级的数据分析设立基准。审计人员可以根据分析结果为相关评估工作设定基准或参考点。例如,如果审计人员可以确定交易的中位数,则可以依此判断大型交易交易额的合理范围,并找出离群值或异常情况。

在本节和接下来的几个小节中,我们将提供一些示例,详细描述审计人员在评估企业数据时经常会用到的分析方法。这些示例表述了使用 Excel 和 IDEA 分析数据的基本流程(包括需要使用的公式)。请注意,我们将 Excel 公式中需要用到的数据用 [方括号] 表示。在你使用这些公式分析数据时,请用合适的值或值的区域替换方括号中的数据元素。例如,如果账龄数据被记录在工作表的 C 列、第 3 行中,则应将公式中的"[账龄]"替换为 [C3]。

6.2.1 账龄分析

应收账款和应付账款的账龄可用于判断收付账款的可能性。账户余额的实质性测试将根据订单日期将不同的账户按照账龄进行分组,通常按照天数 0 ~ 30 天、31 ~ 60 天、61 ~

90 天和 > 90 天或类似的比例进行分组。有关示例请参见表 6-3。审计人员应标记和跟进未被处理或注销的账龄较大的账户。造成这种情况的原因有很多，包括数据不正确、流程中断、某人故意保留此账户，以及只是单纯地因为还没有处理。

表 6-3 应收账款账龄

天数	0～30	31～60	61～90	>90
总计	154 322	74 539	42 220	16 900

在 Excel 中计算账龄的方法有很多（如数据透视表）。在数据量不大的情况下，你可以使用以下步骤在 Excel 中计算账龄。

数据

- 客户或供应商名称。
- 未付款订单号。
- 订单日期。
- 金额。

在 Excel 中

1. 打开工作表。
2. 在某一单元格中输入"**账龄日期**"。
3. 在新的一列的第一个单元格中输入"**未支付天数**"，并在该列单元格中输入公式 = [账龄日期] – [订单日期]。
4. 在四个新列中输入下列四个公式以创建四个账龄栏：
   （1）0～30 天：= IF ([账龄日期] – [订单日期] <= 30, [金额], 0)。
   （2）31～60 天：= IF (AND ([账龄日期] – [订单日期] <= 60, [账龄日期] – [订单日期]> 30), [金额], 0)。
   （3）61～90 天：= IF (AND ([账龄日期] – [订单日期] <= 90, [账龄日期] – [订单日期]> 60), [金额], 0)。
   （4）> 90 天：= IF ([账龄日期] – [订单日期]> 90, [金额], 0)。
5. 使用上述公式将所有记录分配到对应的账龄栏中。
6. 在每个账龄栏的底部添加**总计**：= SUM ([账龄栏])。

在 IDEA 中

1. 打开工作表。
2. 转到 Analysis（分析）> Categorize（分类）> Aging（账龄）。
3. 选择 Aging date（账龄日期），在 Aging field to use 中选择 INVOICE_DATE（交易日期），在 Amount field to total 中选择 Amount（金额）。在 Aging interval in（账龄区间）中选择 Days（天数），选择每个区间的上限（如 <u>1</u>: 30; <u>2</u>: 60; <u>3</u>: 90; <u>4</u>: 120; <u>5</u>: 150; <u>6</u>: 180）。在窗口最下端，将输出结果命名为 Aging（账龄）。
4. 单击 OK（确定）。

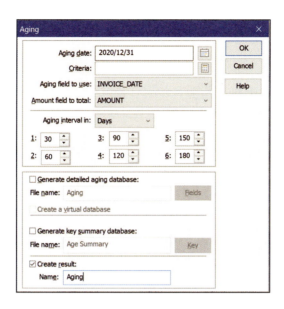

6.2.2 排序

有时候查看数据集的最大值或最小值可以为我们提供有价值的信息。升序排序会将最小值列在第一位。降序排序会将最大值列在第一位。

数据

- 任何感兴趣的数字，日期或文本数据。

在 Excel 中

1. 打开工作表。
2. 选择要排序的数据。
3. 转到**开始 > 套用表格格式**。
4. 单击数据标题中**向下的箭头**。
5. 在弹出的菜单中单击**升序**或**降序**。

在 IDEA 中

1. 打开数据表。
2. 转到 Data（数据）>Order（订单）>Sort（排序）。
3. 选择需要排序的字段和排序方法，Ascending（升序）或 Descending（降序）。
4. 单击 OK（确定）。

6.2.3 统计摘要

统计摘要信息包含平均值、中位数、最小值、最大值、计数和求和等。这些信息可以帮助你了解数据集中数字的相对大小。计算得出的统计摘要信息可以为数据集中的数据提供参考点。也就是说，你可以判断交易金额是否高于或低于平均值？一组交易的交易额占总交易额的百分之几？

数据

- 任何数值数据，例如金额或数量。

在 Excel 中

1. 打开工作簿。

2. 添加以下计算：

- 平均值：=AVERAGE（[范围]）
- 中位数：=MEDIAN（[范围]）
- 最小值：=MIN（[范围]）
- 最大值：=MAX（[范围]）
- 计数：=COUNT（[范围]）
- 求和：=SUM（[范围]）

3. 或者套用表格格式，并在底部显示汇总行：

（1）选择你的数据

（2）转到**开始** > **样式** > **套用表格格式**。

（3）选择一个表格样式，然后单击"确定"。

（4）转到**表设计** > **表格样式选项**，然后勾选**汇总行**。

（5）点击汇总行，点击弹出的**向下的箭头**，在下拉菜单中选择需要的统计计算。

在 IDEA 中

1. 打开工作表。

2. 在右侧的"Properties"（属性）窗格中，单击"Field Statistics"（字段统计信息）。

3. 如果弹出提示，选择"允许 IDEA 计算所有未计算的字段"。

4. 在输出结果窗口中，单击任一蓝色数字以选择需要计算的交易。

6.2.4 抽样

抽样在手动审计程序（如测试交易明细和评估原始文件）中非常重要。当抽样样本大小合适时，我们可以根据分析结果推断总体特征。也就是说，如果我们在样本中没有发现错误（如重大错报），则可以推断总体也不包含错误。当然，抽样本身具有局限性。置信水平并不能完全保证你不会遗漏任何重大事件，如舞弊等。但抽样确实可以缩小审计人员的审计范围。

样本量取决于以下 3 个因素：置信水平、可容忍错报和估计的错报。

数据

- 交易数据或其他数据。

在 Excel 中

1. 启用**分析工具库**：

（1）转到**文件** > **选项** > **加载项** > **Excel 加载项** > **转到**。

（2）勾选**分析工具库**，然后单击**确定**。

2. 转到**数据** > **分析** > **数据分析**。

3. 单击**抽样**，然后单击**确定**。

（1）选择输入**区域**，通常是交易单号。

（2）选择"**随机**"，然后输入样本数。

（3）单击**确定**。

4. 随机抽取的数据（交易）将被列在一个新的工作表中。

在 IDEA 中

1. 打开工作表。

2. 转到 Analysis（分析）>Sample（样本）>Random（随机）。

（1）输入抽取样本的记录数。

（2）根据需要更改其他值。

（3）单击 OK。

3. 随机抽取的数据（交易）将被列在一个新的工作表中。

货币单位抽样（MUS）是指审计员根据账户余额进行的抽样。货币单位抽样不是以账户作为抽样单元，而是以货币单位作为抽样单元，具备自动分层功能，因此金额较大（风险较高或存在风险）的账户更有可能被选为样本。

数据

- 你要评估的财务账户的账面价值。
- 样本量。

在 Excel 中

1. 找到抽样间隔，用账面价值除以样本数量。

1 000 000/132 = 7 575（7 575 为抽样间隔）

2. 按某种排序方式对财务账户进行排序，然后计算累计余额。

（1）按名称的字母顺序。

（2）按数字。

（3）按日期。

3. 随机选择一个介于 1 和抽样间隔之间的数值。

这将被作为初始值。例如，1 243。

4. 向下浏览累积余额列表，直到累积余额大于你刚刚选择的随机数。

例如，测试第 1 243 个账户。

5. 继续向下浏览累积余额列表，直到累积余额大于下一个抽样间隔。

例如，测试第 1 243 + 7 575 + 1 = 8 819 个账户。

6. 重复步骤 5，直到浏览完所有账户。

8 818 + 7 575 = 16 393，16 393 + 7 575 = 23 968，…

在 IDEA 中

1. 打开数据表。

2. 转到 Analysis（分析）>Sample（样本）>Monetary（货币单位）>Plan（计划）。

（1）选择你的 monetary value field（货币值字段）。

（2）设置你的 confidence level（置信度），tolerable error（可容忍的误差）和 expected error（预期误差）。

（3）单击 Estimate（估计），计算样本量。

（4）根据需要调整其他值，然后单击 Accept（接受）。

（5）单击 OK。

3. 随机抽取的数据（交易）将被列在一个新的工作表中。

| 阶段测试 |

3. 你将使用哪种描述性分析来查找被错误输入的负数？

4. 为什么货币单位抽样可以帮助审计人员在评估重大事项时分离出潜在风险最大的项目？

6.3 诊断性分析和本福德定律

诊断性分析不仅可以提供相关记录的详细信息，还可以发现特殊的记录或记录组。这些记录可能明显比其他记录数值大，或与总体的数据趋势不相符，或者与其他审计人员关注的数据非常相似。在本小节中，我们将介绍一些常见的诊断性分析以及如何使用它们。

6.3.1 Z 分数

标准分数或 Z 分数是一个统计概念，用于根据数字标准差与平均值之间差距的大小来为数字分配值（见图 6-1）。通过将平均值设置为 0，你可以查看你感兴趣的数据和平均值之间的相对位置（在其上方或下方的距离）。例如，Z 分数为 2.5 的点比平均值高 2.5 个标准差。因为大样本中的大部分数据都符合正态分布（金融交易通常符合正偏态分布，即均值大于众数），所有样本中的大部分数值（98%）都应落在正负 3 个标准差之内。如果一个数据的 Z 值是 3.9，则很可能是离群值，需要进一步调查。

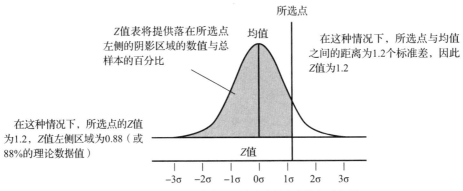

图 6-1 使用 Z 分数来体现所选值在样本中的相对位置

在 Excel 中

1. 计算平均值：= AVERAGE（[范围]）。
2. 计算标准差：= STDEVPA（[范围]）。
3. 添加一个名为 "Z 分数" 的新列。
4. 计算 Z 分数：= STANDARDIZE（[值]，[平均值]，[标准差]）

或者：=（[值] – [平均值]）/ [标准偏差]。

5. 将 Z 分数按降序排序。

在 IDEA 中

- IDEA 包含的默认功能不能计算 Z 分数。

6.3.2 本福德定律

本福德定律指出，当你拥有大量自然数据时，首位数字的数值可能会很小。其背后的经济推论为：相比于花费 90 美元、900 美元或 9 000 美元，顾客更有可能购买价格为 10 美元、100 美元或 1 000 美元的产品。这种现象会出现于很多场景中，例如电费、街道地址以及各国的国内生产总值（GDP）（见图 6-2）。

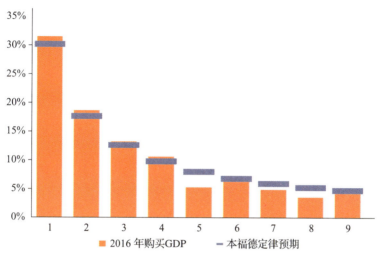

图 6-2　使用本福德定律预测数字最高位的分布

在审计中，我们可以使用本福德定律来分析数字最高位的分布情况，并依此发现非典型交易或行为异常的用户。假设公司规定任何采购金额超过 500 美元的交易都需要获得经理的批准，而狡猾的员工为了避免被怀疑，可能会采购金额较大但小于 500 美元的商品，甚至会巧妙地使用随机数字，如 495 美元、463 美元、488 美元等。如果他这样做，他可能会忽略最高位为数字 4 的交易的出现频率将大大高于在正常情况下其本应出现的频率（见图 6-3）。本福德定律还可以用来检测计算机生成的随机数字，因为这些数字的最高位出现的频率相同。

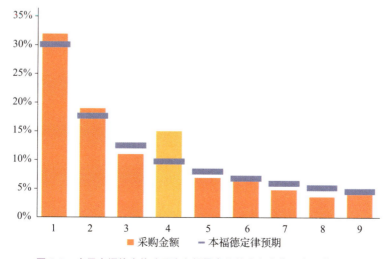

图 6-3　应用本福德定律（采购金额最高位的分布违背了本福德定律）

我们展示了如何在 Excel 和 IDEA 中应用本福德定律分析数据在最高位出现的频率。

数据

- 包含大量数据的文档,例如产品金额或数量。

在 Excel 中

1. 打开电子表格。
2. 添加新列并提取数字的最高位:= LEFT([Amount],1)。
3. 创建频率分布:

   使用表 6-4 所示的公式在工作表中创建一个列表。

表 6-4 本福德定律的示例

数字	实际计数	实际 %	预期 %
1	=COUNTIF([范围],[最高位])	(=[实际计数]/SUM[实际计数])	30.1%
2	…	…	17.6%
3	…	…	12.5%
4	…	…	9.6%
5	…	…	7.9%
6	…	…	6.7%
7	…	…	5.8%
9	…	…	5.1%
	=SUM([实际计数])	=SUM([实际 %])	=SUM([预期 %])

4. 创建一个组合图以绘制实际百分比和预期百分比:

   (1)突出显示列"实际百分比"和"预期百分比"。

   (2)转到**插入 > 图表 > 推荐的图表**。

   (3)单击**所有图表**选项卡。

   (4)从左侧列表中选择**组合图**。

   (5)单击**自定义组合**。

   (6)对于"**实际百分比**",选择"**簇状柱形图**"。

   (7)对于"**预期百分比**",选择"**散点图**"。

   (8)单击"**确定**"。

   (9)根据需要调整图表并设置格式。

在 IDEA 中

1. 打开工作表。
2. 转到 Analysis(分析)> Explore(探索)> Benford's Law(本福德定律)。

   (1)选择分析 numerical field(数值字段)。

   (2)取消全选,选择 First Digit(最高位)。

   (3)单击 OK。

3. 随即将出现一张图表,显示本福德定律预期和数据集中数据最高位的实际频率分布。
4. 单击任一实际百分比明显超出本福德定律预期的数字,然后选择"Extract Records"(提取记录)。

我们可以将实际数据最高位与本福德定律对此最高位数据出现频率的预测进行匹配，并求出平均值，然后根据预期百分比的平均值找出参与了大额异常交易的员工。本福德定律预期百分比的平均值应为 11.1% 或更高。当员工参与异常交易的交易量较大时，则实际交易额最高位百分比的平均值将接近 8% 或 5%，偏离 11.1% 的平均值，并有很多交易额的最高位为 7、8 和 9。

在 Excel 中
1. 打开包含员工姓名和交易金额等财务数据的电子表格。
2. 添加一个新列并提取**数字最高位**：
   ＝NUM 定律 BERVALUE（LEFT（[Amount]，1））
3. 将本福德定律预期百分比（见表 6-5）添加到工作表中。

表 6-5　本福德定律预期的百分比

最高位	本福德定律预期 %
1	30.1%
2	17.6%
3	12.5%
4	9.6%
5	7.9%
6	6.7%
7	5.8%
8	5.1%
9	4.6%

4. 在数据右侧添加一个新列，以**查找本福德定律预期的百分比**：
   ＝INDEX（[本福德定律预期 %]，MATCH（[值]，[最高位]，0））。
5. 创建数据透视表以查看实际百分比：
   （1）选择你的数据。
   （2）转到**插入** > **表格** > **数据透视表**。
   （3）单击**确定**以将数据透视表添加到新的工作表中。
   （4）将 [员工姓名] 拖到行。
   （5）将 [本福德定律预期 %] 拖到"值"。
   （6）单击**求和项：[本福德定律预期 %]**，然后选择"值字段设置"。
   （7）将计算类型改为"平均值"，然后单击"确定"。
   （8）在数据透视表中选择列 [平均值项：本福德定律预期 %]，然后将数据按升序排序：转到数据 > 排序和筛选 > 升序。

在 IDEA 中
- 无可用内置工具。

6.3.3　深层探究
最先进的数据分析软件可以使审计人员通过双击某一个值来对该值进行深入探究。这个方法可以帮助审计人员获取与总额相关的详细交易信息。例如，你可以点击利润表中的总销售额来查看销售分类账中的每日总计。你也可以点击某一日的总计金额来查看当日的交易明细。

6.3.4 精确匹配和模糊匹配

CAAT 使用匹配功能来定义数据之间的关联，并以此合并工作表，查找潜在的问题。审计人员可以使用精确匹配，通过一个表中的外键和另一个表中的主键，将两个表格合并起来。当主键和外键的数据不一致或包含用户生成的信息（如地址）时，则无法使用精确匹配合并工作表。例如，"第二大道 234 号"和"第二大道 234"的值不完全相同，如果想根据这两个值来合并工作表，则需要使用模糊匹配。审计人员可以自行定义可接受相似度的下限（如 50%），系统会计算两个表中用于合并工作表的变量的相似度，当相似度高于你设定的下限时，系统会返回匹配数据。审计人员可以通过提高相似度下限来减少匹配项的数量，也可以通过降低相似度下限来增加数据被匹配的可能性。

请注意，并不是所有的数据都一定能找到与之相匹配的值。因此，审计人员在使用查询和其他数据库管理工具时，可能会只分析自己感兴趣的值，例如只分析可以匹配的值或只分析不可以匹配的值。匹配数据时，我们需要定义合并类型。**内部合并**（inner join）将仅显示两个表中可以匹配的记录，并排除所有不匹配的记录。**左侧合并**（left join）将显示第一个表中的所有记录以及第二个表中可以与第一个表成功匹配的记录。**右侧合并**（right join）将显示第二个表中的所有记录以及第一个表中可以与第二个表成功匹配的记录。完全**外部合并**（outer join）将显示所有记录，包括无法匹配的记录。模糊匹配可以通过对比字段的相似度，匹配相似度小于 100% 的数据。

所需数据

- 两个包含一个相同变量的表格或工作表，即两个表格中包含对应的主键或外键，如姓名或地址等。

在 Excel 中

1. 在网页浏览器搜索 Excel 的模糊查找加载项——Fuzzy Lookup Add-in for Excel，然后下载加载项并将其安装到本地计算机。
2. 打开 Excel 文档。文档应包含两张工作表，即想要通过模糊匹配合并的工作表。例如，员工信息工作表和供应商信息工作表。
3. 转到 Fuzzy Lookup > Fuzzy Lookup。如果是第一次安装加载项，则首先需要按照以下步骤将 Fuzzy Lookup 加载项添加到选项卡中。转到**文件** > **选项** > **加载项** > **COM 加载项** > **转到**，然后在弹出的窗口中勾选 Fuzzy Lookup Add-In for Excel。

    （1）选择想要合并的工作表作为 Left Table（左侧表）和 Right Table（右侧表）（参考上文提到的合并类型）。

    （2）选择主键或外键所在列（即想要匹配的变量）作为 Left Columns（左侧列）和 Right Columns（右侧列）。注：你可以根据需要调整 Configuration（配置），如在合并地址时，可将 default（默认）改为 Zip Code（邮政编码），以实现更精确的匹配。

    （3）根据需要，在 Output Columns 区域选择或取消选择输出列。

    （4）根据需要，调整 Similarity threshold（可接受相似度下限）。

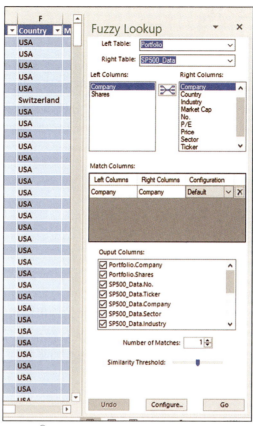

资料来源：Microsoft Excel 2016.[一]

（5）打开一个新的工作表（Sheet）。

（6）单击 Go。

4. 评估相似度。

在 IDEA 中

- 无可用内置工具。

6.3.5 序列检查

序列检查是实质性分析中另一个常用的分析方法。序列检查可以验证数据的完整性和有效性。简而言之，序列检查可以帮助审计人员有效地发现数据缺口（如现金支出日记账中缺失的支票）或重复交易（如重复向供应商付款的情况）。序列检查是一个比较简单的过程，可以简单快速地实现有效的分析。

在 Excel 中

使用公式　　　　=IF([second value]-[first value]=1,"","Missing")

或

= SMALL(IF(ISNA(MATCH(ROW([range]),
[range], 0)), ROW([range])), ROW([First value in range))

[一] 本章图表资料来源除特殊说明外，均来源于 Microsoft Excel 2016。

6.3.6 分层分析和聚类分析

审计人员可以使用多种方法将数据进行分组。在大多数情况下，审计人员可以根据数据之间的特征或层级对数据进行分组。分层分析可以帮助审计人员分辨不同的群组（如地理位置、功能区域），简化审计分析流程。当数据之间的相似度不明显时，审计人员可以使用聚类分析来发现数据中隐藏的群组（如个人喜好或行为习惯）。分层分析和聚类分析通常用于探索数据，而不是执行实质性测试。无论群组之间是否有明显的差异，划分群组都可以帮助审计人员缩小审计范围，使其专注于风险检测。在本书第 3 章中，我们对聚类分析进行了详细讨论。

| 阶段测试 |

5. 序列检查可以帮助我们检测公司是否存在重复向供应商付款的情况。为什么这个检查对于审计人员来说很重要？

6.4 创建高级预测性分析和规范性分析

与上文所述的分析相比，预测性分析和规范性分析的输出结果的决定性更低。预测性分析和规范性分析的主要功能不是确定值的大小，而是通过概率模型预测事件发生的可能性。在本节中，我们将简要讨论如何应用这些分析。相关概念的背景知识请参见第 3 章。

6.4.1 回归

回归可以帮助审计人员通过自变量对因变量进行预测。也就是说，审计人员可以通过回归模型和现有的数据做出预测，并将其和实际情况进行比较。例如，审计人员可以根据现有生产力预测员工的加班情况，或根据环境因素预测库存减值。

6.4.2 分类法

分类法主要被应用于审计工作的风险评估中。例如，交易可以被划分为高风险交易和低风险交易。在检测舞弊情况时，审计人员会手动将事件或交易划分为舞弊行为和非舞弊行为，然后创建分类模型，预测类似交易是不是舞弊行为。

分类法也可用来预测公司是否有可能破产。审计人员可以通过计算 Z 分数来预测公司的持续经营能力和破产的可能性。

值得注意的是，在使用分类法时，为了获得相对准确的模型，使用者需要使用大量的训练集。审计人员或业务流程负责人首先需要进行大量的手动分类，才可以获得对审计有用的分类模型。

6.4.3 可能性

在使用分类法时，分类的强度对于审计人员来说很重要，尤其是在他们试图缩小审计范围的时候（例如，审计人员只想对风险最高的 10 个交易进行评估）。分类器可通过计算观察值到均值的距离获得排序分数，用以表示分类强度。根据排序分数，审计人员可以将工作重点放在更重要的事项中。

6.4.4 情感分析

通过判断文字（如会计年报）中的正面情绪或负面情绪来预测结果的积极性或消极性，发现管理层的态度倾向。有关情感分析的更多内容请参见第 8 章。

6.4.5 应用统计

审计人员也可以使用混合分布和其他非传统统计方法获取信息。例如，审计库存账户时，审计人员可能会发现系统记录中的错误。错误值和实际值之间的差值反映了错误的严重性。审计人员可以使用图表绘制错误出现的频率，并使用 Z 分数分析重大错误出现的原因。

6.4.6 人工智能

审计团队逐渐可以在审计过程中获得越来越多的数据，并根据数据做出相应的回应。审计人员可以通过算法进行建模，依此预测可能出现的行为。人工智能可以通过学习过去的行为来预测未来的行为。假设一名有经验的审计人员向管理层计提的坏账准备金提出了疑问。之后，审计人员对一系列相关数据进行了评估，包括公司估算准备金的方法、市场因素以及管理层平滑收益的可能性等。基于评估结果，审计人员证实了自己的猜想。如果审计人员持续执行此操作来评估坏账准备金账户，并将其用计算机记录下来，则可以训练计算机，使计算机通过学习过去的经验对未来类似的情况向缺乏经验的新审计人员提出建议。

会计师常常使用决策支持系统（如 TurboTax）来帮助自己做出决策。这些系统符合会计准则，并会根据用户面临不同选择时所做的决策对系统进行持续更新。现在，审计人员可以使用人工智能来辅助他们的工作；未来，人工智能也有可能独立地做出决定。

6.4.7 其他分析

本章仅列出了一部分审计常用的数据分析方法。除此之外，还有许多其他的方法可以帮助审计人员发现数据中的异常值或数据背后隐藏的图形和规律。许多审计人员已经开发出了可以简化部分审计工作的自动化脚本。比如，审计人员可以使用 Excel 加载项 TeamMate Analytics 分析公司的固定资产、库存、销售和采购等账户。同时，审计人员可以将这些工具与其他分析工具结合使用。例如，通过添加错误数据或舞弊行为来定期测试自动化工具的有效性，优化审计流程。

| 阶段测试 |

7. 为什么破产预测是分类法的一种？审计人员为什么要执行此分析？
8. 如果我们应用情感分析来设计产品广告，你认为整体的情绪应该是正面的还是负面的？

本章小结

本章讨论了审计人员用来评估公司内控情况和交易数据的多种分析工具。我们可以使用描述性分析汇总统计值、获取相关信息，也可以使用诊断性分析发现数据背后不易察觉的规律，还可以使用预测性分析找出常规行为，并依此发现异常值。另外，我们也可以使用规范性分析处理审计流程和控制工作中发现的问题，帮助审计人员做出决定。

关键术语

计算机辅助审计技术（computer-assisted audit techniques，CAAT） 计算机辅助审计技术（CAAT）是自动化脚本，可用于验证数据，测试控制，对交易明细或账户余额进行实质性测试，并为审计工作提供支持性材料。

描述性分析（descriptive analytics） 描述性分析可以按照指定变量汇总分析了相关活动和数据。

诊断性分析（diagnostic analytics） 诊断性分析可以查找数据之间的关系和数据背后隐藏的趋势。

模糊匹配（fuzzy matching） 模糊匹配可以通过计算字段的相似度匹配相似度小于100%的数据。

货币单位抽样（monetary unit sampling，MUS） 货币单位抽样是指审计人员根据账户余额进行的抽样。货币单位抽样不是以账户作为抽样单元，而是以货币单位作为抽样单元，因此金额较大（风险较高或存在风险）的账户更有可能被选为样本。

预测性分析（predictive analytics） 预测性分析可以发现与异常行为有关的变量和隐藏趋势。

规范性分析（prescriptive analytics） 规范性分析使用机器学习和人工智能来帮助审计人员做出决策，发现潜在的问题。

选择题

1. 哪个项目不在当前数据分析的分析范围内？
   a. 直接观察流程
   b. 按时间轴评估工作流程
   c. 检测伪造的供应商
   d. 检测重复付款的发票
2. 如果我们手动进行货币单位抽样，账户的账面价值为 2 000 000 美元，样本数量为 200，则采样区间为多少？
   a. 10 000
   b. 1 000
   c. 100 000
   d. 无法确定
3. 货币单位抽样更有可能抽取（　　）。
   a. 余额较小的账户
   b. 风险较低的账户
   c. 余额较大的账户
   d. 风险更大的账户
4. 样本量的决定因素包括（　　）。
   a. 置信水平
   b. 可容忍错报
   c. 潜在的账户风险
   d. 估计的错报
5. CAAT 是自动化脚本，可用于验证数据、测试控制、对交易明细或账户余额进行实质性测试，并为审计工作提供支持性材料。CAAT 代表什么？
   a. Computer-aided audit techniques
   b. Computer-assisted audit techniques
   c. Computerized audit and accounting techniques
   d. Computerized audit aids and tests
6. 哪种审计分析类型可用于查找异常值背后隐藏的趋势和相关变量？
   a. 规范性分析
   b. 预测性分析
   c. 诊断性分析
   d. 描述性分析
7. 以下哪项描述了对不完全相同的两个字段的匹配？
   a. 不完全连锁
   b. 算法匹配
   c. 模糊匹配
   d. 不完全匹配
8. 以下哪种测试方法可以用来判断某种情况是舞弊行为还是非舞弊行为？
   a. 分类法
   b. 可能性
   c. 情感分析
   d. 人工智能
9. 哪种测试方法可用于估测多种不同环境因素影响下的库存减值？
   a. 可能性
   b. 情感分析

c. 回归
　d. 应用统计
10. 以下哪种类型的分析可以帮助审计人员发现缺失的支票？

　a. 序列检查
　b. 本福德定律分析
　c. 模糊匹配
　d. 决策支持系统

讨论题

1. 我们如何根据审计程序的性质、范围和时间来确定应在审计的哪个环节中应用数据分析？
2. 数据分析可以在什么情况下增加审计价值？数据分析是如何辅助审计工作的？
3. 参考表6-2，比较描述性分析和诊断性分析，并讨论如何在审计中应用这些分析。讨论如何在持续审计中应用这些分析。
4. 规范性分析的应用之一为根据对已发生事件的观察提出行动建议。例如，规范性分析可以提出适合应对不活跃客户申请开设新账户时应该遵循的控制程序（例如，需要获得主管批准）。这类分析为什么可以解决潜在的审计问题？
5. 数据排序是描述性分析的一种。为什么查看极值（最小值、最大值、计数等）有助于评估数据的准确性和完整性，并有可能发现数据中的错误和舞弊现象？

简答题

1. 账龄分析是描述性分析的一种。为什么审计人员对应收账款和应付账款的账龄特别感兴趣？为什么管理层可以通过账龄分析评估应收账款的可收回性和应付账款的可支付性？在仪表板展示账龄分析结果是否对持续审计有帮助？
2. 数据分析的好处之一是能够查看和测试整体数据。在这种情况下，为什么我们仍有可能需要对数据进行抽样（甚至是货币单位抽样）？
3. 大于3（或负3）的Z分数代表了什么意义？如何使用Z分数查找极值？当你发现极值或离群值时，你应该执行哪种类型的分析？
4. 使用诊断性分析可以发现哪些规律？适用于哪两种类型的数据？
5. 假设某家公司的一名会计负责在月底对大部分分类账进行调整，则哪种类型的数据分析可以帮助你鉴定这些调整，并计算会计记录的公司交易的累计金额？上述情况是否会引发问题？什么情况下会出现问题？
6. 本福德定律可以用来评估哪种数据的分布？使用本福德定律分析销售额可能会得到什么结果？如果用本福德定律分析供应商编号或员工编号呢？如果是分析发票或支票号码呢？本福德定律不适用于什么情况？
7. 如何使用人工智能来帮助审计人员评估坏账准备金的估算金额？人工智能是否可以通过分析坏账准备金的历史数据来预测现阶段的坏账准备金？
8. 如何使用情感分析评估年报中传达的信息是否有情感倾向（积极或消极）？如果管理者对于公司的运营结果过于乐观，那么这应被视为是中立的还是有情感倾向的呢？

参考答案

阶段测试答案

选择题答案

案例 6-1　评估地址中的异常情况

你在审计部门的表现逐渐得到了大家的认可。你的经理也很认同你对审计计划的分析,并希望你能将数据分析更好地应用于审计工作中。

你意识到员工伪造虚假供应商是公司常常面临的风险和舞弊行为,因此想应用数据分析来检测此情况。员工可能会伪造不存在的供应商,以帮助他们挪用资金。例如,有权限创建数据的员工可能会将其配偶添加为服务供应商。然后,按照"清洁服务"发票上面的金额向其付款,但其配偶并未提供任何服务。如果付款部门没有很好地追踪付款情况,且员工避免使用会被标记为重点核查对象的地址,那么员工就更有可能通过此方法窃取公司财产。

你知道模糊匹配可以用来侦测这种行为,并计划向经理展示如何使用模糊匹配。

所需技能
- 处理数据。
- 筛选数据。
- 模糊匹配。

所需软件
- Excel 或 IDEA。

在本案例中,你将:
第 1 步:提出问题。
第 2 步:处理员工和供应商的数据。
第 3 步:执行分析。
第 4 步:优化结果。

第 1 步:提出问题

问题 1: 基于你对供应商地址的了解,你认为哪种地址更可疑?
问题 2: 使用可疑地址的供应商是如何被添加到公司系统中的?

第 2 步:处理员工和供应商的数据
在 Excel 中
1. 打开 OneDrive,找到 Current Audit File 文件夹。
2. 创建 Excel 工作表,将其命名为 User-Supplier Match。
3. 将 Sheet1 重命名为 Users。添加一个新的工作表,将其命名为 Suppliers。

4. 回到 OneDrive 标签，打开文档 User_Listing 和 Supplier_Listing。

5. 将 User_Listing 文档中的数据粘贴到你新创建的 Users 工作表中。

6. 将 Supplier_Listing 文档中的数据粘贴到你新创建的 Suppliers 工作表中。

7. 在工作表 User_Listing Match 中点击 Open in Excel，将工作表加载到桌面版 Excel 中。

8. 对屏幕进行截图，将其命名为图 6-1A。

在 IDEA 中

1. 在 Connect 下载 P2P IDEA Audit Data（扫描二维码 6-1 获取）。

2. 将文件解压到你的电脑。

3. 打开 IDEA。然后点击 Home>Projects>Select。

4. 点击标签 External Projects，找到你下载的文件夹 P2P IDEA Audit Data。

5. 点击 OK。

6. 对屏幕进行截图，将其命名为图 6-1B。

二维码 6-1

第 3 步：执行分析

在 Excel 中

我们可以使用不同的方法来搜索可疑地址。你可以直接搜索具体的值，也可以使用工具来帮助你找到想要搜索的记录。

1. 我们首先可以将搜索范围缩小到邮寄信箱信息，可以搜索"box"，这将帮助我们检索所有包含"PO Box""P.O. Box"和"Box"的信息。

   a. 选择 Supplier 工作表中的数据，将其设置为表格（开始 > 样式 > 套用表格格式）。

   b. 点击 Supplier_Physical_Street_Address1 旁边的下拉菜单，以显示筛选菜单。

   c. 选择文本筛选 > 包含 …

   d. 输入 Box，点击 OK。

2. 对屏幕进行截图，将其命名为图 6-1C。

在 IDEA 中

1. 打开表格 Supplier_Listing。

2. 点击 Data>Search>Search。

   （1）Text to find: box。

   （2）Fields to book in: Supplier_Physical_Street_Address1。

   （3）点击 OK。

3. 对屏幕进行截图，将其命名为图 6-1D。

问题 3: 文档中出现了多少包含"PO Box"的地址?

问题 4: 你为什么需要搜索 PO Box 地址?

接下来，我们将讨论模糊匹配。

在 Excel 中

1. 点击 Address 旁边的下拉菜单，选择从"Supplier_Physical_Street_Address1"中清除筛选。

2. 参考案例 3-1，分别匹配 Suppliers 和 Users 工作表中的地址和邮政编码信息。

3. 对屏幕进行截图，将其命名为图 6-1E。

在 IDEA 中

我们无法在 IDEA 中直接使用模糊匹配，可以通过以下方法合并 Supplier 和 User 表格，然后找出地址相似度很高的记录。

1. 打开表格 Supplier_Listing。

2. 点击 Data>Append。

   （1）Field name: Type。

   （2）Field type: Virtual Character。

   （3）Length: 20。

   （4）Parameter: "Supplier"。

   （5）点击 OK。

3. 打开表格 User_Listing。

4. 点击 Data>Append。

   （1）Field name: Type。

   （2）Field type: Virtual Character。

   （3）Length: 20。

   （4）Parameter: "Supplier"。

   （5）点击 OK。

5. 点击 Analysis > Relate > Append。

   （1）双击 Supplier_Listing。

   （2）点击 OK。

6. 点击 Data > Append。

   （1）Field name: Combo_Address。

   （2）Field type: Virtual Character。

   （3）Length: 100。

   （4）Parameter: = Supplier_Physical_Street_Address1 +User_Physical_Street_Address1。

   （5）点击 OK。

7. 在新建的表格 Append Databases 中，点击 Analysis > Explore > Duplicate Key > Fuzzy。

   （1）Output: Fuzzy matches。

   （2）Similarity degree (%): 按需要进行调整。

   （3）Key: Combo_Address。

   （4）点击 OK。

8. 对屏幕进行截图，将其命名为图 6-1F。

问题 5: 分析输出结果包含了多少个匹配项？

问题 6: 哪些匹配项很可疑？

问题 7: 哪些匹配项是正常交易？

第 4 步：优化结果

问题 8：上述分析供应商地址的方法有什么局限？

问题 9：还有哪些数据可以用来检测系统中的可疑供应商？

案例 6-2　对账户余额进行实质性检测

通常情况下，数据库中只包含数据明细，不包含账户余额。我们可能需要使用公式或查询语句对多个变量进行求和，计算账户余额。例如，应付账款余额等于待付账单、已付现金和借项通知单相加的总和。

作为内部审计员，你的任务是验证应收账款中的余额。审计经理已向你提供了应收账款清单。公司规定，应收账款应在销售完成后 60 天内收取。为了检测这个政策的实施情况，你将对应收账款的账龄进行分析。

所需工具
- 使用 Excel 工具计算账户余额。
- 使用 Excel 工具按照账户账龄对账户进行分组。

所需软件
- Access。

在本案例中，你将：
第 1 步：提出问题。
第 2 步：处理采购和付款数据。
第 3 步：执行分析。

第 1 步：提出问题

问题 1：你需要什么数据来计算账户余额？

问题 2：计算应付账款余额的公式是什么？

问题 3：如何按照账龄对账户进行分组？

第 2 步：处理采购和付款数据

1. 我们将首先计算每个客户的应收账款余额。也就是说，截至 2019 年 9 月 30 日，有多少客户的应收账款未全部收回？应收账款余额为多少？
2. 打开文件"账龄分析 –9 月 .xlsx"（扫描二维码 6-2 获取）。
3. 使用"销售订单"工作表中的数据创建数据透视表，将数据透视表放置在新工作表中。确保在创建数据透视表时选择"将此数据添加到数据模型"，以便在数据透视表中获取不同工作表中的字段。

二维码 6-2

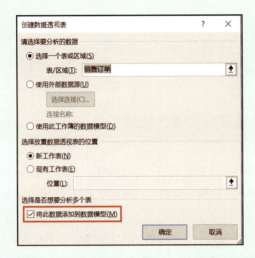

4. 在"**数据透视表字段**"窗口中，单击选项卡"**全部**"以查看工作簿中的两个工作表。

5. 创建一个数据透视表，在表中显示每个**销售订单编号**对应的**销售订单金额**和**发票金额**。将销售订单工作表中的"**销售订单编号**"拖放到"行"中，将销售订单工作表中的"**销售订单金额**"拖放到"值"中，将已付款工作表中的"**发票金额**"拖放到"值"中。

6. 数据透视表会提醒你"可能需要创建表之间的关系"。点击"**自动检测**"，Excel 将自动检测表之间的关系，识别两个表之间主键和外键的关系。

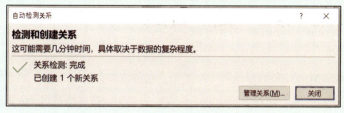

问题 4：在该工作簿中，关联两个表的主键和外键是什么？

7. 创建关系后，数据透视表输出的前几条记录应如下图所示：

	A	B	C
1	行标签	以下项目的总和:发票金额	以下项目的总和:销售订单金额
2	20001	319.43	319.43
3	20002	2425.5	2425.5
4	20003	848.58	848.58
5	20004	2024.02	2024.02
6	20005	4217.51	4217.51
7	20006	2309.93	2309.93
8	20007	994.1	994.1

8. 将数据透视表中的数据复制到新工作表中，从而将数据透视表中的数据转换为范围。这样做将帮助我们识别尚未付清全款的订单。你可以通过选择并复制数据透视表中除最后一行"总计"之外的所有数据来确保只复制数据范围。

9. 在新工作表中添加新列"差值"，计算订单销售金额和发票金额的差。

10. 筛选"差值"列，过滤掉所有差值为 0 的订单。筛选后的表格将列出所有尚未付清全款的订单。

11. 接下来，我们可以进一步分析付款时间。返回到工作簿中的已收款工作表。
12. 在已收款工作表中添加一个名为"销售订单日期"的新列，通过 VLOOKUP 公式调取销售订单工作表中的"销售订单日期"。这可以帮助我们快速地对销售订单的日期和付款日期进行比较。

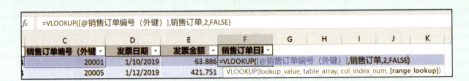

公式 =VLOOKUP([@ 销售订单编号（外键）]，销售订单，2，FALSE) 的意思为在销售订单表中，搜索并精确匹配已收款工作表中的销售订单编号（外键），如果搜索到了匹配值，返回销售订单表中该行第 2 列的字段。

13. 创建一个新列，命名为"账龄"。在该列中计算销售订单日期和发票日期之间的时间差（日）。

14. 接下来，我们需要将未付清交易分配到对应的账龄栏中。如下图所示，在工作表空白处创建账龄栏。

0	0-30
30	31-60
60	61-90
90	>90

套用表格格式，选择合适的表格样式，将表命名为账龄栏标准。

取消标题行。

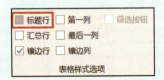

15. 添加一个新列，命名为账龄栏。使用公式 VLOOKUP 将账龄划分到对应的账龄栏中。

公式 =VLOOKUP([@ 账龄]，账龄栏标准，2，TRUE) 的意思为在工作表账龄栏标准中，搜索并模糊匹配已收款工作表中的账龄，如果搜索到了匹配值，返回账龄栏标准中该行第 2 列的字段。

16. 在表"账龄栏标准"中添加一个新列，命名为"计数"。使用 COUNTIF 函数对归属于不同账龄栏的交易进行计数。

公式 =COUNTIF(已收款 [账龄栏]，K6) 的意思是在已收款工作表"账龄栏"列中检索 K6 单元格中的值（0-30），并对所有匹配值计数。

将此公式应用于该列中的其他单元格中，你将获得不同账龄栏和各自对应的交易数量。

		计数
0	0-30	350
30	31-60	285
60	61-90	33
90	>90	0

17. 返回数据透视表，刷新数据，将新生成的字段添加到数据透视表中。点击工具栏中的"数据透视表分析"选项卡 > 刷新。

18. 现在，你可以在数据透视表中分析账龄栏。将已付款表中的"账龄栏"拖放到"行"中，在"值"中删除"以下项目的总和：销售订单金额"（单击"值"区域的"以下项目的总和：销售订单金额"> 选择"删除字段"）。

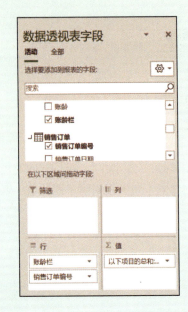

19. 点击账龄栏中的减号图标,可以收拢该账龄栏中包括的详细交易。

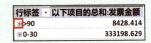

20. 保存文件。

问题 5:哪个账龄栏中的交易最有可能无法被收回?哪个账龄栏中的交易最有可能被收回?以上分析可以帮助我们评估坏账准备金吗?

21. 现在,假设三个月已经过去。打开电子表格"账龄分析 –12 月 .xlsx"(扫描二维码 6-3 获取)。

问题 6:根据 9 月的数据,你预期 12 月底未付清余额为多少?

22. 重复上述步骤分析新数据集。
    (1)创建数据透视表,以显示每个销售订单编号的销售订单金额和发票金额。
    (2)根据数据透视表的数据创建一个范围,然后计算销售订单金额和发票金额的差额。筛选差额以显示尚未全额支付的订单。
    (3)返回已付款表并创建账龄列,将未全额支付交易分配到对应的账龄栏。
    (4)创建数据透视表以分析每个账龄栏中的交易。
23. 将文件另存为"案例 6-2 账龄分析 –12 月 .xslx"(扫描二维码 6-4 获取),确保文档包含以上步骤创建的数据透视表。

二维码 6-3

二维码 6-4

案例 6-3 查找重复付款交易

公司偶尔会重复向供应商付款。这可能是因为无心的过失或公司内部的控制存在缺陷。

所需工具
- 重复项检索。

所需软件
- Excel 或 IDEA。

在本案例中，你将：

第 1 步：提出问题。

第 2 步：处理采购和付款数据。

第 3 步：执行分析。

第 1 步：提出问题

问题 1：公司可以使用什么方法找出重复付款的情况？

第 2 步：处理采购和付款数据

问题 2：你需要使用哪些数据来帮助你找出重复付款的情况？重复付款的付款日期通常是相同的还是不同的？

第 3 步：执行分析

在 Excel 中

1. 打开 OneDrive，然后打开"Current Audit Data"文件夹。
2. 打开电子表格"Payments_Made"。
3. 单击"在 Excel 中打开"，将其加载到桌面版本的 Excel 中。
4. 选择"Invoice_Reference"列，然后选择开始 > 样式 > 条件格式 > 突出显示单元格规则 > 重复值…，然后单击"确定"。
5. 选择所有数据，选择主页 > 样式 > 套用表格格式，然后选择一个浅色无边框的主题。
6. 单击"Invoice_Reference"旁边的下拉菜单，选择"按颜色筛选"，然后选择步骤 4 中使用的突出显示颜色。
7. 对屏幕进行截图（将其命名为图 6-3A）。
8. 取消过滤"Invoice_Reference"，并重复步骤 4～步骤 6 筛选"Payment_Amount"中的重复值。

在 IDEA 中

1. 在 IDEA 中打开项目"P2P IDEA Audit Data"。
2. 打开 Payments_Made 表。
3. 转到 Analysis（分析）>Explore（浏览）>Duplicate Key（重复键）>Detection（检测）。

    （1）单击 Output duplicate records（输出重复记录）。

    （2）Key：Invoice_Reference。

    （3）单击 OK。

4. 对屏幕进行截图（将其命名为图 6-3B）。
5. 重复步骤 2 和步骤 3，找出"Payment_Amount"中的重复值。

问题 3：你找到了多少个重复的记录？

问题 4：你会建议公司采取什么行动？

案例 6-4　综合案例　狄乐百货数据分析：假设检验（第一部分）

公司简介

狄乐百货公司简介略。

所需数据

本书使用的狄乐百货数据均可在网站 http://walton.uark.edu/enterprise/ 上获得。你的任课教师将为你提供数据的访问权限和使用方法。"2016 Dillard's"涵盖了 2014 年 1 月 1 日～ 2016 年 10 月 17 日的所有交易数据。

所需软件

- Microsoft SQL Server Management Studio（可在阿肯色大学的远程桌面使用此软件）。
- Excel 2016（可在阿肯色大学的远程桌面使用此软件）。
- Excel 的 PowerPivot 加载项（可在阿肯色大学的远程桌面使用此软件）。如果在 Excel 功能区上看不到 PowerPivot 选项卡，则需要启用该加载项。

在本案例中，你将：

- 在 Excel 中测试假设。具体来说，你将测试 1 月的退货量是否比一年中的其他月高。

第 1 步：提出问题

零售百货商店 1 月的销售额与圣诞节息息相关。大多数百货商店都会提供非常宽松的退换货政策，同意消费者退换尺寸不合适或不喜欢的圣诞礼物。然而，零售百货商店是否在全年都提供这样的退换货政策？顾客在全年不同时候是否有相同的退换货行为？

因此，我们可以提出问题：1 月的退货量是否明显高于一年中的其他月？

第 2 步：处理数据

1. 使用 Excel SQL Server 的"Get & Transform"（获取和转换）功能从 Excel 中提取数据使用以下查询：

```
Select Tran_Date, Tran_Type, SUM(Tran_Amt) AS Amount
From Transact
Group By Tran_Date, Tran_Type
Order By Tran_Date
```

该查询将加载所有销售和退款交易的历史记录，并将数据按日期和交易类型分组。数据中的销售额（Sale）和退款金额（Return）被列在同一个变量中，并通过属性 Tran_Type（交易类型）予以区分。你需要将"Tran_Amt"拆分为两个变量，分别表示销售额和退款金额。你可以使用 Query Editor（查询编辑器）透视列 Tran_Type，并转换数据。

2. 在"Query Editor"（查询编辑器）中，选择列"Tran_Type"，然后在"Transform"（转换

选项卡中单击"Pivot Column"(透视列)。

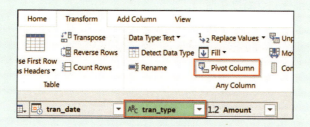

3. 在 Pivot Column 窗口，选择"Values Column"(值列)下拉列表中的"Amount"(金额)，然后单击"OK"。

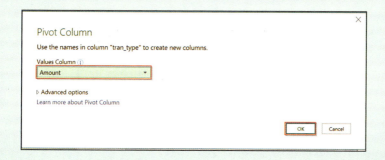

4. 现在你已经完成了数据转换，你可以将它们加载到 Excel 中。转到 Home（开始），点击 Close & Load（关闭＆加载）。将所有数据（1 014 行）加载到 Excel 中可能需要花费一点时间。

5. 单击 Excel 功能区中的 Insert（插入）选项卡，在表格区域选择"PivotTable"(数据透视表)。

6. 现在，你已将数据加载到了 Excel 中。接下来，你需要在 Excel 中添加 Internal Data Model（内部数据模型）。为了添加内部数据模型，你需要在创建数据透视表时勾选"Add this data to the Data Model"(将此数据添加到数据模型)。

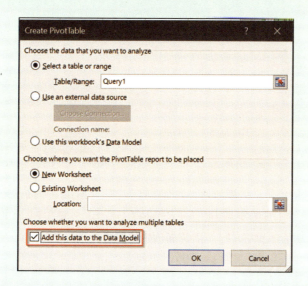

7. 创建一个度量值（measure）来评估退款情况。转到 Power Pivot > 选择 Measures（度量）> New Measure...（新度量值）。

8. 新度量值的默认名称为 measure 1。因为这个度量值是用来衡量平均交易金额的，所以我们可以将其名称更改为 R/P。

9. 输入公式后，公式将会被自动填充。首先输入 SUM（求和），然后填写备注（销售除以退货）：= sum（Query1 [R]）/ SUM（Query1 [P]）。

10. 在 Measure 窗口的底部有一个选择类别的选项。在本例中，度量的类别对 KPI 的运行没有影响。因此，我们可以保留默认值 General（通用）。单击 OK 创建度量。

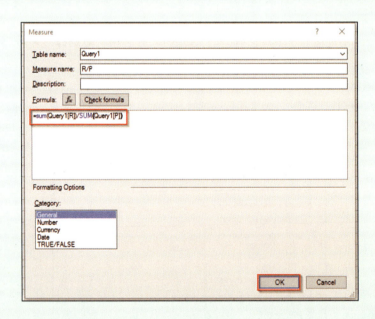

11. 现在，你创建的度量已被添加到"数据透视表字段"窗口中。接下来，你需要通过创建数据透视表来查看 1 月的交易（将 Tran_Date（Month）放置在 FILTERS（过滤器）中）。将 tran_date 放置在 ROWS（行），并将新创建的度量 R/P 放置在 VALUES（值）。

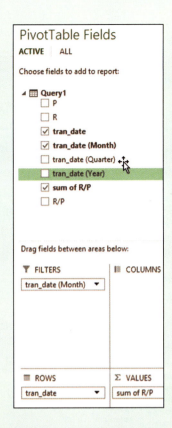

为获得每日交易数据，你需要将 Tran_Date 拖放到 ROWS 中，然后删除自动填充的变量 Year（年）和 Quarter（季度）。将 Tran_Date（month）拖放到 FILTERS（过滤器）中，并保留 ROWS 中的 Tran_Date。

12. 接下来，你需要比较 1 月和其他月份的数据。选择并复制数据透视表（包括用于筛选数据的单元格）。

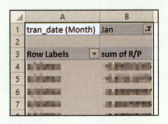

13. 在单元格 D1 粘贴数据透视表。
14. 现在，你可以修改筛选条件，勾选"Select Multiple Items"（选择多项）和"All"，然后取消勾选"January"。修改后的数据透视图应显示除 1 月外的其他所有月份的交易数据。
15. 对屏幕进行截图（将其命名为图 6-4A）。
16. 为了在数据透视表中更清晰地展示数据，你可以修改标签名称。你可以将两个表格中的标签"sum of R/P"分别改为"January"和"Rest of the Year"。

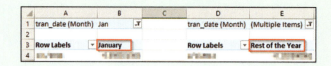

第3步：执行分析

在 Excel 中运行假设检验之前，你首先需要启用 Data Analysis ToolPak（数据分析工具包）加载项。转到 File（文件）> 选项（Options）> 加载项（Add-ins）。在 Excel Option 窗口中点击"GO"按钮，然后勾选"Analysis ToolPak"。单击"OK"后，你将可以从 Excel 功能区中的 Data（数据）选项卡访问 ToolPak。

17. 单击 Excel 功能区中的"Data Analysis"（数据分析按钮），然后选择"t-Test: Two-Sample Assuming Unequal Variances"（t 检验：假设两样本方差不相等）。此分析将帮助假设我们执行假设检验，测试 1 月的交易与其他月的交易是否有显著差异。

18. 在 t-Test 窗口中，你需要输入变量范围。在 Variable 1 Range（变量 1 的范围），选择 1 月数据透视表中对应的值（只需选择值，无须选择相应的日期）。

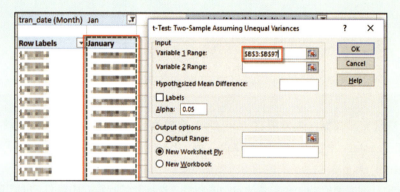

19. 同理，在 Variable 2 Range（变量 2 的范围），选择另一个数据透视表中对应的值（只需选择值，无须选择相应的日期）。

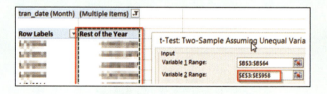

20. 勾选"标签"以显示 1 月和其他月的标签，然后单击"OK"。

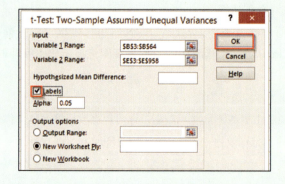

第 4 步：处理和优化结果

问题 1：使用 p 值（或 t 统计量和临界值）衡量 1 月的退货率（退货销售比），与其他月份的退货率相比是更高、更低还是相同？

问题 2：关于退货的分析，我们能得出什么结论？

问题 3：你认为大部分在圣诞节假期销售的产品的退货时间是分散在 1 月还是集中在 1 月初？如果想回答这个问题，你会如何修改你的测试？

第 5 步：交流见解并追踪结果

在第 7 章中，我们将详细介绍仪表板等工具，帮助你更好地向管理层传达分析结果。

问题 4：你认为了解退货情况对管理层来说很重要吗？

问题 5：假设管理层想获得有关退货的相关信息，你认为他们会对每天、每周还是每月的退货信息更感兴趣？由于信息过载的情况，管理者无法每天跟踪所有信息，但是频繁地披露一些信息是很重要的。

案例 6-5　综合案例　狄乐百货数据分析：假设检验（第二部分：数据可视化）

公司简介
狄乐百货公司的简介略。

所需数据
本书使用的狄乐百货数据均可在网站 http://walton.uark.edu/enterprise/ 获得。你的任课教师将为你提供数据的访问权限和使用方法。"2016 Dillard's"涵盖了 2014 年 1 月 1 日～2016 年 10 月 17 日的所有交易数据。

所需软件
- Microsoft SQL Server Management Studio（可在阿肯色大学的远程桌面使用此软件）。
- Excel 2016（可在阿肯色大学的远程桌面使用此软件）。
- Tableau（可在阿肯色大学的远程桌面使用此软件）。

在本案例中，你将：
- 创建仪表板以显示各月和美国各州店铺的退货率。

前提条件
- **完成案例 6-4**。本案例会需要用到案例 6-4 中步骤 1～步骤 4 涉及的数据分析技巧。如果你还没有完成案例 6-4，你可以先阅读这些步骤以帮助你了解如何在 Excel 中提取和转换数据。
- **完成案例 4-2**。本案例会需要用到案例 4-2 中讲解的一些使用 Tableau 的技巧。如果你还没有完成案例 4-2，你可以先阅读这些步骤以帮助你了解如何在 Tableau 中创建地图和仪表板。

第 1 步：提出问题
在检验假设并发现 1 月退货率和其他月退货率的明显不同之后，你将使用可视化来进一步比较各月和各店的退货率。

第 2 步：处理数据

1. 在将数据从原始 SQL Server 数据库加载到 Tableau 之前，你需要在 Excel 中对数据进行转换。首先，使用以下查询命令，将交易和店铺数据提取和加载到 Excel Query Editor Query（编辑器）中：

```
Select Tran_Date, Tran_Type, State, Store.Store, SUM(Tran_amt) AS Amount
From Transact
Inner Join Store
On Transact.Store = Store.Store
Group By Tran_Date, Tran_Type, State, Store.Store
Order by Tran_Date
```

2. 在"Query Editor"窗口的 Transform（转换）选项卡中，点击"Pivot Column"（透视列）以转换数据。按"Tran_Type"（交易类型）列出"Tran_Amt"（交易金额）。

3. 关闭 Query Editor 并将数据加载到 Excel 中。

4. 加载数据后（297 705 行），将电子表格另存为"案例 6-6.xlsx"。

5. 打开 Tableau，连接到 Excel Data source（数据源）。浏览并打开你刚刚保存的文件。在 Tableau 中分析数据之前，你还需要完成最后一项数据准备工作——创建变量退货率（与案例 6-4 中创建退货率的步骤相似）。

6. 在 Sheet1 中，创建一个 Calculated Field（计算字段）。右键单击"Measures"（度量），然后选择"New Calculated Field"（新建计算字段）。

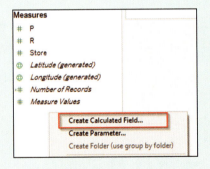

7. 将新字段命名为"R/P"，并创建计算"SUM ([R]) /SUM ([P])"，然后单击"OK"。

第 3 步：执行分析

8. 我们将在仪表板上创建三个可视化视图来分析退货信息。首先，我们将创建一个地图，并在地图上显示每个州的销售额。
9. 将维度中的"State"（州）拖放到 Tableau 的视图中心以开始创建地图。
10. 双击度量"P"，地图中将显示各州店铺的销售额。Tableau 将默认使用符号地图。你可以在"Show Me"（智能显示）窗口中将视图改为"filled map"（填充地图）。
11. 将工作表命名为"Sales by State"（各州销售额）并对屏幕进行截图（将其命名为图 6-5A）。
12. 右键单击工作表 Sales by State，然后单击"Duplicate"（复制），以创建新工作表。
13. 在新工作表中，将度量"P"拖到"Marks"（标记）窗口外，将新创建的度量"R/P"拖到"Marks"窗口中。
14. 将工作表命名为"Returns Percentage by State"（各州退货率），并对屏幕进行截图（将其命名为图 6-5B）。
15. 打开一个新表。将"Tran_Date"（交易日期）拖到"Rows"（行）中。Tableau 将默认显示 Years（年）。你可以通过双击 Rows 中的胶囊状图标"Tran_Date"来显示次级日期"Quarters"（季度）。再次双击 Rows 中的胶囊状图标"Tran_Date"将显示次级日期"Months"（月）。将 Years 和 Months 移出"Rows"。
16. 双击"R/P"，R/P 将被添加到 Marks 中。
17. 在"Show Me"选项卡中，选择视图 highlight table（突出显示表）。这可能会导致 Tableau 将 Months 从 Rows 移动到 Columns 中。你可以将 Months 拖回 Rows 中。
18. 创建一个新的仪表板。将以上三个视图以清晰易懂的组合方式呈现在仪表板中。对屏幕进行截图（将其命名为图 6-5C）。
19. 在仪表板中，点击图"Returns Percentage by State"右上角的过滤器按钮，从而将该图的过滤器设置为整个仪表板的过滤器。现在，你可以通过点击图 Returns Percentage by State 中的任意一个州来查看该州的销售数据。其他视图也将随之显示该州的数据。
20. 对屏幕进行截图（将其命名为图 6-5D）。

第 4 步：处理和优化结果

问题 1：获得上述更详细的数据之后，可以执行哪些测试来进行下一步数据分析？这些分析会帮助你获得哪些信息？哪些信息对管理层最有用？

问题 2：我们为什么需要了解不同产品和不同类别产品的退货率？这会导致公司更改某些产品的退货政策吗？

问题 3：还有哪些其他可视化方法可以帮助公司深入地研究这些数据并发现数据的价值？

第 7 章

生成主要绩效指标

本章概览

本章讲解了如何使用数据分析来衡量公司业绩。通过衡量公司过去的表现并将其与业绩目标相对比，我们可以评估公司目标的完成度。同时，这些指标可以帮助公司调整相关决策和业务流程。

上章回顾

在第 6 章中，我们重点介绍了审计环境中的实质性测试。我们着重讨论了审计计划并分析了账户余额，还重点分析了如何在审计过程中应用统计分析来检测错误或舞弊情况。我们还讨论了如何使用聚类分析检测离群值，以及如何在审计中应用本福德定律。

下章预览

在第 8 章中，我们将重点介绍如何访问和分析财务报表数据，如何通过 XBRL 快速有效地访问数据。我们还将讨论如何使用比率和迷你图来分析财务绩效，以及如何通过可视化来帮助用户发现数据背后隐藏的趋势。最后，我们还将讨论如何使用文本探勘对财务报告进行情感分析。

学习目标

目标 7-1　评估管理要求并从列表中选择合适的 KPI

目标 7-2　评估用于计算 KPI 的数据质量

目标 7-3　使用 KPI 创建数字仪表板

开篇案例　　　　　　　肯尼亚红十字会案例

多年来，肯尼亚红十字会一直在尝试完善其战略目标，并保持日常活动和总体战略的一致性。肯尼亚红十字会与外部顾问举行了年度战略计划会议并一如既往地收到了新的战略提议。红十字会对外部顾问提出的新战略持观望态度，并对其可能带来的收益表示怀疑。然而，在肯尼亚红十字会首次通过数据分析方法——平衡计分卡分析计划流程之后，他们发现新战略与组织的使命和愿景十分契合。平衡计分卡分析也帮助肯尼亚红十字会对战略计划有了更加深入的理解。平衡计分卡帮助肯尼亚红十字会将其目标转化为可以被量化的指标。肯尼亚红十字会一直以来遵循"先进后出"的规则治疗病患，但并未衡量过该规则的实践情况，以及该规则对组织其他目标的影响。通过使用数据分析来优化战略目标并使用可量化的指标来衡量各个项目绩效目标的实现情况，肯尼亚红十字会可以更好地将日常活动和业绩目标联系起来，更好地实现业绩目标，并通过其优质的服务来维护其声誉和影响力。图7-1展示了肯尼亚红十字会使用的平衡计分卡。

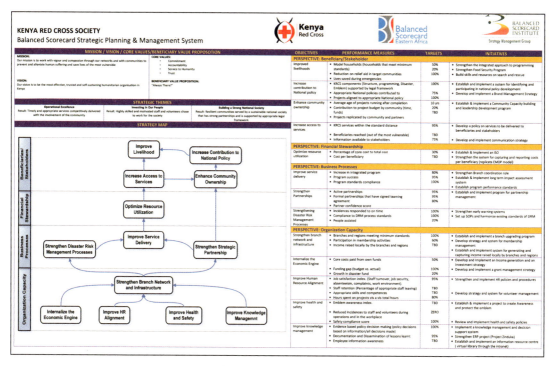

图 7-1　肯尼亚红十字会使用的平衡计分卡

资料来源：Reprinted with permission from Balanced Scorecard Institute, a Strategy Management Group company. Copyright 2008-2017.

在前6章中，我们学习了如何应用IMPACT模型执行数据分析，详细讲解了该模型在内部审计、外部审计和财务报表分析中的应用。上述分析使用的财务数据也可用于衡量公司战略目标的完成情况。为了更好地了解公司的战略目标和实际运营结果之间的差异，我们可以将数据以易于理解且简洁精炼的方式呈现在数字仪表板中，从而为管理者提供需要的信息并帮助管理者做出符合战略规划的决定。

本章将介绍如何使用数据分析评估公司绩效。具体来说，我们将衡量公司过去的表现并将其与公司目标进行比较，以评估公司目标的完成情况。同时，我们还可以根据分析结果对公司决策和业务流程进行必要的调整。

如今，公司获得和储存数据的成本越来越低。技术的发展使公司可以以更合理的价格获得功能更加强大的商业智能工具，并根据数据和信息做出决策。具体来说，数据可以被定义和汇编成各种度量及指标，这些度量及指标可以帮助管理者制定决策。**绩效指标**（performance metrics）是指任何可以用来衡量公司业绩的数字。例如，现有库存量就是一个指标，当我们将现有库存量与基准值相比较时，该指标就可以提供有意义的信息（如昨天的库存量）。**关键绩效指标**（key performance indicators，KPI）是绩效指标的一种特定类型。和其他绩效指标一样，KPI 可以帮助经理人持续追踪绩效和战略目标，同时 KPI 是所有绩效指标中最重要的指标，这些指标将直接影响公司的战略和决策。几乎所有的组织都可以使用数据来创建相同的绩效指标（当然，结果会有所不同），但因为组织的战略有所不同，所以他们的 KPI 也不尽相同。

数据可视化是交流分析结果最有效的方式之一（详见第 4 章）。向利益相关者展示项目相关的 KPI 也是如此。**数字仪表板**（digital dashboard）是一个交互式报告，公司可以将 KPI 展示在数字仪表板中，帮助用户快速了解公司或组织的绩效。很多组织都提供了公共数字仪表板，例如，阿肯色大学的沃尔顿商学院设有互动式资讯主页。主页展示了学生的相关情况，包括学生来自哪个国家、学生的留学经历、学生毕业率以及毕业校友就业情况等（https://walton.uark.edu/osie/reports/data-dashboard.php）。公共仪表板可以帮助想要报考该校的学生了解在校学生的多样性，同时也可以帮助大学本身评估其招生目标的完成情况。例如，如果大学的目标是为了平衡不同性别学生的录取比例，则可以查看图 7-2 中的指标来评估该目标的执行情况。

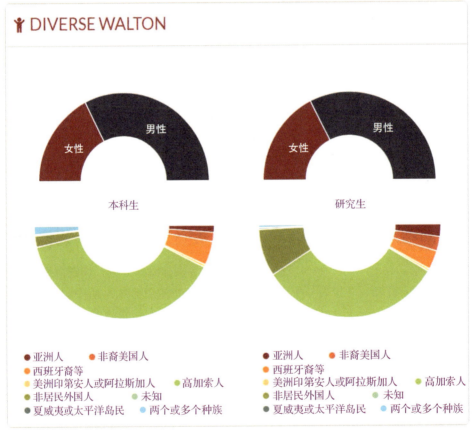

图 7-2 沃尔顿商学院电子仪表板——沃尔顿商学院学生的多样性

数字仪表板可以提供有趣的信息，但只有当仪表板上提供的指标可以影响公司的决策和行为时，才可以实现利益最大化。平衡计分卡是循环迭代的数字仪表板。**平衡计分卡**（balanced scorecard）是由罗伯特·卡普兰（Robert S. Kaplan）和戴维·诺顿（David P.

Norton）于 1996 年创建的，它可以通过确定最需要衡量的指标和最想要实现的目标来帮助公司将公司战略转化为实际行动。

平衡计分卡由四个部分组成，分别是财务（或管理）、客户（或利益相关者）、内部运营和组织能力（或学习与成长）。每个类别中的度量都会影响到其他类别，而且这四个部分都应与组织的战略目标直接相关，如图 7-3 所示。

平衡计分卡的四个组成部分有各自的战略目标、业绩指标、业绩目标和战略措施。组织目标应与战略目标保持一致。战略目标的指标是 KPI，它可以衡量公司在实现其战略目标方面的表现。业绩指标应是可实现的业绩目标。战略措施则可以帮助组织完成业绩目标。图 7-4 展示了平衡计分卡的四个组成部分可能涵盖的目标。你可以看到某些目标与其他目标之间的关联。例如，提高组织业务流程效率是组织内部流程的目标。实现这个目标也将帮助公司在财务方面降低成本。

图 7-3　平衡计分卡的组成部分

资料来源：Reprinted with permission from Balanced Scorecard Institute, a Strategy Management Group Company.Copyright 2008-2017。

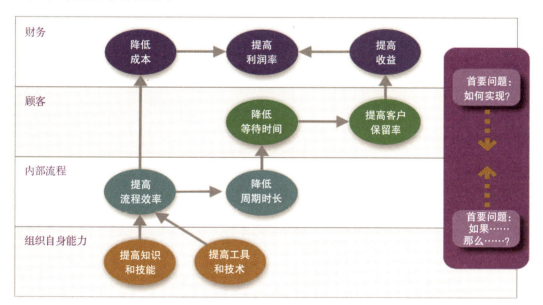

图 7-4　平衡计分卡样例

资料来源：Reprinted with permission from Balanced Scorecard Institute, a Strategy Management Group Company. Copyright 2008-2017.

了解以上四个组成部分之间的相互作用关系并依此回答不同类型的问题和确定不同的战略目标是确定合适绩效指标的关键。用合适的仪表板展示这些绩效指标将帮助公司制定决策。公司可根据 IMPACT 模型创建平衡计分卡等不同种类的电子仪表板，从而帮助公司依据 KPI 制定公司决策。

Bernard Marr 提出了 75 个可以衡量平衡计分卡中四个组成部分的 KPI，他认为这些 KPI 可以有效地帮助管理者制定决策，如表 7-1 所示。平衡计分卡中的每个组成部分应着重衡量 3～4 个 KPI。如果公司在一个仪表板中衡量全部的 75 个指标，则会出现信息过载的情况，从而难以帮助管理者获取有效信息。因此，应依据公司的战略目标和具体措施在表 7-1 中选择最适合衡量公司业绩表现的指标。

表 7-1 所有经理人都需要知道的 75 个 KPI

财务绩效 KPI	1. 净利润 2. 净利润率 3. 毛利率 4. 营业利润率 5. 息税折旧摊销前利润（EBITDA） 6. 收入增长率 7. 股东总回报（TSR） 8. 经济附加值（EVA） 9. 投资回报率（ROI） 10. 已动用资本回报率（ROCE） 11. 资产收益率（ROA） 12. 净资产收益率（ROE） 13. 债务股本比（D/E） 14. 现金周转期（CCC） 15. 营运资金比率 16. 营业费用比率（OER） 17. 资本支出与销售比率 18. 市盈率（R/E ratio）
客户 KPI	19. 净推荐值（NPS） 20. 客户保留率 21. 客户满意度指数 22. 客户盈利能力分数 23. 客户终身价值 24. 客户流失率 25. 客户参与度 26. 客户投诉
市场营销 KPI	27. 市场增长率 28. 市场占有率 29. 品牌资产 30. 潜在客户成本 31. 转换率 32. 搜索引擎排名（按关键字）和点击率 33. 页面浏览量和跳出率
市场营销 KPI	34. 客户线上参与度 35. 在线语音共享（OSOV） 36. 社交网络足迹 37. Klout 分数
运营 KPI	38. 六西格玛水平 39. 产能利用率（CUR） 40. 工艺废料水平 41. 订货周期 42. 准时按量交付（DIFOT）率 43. 库存损耗率（ISR） 44. 项目进度差异（PSV）

（续）

运营 KPI	45. 项目成本差异（PCV） 46. 收益值（EV）指标 47. 持续创新能力（IPS） 48. 创新投资回报率（ROI2） 49. 产品上市时间 50. 直通率（FPY） 51. 返工水平 52. 质量指标 53. 总体设备效率（OEE） 54. 流程或机器停机时间水平 55. 首次联系解决方案（FCR）
员工绩效 KPI	56. 人力资本附加值（HCVA） 57. 每位员工的收入 58. 员工满意度指数 59. 员工敬业度 60. 员工拥护分数 61. 员工流失率 62. 平均雇员任期 63. Bradford 旷工因素 64. 360 度反馈得分 65. 薪酬竞争力比率（SCR） 66. 招聘时间 67. 培训投资回报率
环境与社会可持续发展 KPI	68. 碳足迹 69. 水足迹 70. 能源消耗 71. 养护和改善工作实现的节约水平 72. 供应链里程 73. 废物减少率 74. 废物回收率 75. 产品回收率

7.1 提出问题

公司会根据各自的战略规划创建平衡计分卡。明确的愿景和价值体系是创建和维系公司文化的重要组成部分。当公司的组织传统束缚组织的发展时，我们需要将文化和传统这两个概念分开。既定的目标意识和稳健的服务传统将成为促进组织成功变革的催化剂。合适的成长战略可以更好地利用公司的优势并使其得到进一步的发展。因此，合适的战略可以避免公司抱有自满的心态停滞不前。

制定公司战略之后，公司需要将战略规划分解成可以被衡量的目标。确定公司战略中可以被衡量的组成部分是至关重要的。如果无法跟踪战略的实施情况，无法评估项目的绩效，则公司战略将成为摆设。谚语"所测即所得"说明了制定统一的公司战略和 KPI 背后的动机，即员工通常更愿意为了受重视和业绩可以被量化评估的项目投入更多的精力。当然，评估绩效本身并不会对当前情况做出任何改进，但绩效指标可以帮助管理者了解公司在哪些方面存在问题，以及哪些措施可以提高业绩，从而确保公司为了提高业绩而付出努力。

| 阶段测试 |

1. 沃尔玛提出了"零浪费未来"⊖的目标。根据"所测即所得"原则,说明沃尔玛如何通过报告废物回收率来评估目标的完成度。你认为这些指标可以帮助公司实现目标吗?
2. 管理层是如何确定公司应该使用哪个KPI的?数据分析可以帮助管理者找出合适的KPI吗?

7.2 处理数据并执行测试计划

确定需要被测量的指标后,我们需要确定使用哪些数据来计算这些指标。第2章介绍了如何通过ETL(提取、转换和加载)流程查找和获取所需的数据。除第2章详细描述的获取数据的步骤外,数据分析员还可以通过回答以下两个问题来帮助他们决定应该何时获得数据,以及何时评估数据质量:

1. 系统多久更新一次数据?这将帮助你了解指标的时效性,并帮助你更好地解释指标随时间的变化。
2. 此外,你需要多久查看一次更新的数据?如果系统中的数据几乎是实时更新的,你可能不需要频繁地刷新计分卡。例如,如果你的团队每周评估一次工作进度,则没有必要持续更新积分卡。

虽然用于计算KPI的数据通常存储在公司的ERP系统或会计信息系统中,但我们常常在数据分析的过程中使用可视化工具(如Excel或Tableau)创建数字仪表板,并在仪表板中展示KPI。数据应该被准确地加载到可视化工具中,并及时检查数据的完整性和准确性。

第4章讨论了如何设计数据可视化并选择正确的方法展示数据(使用实际数据、百分比或绝对值等)。你可以结合计分卡和战略图来设计仪表板。图7-5为在平衡计分卡中构建战略目标、业绩指标、业绩目标和战略措施的模板。

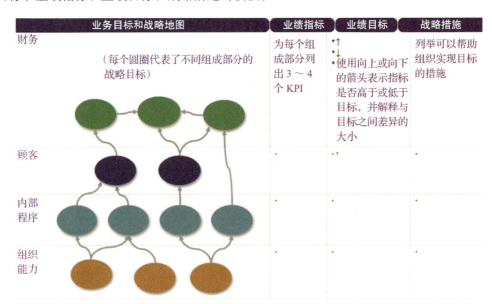

图7-5 包含战略目标、业绩指标、业绩目标和战略措施的平衡计分卡战略地图

⊖ http://corporate.walmart.com/2016grr/enhancing-sustainability/moving-toward-a-zero-waste-future (accessed August 2017).

如果不在图中加入战略地图，则应将最重要的 KPI 放置在左上角，因为在阅读时，我们的眼睛通常会自然地被页面中该位置的信息所吸引。

| 阶段测试 |

3. 你需要多久查看一次废物回收率的 KPI 才能知道实施的措施是否取得了进展？查看 KPI 和 ROA 有所不同吗？
4. 你认为为什么应将最重要的 KPI 显示在数字仪表板的左上角？

7.3 处理和优化结果

创建仪表板后，公司应执行及时有效的沟通计划以确保仪表板的指标可以满足企业和用户的需求。如果受众群体不同，则公司应根据不同受众群体创建不同的仪表板，或创建可以提供不同视图且可以按照需求筛选信息的仪表板，以方便用户根据自己的需求准确地查看需要监控或有助于制定决策的指标。因为公司可能每天（甚至更高频率）都需要查看仪表板中的信息，因此应及时与信息使用者进行沟通，确保在仪表板中展示合适的指标。

以下问题可以帮助你决定如何完善仪表板：

1. 你最常使用哪些指标来帮助你做出决策？
2. 使用仪表板后，你是否下载了新的数据并执行其他分析？如果你下载了新的数据，你是否可以依此对仪表板进行改进以精简额外的步骤？
3. 仪表板中是否包含你从未使用过的指标？为什么没有使用过这些指标？
4. 我们是否应该在仪表板中添加其他指标来帮助使用者做出决策？

与使用者进行沟通可以帮助我们发现仪表板的问题（如缺失重要指标或提供了不必要的数据），并根据公司和使用者的需求完善仪表板。

7.4 交流见解和追踪结果

优化结果之后，仪表板的用户将收到可以帮助他们做出决策的正确信息，仪表板将被应用于公司的日常经营活动中。如前文所述，创建数字仪表板的目的是展示组织业绩，帮助决策者优化判断和决策，并帮助员工了解日常工作的工作重心。确保利益相关者可以获得他们需要的信息，并根据用户需求不断改进仪表板是成功创建数字仪表板的关键。创建平衡计分卡或其他类型的数字仪表板是一个循环迭代的过程。就像在数据分析项目中循环往复地应用 IMPACT 模型一样，公司需要持续地征求信息使用者的意见和反馈，从而不断优化平衡计分卡并向信息使用者提供有用的信息。

| 阶段测试 |

5. 为什么展示 KPI 的数字仪表板可以有效地处理和完善结果、交流见解并跟踪后续结果？
6. 回想一下本章开篇提到的肯尼亚红十字会案例的插图，分析如何使用 KPI 来帮助肯尼亚红十字会实现"先进后出"的目标。

本章小结

- 为了更好地确定公司的实际绩效与战略目标之间的差距，数据应以易于理解且简洁精炼的方式呈现在数字仪表板中，从而为管理者提供所需的信息，并帮助管理者做出符合战略规划的决定。
- 公司可以以越来越低的成本获得和储存数据。技术的发展使公司可以以更合理的价格获得功能更加强大的商业智能工具，并根据数据和信息做出决策。
- 绩效指标是指任何可以用来衡量公司业绩的数字。关键绩效指标（KPI）是绩效指标的一种特定类型，是影响公司战略目标和决策制定的最重要的指标。
- 数字仪表板是展示KPI的最常见的方法之一。数字仪表板是交互式报告，其中显示了最重要的指标，以帮助用户了解公司或组织的绩效。只有在仪表板上提供可以影响公司决策和行为的指标才可以实现利益最大化。
- 平衡计分卡是一个循环迭代的数字仪表板，它可以通过确定最需要被衡量且可以衡量目标完成情况的指标来帮助公司将公司战略转化为实际行动。平衡计分卡包括四个部分：财务（或管理）、客户（或利益相关者）、内部运营和组织能力（或学习与成长）。
- 平衡计分卡的四个组成部分有各自的战略目标、业绩指标、业绩目标和战略措施。组织目标应与组织的战略目标保持一致。公司的业绩指标（KPI）可以衡量公司在实现其目标方面的表现，而且目标应是可实现的。战略措施是组织可以采取的用以提高绩效指标、完成业绩目标的活动。
- 无论你需要创建平衡计分卡还是其他类型的数字仪表板来展示绩效指标和KPI，你都可以使用IMPACT来帮助你完成该项目。

关键术语

平衡计分卡（Balanced Scorecard） 平衡计分卡是根据战略目标、KPI、目标度量值和战略措施创建的一种特殊的数字仪表板。平衡计分卡可以帮助公司实现业绩目标，进而实现战略目标。

数字仪表板（digital dashboard） 数字仪表板是交互式报告，展示了公司最重要的指标。这些指标可以帮助用户快速地了解公司或组织的绩效。我们可以在 Excel 或 Tableau 中创建数字仪表板。

关键绩效指标（key performance indicator, KPI） KPI是绩效指标的一种特殊类型，是可以影响公司决策的最重要的指标。

绩效指标（performance metric） 绩效指标是指任何可以用来衡量公司业绩的数字。例如，现有库存量就是一个指标，当我们将现有库存量与基准值相比较时，该指标就可以提供有意义的信息。

选择题

1. 以下哪项属于财务绩效 KPI？
   a. 股东总回报
   b. 客户盈利能力分数
   c. 市场增长率
   d. Klout 分数
2. 以下哪项属于运营 KPI？
   a. 库存损耗率
   b. 品牌资产
   c. 资本支出与销售比率
   d. 每位员工的收入
3. KPI 是以下哪项的缩写？
   a. key performance index
   b. key performance indicator
   c. key paired index

d. key paired indicator

4. 在不遵循战略地图模板的情况下，最重要的 KPI 应该放在页面的哪里？
   a. 右下角
   b. 左下角
   c. 左上角
   d. 右上角

5. 根据本章内容，以下哪个问题的答案对完善仪表板没有帮助？
   a. 你最常使用哪种指标来帮助你做出决策？
   b. 使用仪表板后，你是否下载了新的数据来执行其他分析？如果你下载了新的数据，你是否可以依此对仪表板进行改进，精简额外的步骤？
   c. 仪表板是否包含从未使用过的指标？如果是这样，为什么没有使用过这些指标？
   d. 哪些数据最容易被获得？获得哪些数据的成本最低？

6. 以下哪项不被包含在平衡计分卡中？
   a. 财务
   b. 客户或利益相关者
   c. 内部运营
   d. 员工能力

7. 以下哪项不被包含在平衡计分卡中？
   a. 财务绩效
   b. 客户或利益相关者
   c. 采购流程
   d. 组织能力

8. 以下哪项可以作为帮助用户通过最重要的指标了解公司或组织的绩效的交互式报告？
   a. 关键绩效指标
   b. 绩效指标
   c. 数字仪表板
   d. 平衡计分卡

9. 以下哪项可以衡量组织绩效并可与基准线进行比较？
   a. 关键绩效指标
   b. 绩效指标
   c. 数字仪表板
   d. 平衡计分卡

10. 以下哪项属于营销 KPI？
    a. 转换率
    b. 六西格玛水平
    c. 员工流失率
    d. 客户参与度

讨论题

1. 我们知道，平衡计分卡由四个部分组成：财务（或管理）、客户（或利益相关者）、内部运营和组织能力（或学习与成长）。对于财务和客户这两个组成部分，你想通过仪表板展示什么信息？

2. 对于内部运营和组织能力这两个组成部分，你想通过仪表板展示什么信息？为什么数字仪表板可以帮助我们更容易地追踪 KPI？

3. 本书作者认为，亚马逊对企业的短期盈利能力关注较少，但一直在争取获得更大的市场份额。亚马逊致力于通过为客户提供优质服务来获得市场份额。根据表 7-1，分析亚马逊应该关注哪些客户 KPI？为什么数字仪表板可以帮助我们更容易地追踪 KPI？

4. 对于像普华永道这样的会计师事务所，如何使用平衡计分卡来帮助它们平衡提高利润和提供以客户为中心的服务之间的关系？

5. 对于像沃尔玛这样的公司，如何使用平衡计分卡来帮助它们平衡为股东获利和与其他线上零售商（如亚马逊）竞争市场份额之间的关系？

6. 为什么客户保留率是了解特斯拉客户的重要的 KPI？

7. 如果数字仪表板由实时更新的数据组成，你是否想要实时更新你的数字仪表板？在什么情况下你会不想实时更新你的数字仪表板？为什么？

8. 沃尔顿商学院学生的多样性图属于平衡计分卡中的四个组成部分的哪一个？为什么该图对高等公共教育机构来说很重要？

简答题

1. 从表 7-1 中选择 5 个财务绩效 KPI 来回答以下三个问题。网站 https://www.linkedin.com/pulse/20130905053105-64875646-the-75-kpis-every-manager-needs-to-know 提供了每个 KPI 的背景信息。这些信息可以帮助你了解 KPI 并回答以下问题。
   a. 确定计算 KPI 所需的公式、关系、数据。如果你需要数据，多久整合一次数据最有效？
   b. 描述一个简单的可以帮助经理追踪 KPI 的可视化图表。
   c. 从网上搜索 KPI 的基准线。如果可能的话，选择一个行业，找到该行业该 KPI 的平均值。

2. 从表 7-1 中选择 10 个员工绩效 KPI 来回答以下三个问题。网站 https://www.linkedin.com/pulse/20130905053105-64875646-the-75-kpis-every-manager-needs-to-know 提供了每个 KPI 的背景信息，这将有助于你了解这些 KPI 并回答以下问题。
   a. 确定计算 KPI 所需的公式、关系、数据。如果你需要数据，多久整合一次数据最有效？
   b. 描述一个简单的可以帮助经理跟踪 KPI 的可视化图表。
   c. 从网上搜索 KPI 的基准线。如果可能的话，选择一个行业，找到该行业该 KPI 的平均值。

3. 从表 7-1 中，选择 10 个市场营销 KPI 来回答以下三个问题。网站 https://www.linkedin.com/pulse/20130905053105-64875646-the-75-kpis-every-manager-needs-to-know 提供了每个 KPI 的背景信息，这将有助于你了解这些 KPI 并回答以下问题。
   a. 确定计算 KPI 所需的公式、关系、数据。如果你需要数据，多久整合一次数据最有效？
   b. 描述一个简单的可以帮助经理跟踪 KPI 的可视化图表。
   c. 从网上搜索 KPI 的基准线。如果可能的话，选择一个行业，找到该行业该 KPI 的平均值。

4. 如何使用数据分析促进平衡计分卡的使用和 KPI 的追踪？数据分析可以提供更及时的数据吗？你是否可以通过数据分析更容易、更快捷地访问更多的信息？数据分析实现了哪些功能？

5. 如果 ROA 是某公司最重要的 KPI，那么该指标的基准线是什么？是行业的 ROA、公司过去五年的平均 ROA，还是竞争对手的 ROA？
   a. 你如何知道公司是否在进步？
   b. 数据分析从中起到了什么作用？
   c. 你需要多久评估一次 ROA？每月？每季度？还是每年？

6. 如果产品的上市时间被认为是公司关键的 KPI，那么合适的基准线是什么？是同行业中产品的上市时间、过去五年中公司产品上市的平均时间，还是竞争对手的产品的上市时间？
   a. 你如何知道公司是否正在进步？
   a. 数据分析从中起到什么作用？
   b. 你需要多久评估一次 ROA？每月？每个季度？还是每年？

7. 为什么像 Wayfair（线上家具销售公司）这样的公司会将订货周期作为公司的 KPI？面对 Amazon Prime 保证在两个工作日内送达货品的承诺，Wayfair 认为客户会期待在几日内收到货品？订货周期是衡量公司竞争的重要指标吗？

参考答案

阶段测试答案

选择题答案

案例 7-1 评估管理需求并在列表中选择有用的 KPI

关键绩效指标可以帮助经理追踪公司绩效和战略目标的完成情况。Bernard Marr 列出了 75 个他认为每个经理人都需要知道的 KPI。[①]

在本案例中,你将:

- 了解许多关键绩效指标。
- 评估特斯拉最适合使用哪些 KPI。
- 评估计算 KPI 需要哪些数据以及应该以什么样的频率计算 KPI。

问题 1:假设你为特斯拉工作。选择 20 个你认为特斯拉管理层最需要了解的 KPI(在每个类别中选择 5 个 KPI)。

所有经理人都需要知道的 75 个 KPI 请参见表 7-1。

第 1 步:提出问题

对于 20 个你选择的 KPI,提出以下两个问题。

问题 2:确定计算 KPI 所需的相关公式、关系、数据。如果你需要频繁地计算 KPI,你希望以什么样的频率计算 KPI?

问题 3:描述一个可以帮助经理跟踪 KPI 的简单的可视化视图或仪表板。你会使用红色、黄色和绿色来显示指标吗?还有其他更好的方案吗?

第 2 步:处理数据

问题 4:在特斯拉关注的 KPI 中,选择 5 个 KPI,找出其对应的基准值。你将如何设置基准值?你会根据特斯拉的 KPI 的平均值、上一周的业绩、上个月的业绩,还是去年的业绩设置基准值?你会根据汽车行业还是其他行业设置基准值?

案例 7-2 在 Tableau 的仪表板中创建平衡计分卡

Superstore 邀请你帮助他们创建一些指标来评估公司各个方面(包括财务、客户、运营和员工成长)的业务绩效。

[①] https://www.linkedin.com/pulse/20130905053105-64875646-the-75-kpis-every-manager-needs-to-know/ (accessed 10/13/2017).

公司简介

Superstore 是一家销售办公用品、家具和电子产品的大型零售商和批发商。Superstore 的店铺遍布在美国各州,并将销售区域划分为北部、南部、东部和西部。每个地区都有一个销售代表负责与客户沟通交流、接受订单并处理退货。

所需数据

所有可获得的 2013 ~ 2016 年的销售订单数据,包括客户以及产品的主要类别和子类别的统计数据。

所需技能

- 在本案例中,你将使用 Tableau 创建一个仪表板来评估四个关键绩效指标。

所需软件

- Tableau。

在本案例中,你将:

- 创建一些关键绩效指标。
- 评估数据。
- 执行分析并创建可视化。

第 1 步:提出问题

你将利用你对关键绩效指标的理解帮助 Superstore 的管理人员衡量和评估公司业务的绩效。假设你有权访问销售订单、退货数据以及相关销售代表,你会使用哪些方法来衡量绩效?

问题 1:你将考虑使用哪些 KPI 来评估销售财务绩效?

问题 2:你将考虑使用哪些 KPI 来评估客户关系?

问题 3:你将考虑使用哪些 KPI 来评估运营效率?

问题 4:你将考虑使用哪些 KPI 来评估员工的成长?

问题 5:为每个 KPI 提出管理层可能会使用的基准值或 KPI 目标。

第 2 步:处理数据

以下数据是可获得的。

订单	退货	人员
行 ID	订单 ID	人员
订单日期		区域
发货日期		
运送日期		
运送方式		
客户 ID		
客户姓名		
部门		
国家城市		
州		
邮政编码		

（续）

订单	退货	人员
地区产品编号 类别 子类别 产品名称 销售额 数量 折扣 利润		

问题6：根据上述可获取的数据，你可以计算问题1和问题4中涉及的哪些KPI？

问题7：上述数据是否包含了计算KPI需要的所有数据？你还需要使用哪些数据？

第3步：执行分析

现在，你将使用Tableau分析数据，这些分析将为管理人员提供可视化视图并帮助他们快速评估KPI。为了简化流程，管理层将以下4个KPI定为高度优先事项：

Finance（财务）：哪些产品类别的利润最高？销售回报率的目标为13%。使用公式：利润率 = 总利润 / 总销售额。

Process（运营）：将我们的产品运送到每个州平均需要花费多长时间？管理层希望货品可以在4天之内送达。使用公式：交货时间（天）= 送达日期 – 订单日期。

Customers（客户）：哪些地区的退货率最高？管理层指出，正常的退货率为10%。退货率 = 退货数量 / 订单数。

Employee（员工）：以每月销售额为基准，我们最出色的员工是谁？对员工总销售额进行排名。

现在该轮到你在Tableau中为上述各个指标构建一个平衡计分卡仪表板了。首先，你将创建4个单独的工作表，然后将它们添加到一个仪表板，以便于快速查看这些指标。

注意：为了将实际绩效与管理层目标进行比较，你需要设置一些参数并创建一些额外的计算字段。

连接到阿肯大学远程桌面。

1. 打开Tableau，然后创建一个新的Tableau工作簿。
2. 单击Data（数据）>New Data Source（新建数据源）> Excel。
3. 点击Documents（文档）> My Tableau Repository（储存库位置）> Datasources（数据源）> XX.X > en_US-US > Sample-Superstore.xls 或从打开窗口找到已保存的Sample-Superstore（扫描二维码7-1获取）。
4. 单击Open（打开）。
5. 在Data Source（数据源）中，将Orders（订单）和People（人员）拖放到顶部窗口，通过内部连接合并数据。然后将Return（退货）拖放到空白区域从而创建左侧合并。
6. 创建管理目标参数。为了创建参数，请在左侧窗口中单击Dimensions（维度）旁边向下的箭头，然后选择Create Parameter...（创建参数 ...）。

二维码7-1

（1）Name: KPI Target—Return on Sales

　　1）Datatype: Float

　　2）Current value: 0.13 <- *This is management's 13 percent return on sales goal.*

　　3）Display format: Percentage, 0 decimals

　　4）Allowable values: Range

　　5）Minimum: 0.01

　　6）Maximum: 1

　　7）Step size: 0.01

（2）Name: KPI Target—Delivery Days

　　1）Datatype: Float

　　2）Current value: 4 <- *This is management's four-day shipping goal.*

　　3）Display format: Automatic

　　4）Allowable values: Range

　　5）Minimum: 1

　　6）Maximum: 10

　　7）Step size: 0.5

（3）Name: Return Rate

　　1）Datatype: Float

　　2）Current value: 0.1 <- *This is management's 10 percent order return rate goal.*

　　3）Display format: Percentage, 0 decimals

　　4）Allowable values: Range

　　5）Minimum: 0

　　6）Maximum: 1

　　7）Step size: 0.05

（4）Name: Top Salespeople

　　1）Datatype: Integer

　　2）Current value: 1 <- *This shows the number of top employees management wants to recognize.*

　　3）Display format: Number (standard)

　　4）Allowable values: Range

　　5）Minimum: 0

　　6）Maximum: 3

　　7）Step size: 1

7. 创建四个工作表。为了简单起见，我们将详细讲解如何创建第一个工作表。在后续的工作表中，请将属性拖放到合适的位置。

（1）创建一个名为 Finance 的新工作表。

　　1）创建计算字段——在左侧窗口单击 Dimension 旁边的向下的箭头，然后选择 Create Calculated Field（创建计算字段）。输入新字段的名称，然后在下方的输入框中输入表达式。

① Profit Ratio: SUM([Profit])/SUM([Sales])

② Actual vs Target-Return on Sales: [Profit Ratio] > [KPI Target-Return on Sales]

2）将以下属性拖放到 Columns（列）中：Profit Ratio -> 变为 AGG(Profit Ratio)。

3）将以下属性拖放到 Rows（行）中：Category，Sub-Category。

4）将以下属性拖放到 Filters（筛选器）中：Product Name。双击值，然后在出现的窗口中选择 Custom Value List（自定义值列表）。然后单击 OK。

5）将以下属性拖放到 Marks（标记）中：Actual vs Target-Return on Sales-> 变为 AGG (Actual vs Target-Return on Sales)。单击它旁边的图标并从列表中选择 Color（颜色）。

6）在左侧窗口单击 Analytics（分析）选项卡。在 Custom（自定义）区域中，将 Reference Line（参考线）拖放到财务表。在出现的窗口中，选择以下选项：

① Entire Table

② Value: KPI Target-Return on Sales

7）单击 OK，然后保存你的项目。

8）对屏幕进行截图（将其命名为图 7-2A）。

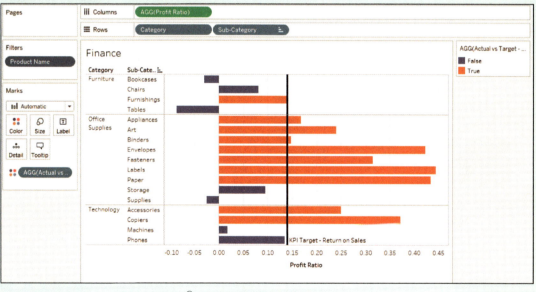

资料来源：Tableau Software，Inc.㊀

（2）创建一个新工作表，命名为 Process。

1）创建计算字段：

① Delivery Time Days: ROUND(FLOAT(DATEDIFF('day', [Order Date], [Ship Date])),2)

② Actual vs Target-Delivery: AVG([Delivery Time Days]) < [KPI Target-Delivery Days]

㊀ 本章案例 7-2 图表资料来源除特殊说明外，均来源于 Tableau Software, Inc.。

2）Columns: Longitude (generated)（经度（生成））

3）Rows: Latitude (generated)（纬度（生成））

4）Type（类型）: Filled Map

5）Marks:

① Delivery Time Days > Average > Color

② Country > Detail

③ State > Detail

6）双击 AVG(Delivery Time Days) 的 color scale（色阶）。

① Red-Green Diverging

② Reversed

③ Advanced: Center: 4

7）对屏幕进行截图（将其命名为图 7-2B）。

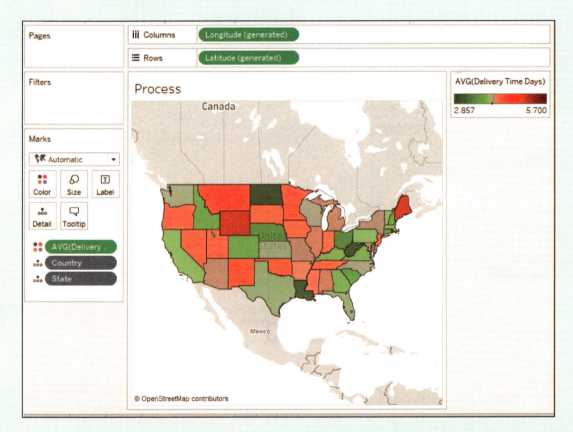

（3）创建一个新工作表，命名为 Customer。

1）创建计算字段：

① Return Rate: COUNT([Returned])/COUNT([Order ID])

② Actual vs Target-Return Rate: [Return Rate] < [Parameters][Return Rate]

2）Columns: YEAR(Order Date)

3）Rows: AGG(Return Rate)

4）Type: Line

5）Marks:

① AGG(Actual vs Target-Return Rate) > Color

② Region > Label

6）对屏幕进行截图（将其命名为图 7-2C）。

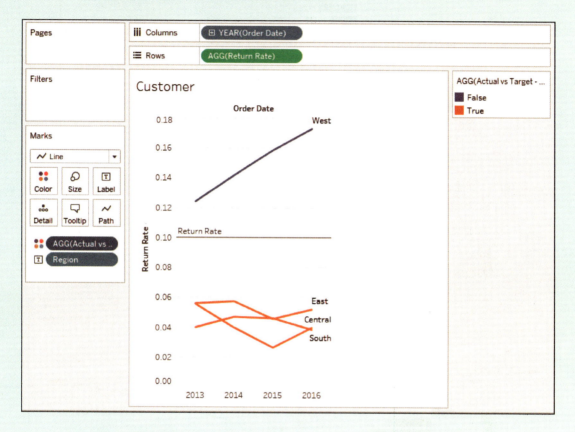

（4）创建一个新工作表，命名为 Growth。

1）创建计算字段：

① Rank: Index()

② Actual vs Target-Seller: [Rank] <= [Top Salespeople]

2）Columns: SUM(Sales)

3）Rows: Person

4）Type: Bar

5）Marks:

① Actual vs Target-Seller > Color

② SUM(Sales) > Label

6）Pages: MONTH(Order Date) <- *This will allow you to select a month to see the top-performing seller for a given month.*

7）对屏幕进行截图（将其命名为图 7-2D）。

8. 最后，创建一个新仪表板，将其命名为 Balanced Scorecard（平衡计分卡）。

（1）将 Finance、Customer、Process 和 Growth 拖放到仪表板中。

（2）为了使管理层可以更方便地调整目标参数（和相应的参考线），将参数添加到仪表板顶部。点击 Show/Hide Cards（显示 / 隐藏卡）> Parameters（参数），并将参数添加到仪表板中，然后将其沿顶部拖动。

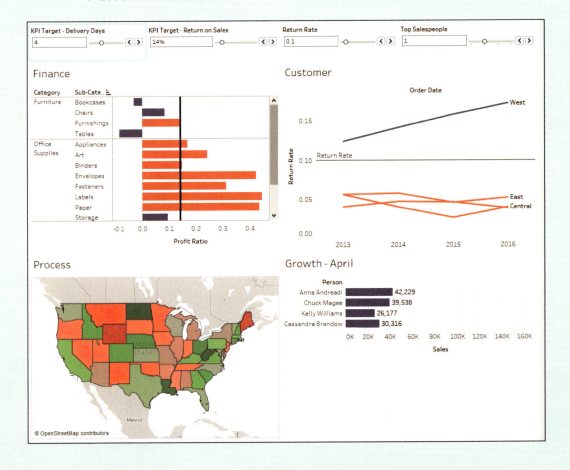

第 4 步：处理和优化结果

现在你已创建了仪表板，你需要花些时间来解释结果。

问题 8：哪种类别的产品的利润率低于目标 13%？

问题 9：哪些州的产品送达时间大于 4 天？

问题 10：哪个（些）地区的销售回报率高于 10%？

问题 11：最近一个月，哪个销售代表的业绩比其他销售代表的业绩高？

案例 7-3　综合案例　狄乐百货数据分析：在 Excel 中创建 KPI（第一部分）

公司简介

狄乐百货公司简介略。

所需数据

如果你已完成综合案例 3-4，则可以使用案例 3-4 中创建并保存的 Excel 文件。

如果你没有完成这些案例，则需要使用以下查询语句提取数据并将其加载到 Excel 中。如果你需要查看如何从 SQL Server 中提取数据并将其加载到 Excel 中，请参阅"综合案例 3-4"第 3 步中的步骤。

```
Select Transact.*, Store.STATE
From Transact
Inner Join Store
On Transact.Store = Store.STORE
Where TRAN_DATE BETWEEN '20160901' and '20160915'
Order By Tran_Date
```

所需软件

- Microsoft SQL Server Management Studio（可在阿肯色大学的远程桌面使用此软件）。
- Excel 2016（可在阿肯色大学的远程桌面使用此软件）。
- Excel 的 Power Pivot 加载项（可在阿肯色大学的远程桌面使用此软件）。为了创建数据表，我们将通过 Power Pivot 提取并加载数据，而不是通过"获取和转换"选项卡。如果在 Excel 功能区上看不到 Power Pivot 选项卡，则需要启用该加载项。

在本案例中，你将：

- 学习创建 KPI。在本案例中，我们正在尝试评估今年的销售额是否比去年同期有所提高。
- 在 Excel 中创建基准值，并设置目标值。我们将使用这两个指标来创建 KPI，比较两个不同时期的销售数据。

（1）点击功能区的 File（文件）选项卡，然后点击 Options（选项）。

资料来源：Microsoft Excel 2016。[一]

（2）从 Excel Options 窗口的左侧选择 Add-ins（加载项）。

（3）在 Add-ins 窗口底部的下拉菜单中，选择 COM Add-ins，然后单击 Go…

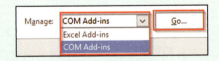

（4）勾选 Microsoft Power Pivot for Excel 旁边的复选框，然后单击 OK。

[一] 本章除案例 7-2 外，其他案例图表资料来源除特殊说明外均来源于 Microsoft Excel 2016。

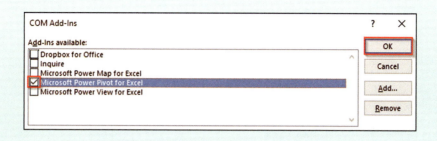

第 1 步：提出问题

在本案例中，我们的问题是：2016 年 9 月 1 日至 9 月 15 日的销售额是否与去年同期的平均销售额不同（更好、更差、大致相同）？

问题 1：对比今年和上一年度的销售额有什么意义？

第 2 步：处理数据并执行分析

当你通过查询语句将外部数据源中的数据加载到电子表格中时，数据不会被自动加载到 Excel 的内部数据模型中。我们可以在 Power Pivot 中创建 KPI、应用条件格式。Power Pivot 在 Excel 2013 和 2010 中以插件的形式出现，但在 Excel 2016 中为预设好的加载项。如果你在沃尔顿商学院的虚拟实验室中使用 Excel，那么你将使用 Excel 2016。为了在 Excel 中创建 KPI，你需要将数据添加到内部数据模型中。

- 确定基本绩效测量值并创建度量。度量可以是隐性的，也可以是显性的。
  - 隐性度量是指在你将字段拖放到数据透视表中的 values 部分时创建的指标。隐性指标受限于字段设置中有限的标准统计计算（SUM、COUNT、MIN、MAX、DISTINCT COUNT 或 AVG）。这些隐性指标不能用于创建 KPI。
  - 显性度量是在 Power Pivot 数据模型窗口中创建的。你也可以在 Excel 主窗口工具栏的 Power Pivot 选项卡中的 Measure 对话框创建显性指标。
- 确定**目标值**，从而将度量值与基准值进行比较。
- 创建一个 KPI 来展示度量与基准值的比对结果。

1. 从功能区的 Insert（插入）选项卡中，单击 PivotTable。

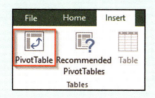

2. 在 Create PivotTable（创建数据透视表）窗口中，勾选 Add this data to the Data Model 旁边的复选框，然后单击 OK。

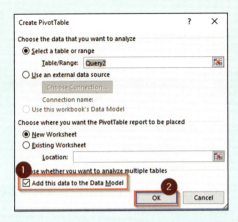

3. 创建了数据透视表（这个过程可能要花一些时间，因为数据被加载到数据模型中）之后，你可以创建一个度量值和一个 KPI。单击功能区的 Power Pivot 选项卡。单击 Measure，然后选择 New Measure...

4. 新度量的默认名称为 Measure 1，描述性不强。因为我们需要计算平均交易额，所以我们需要将其名称更改为 AVG（Tran_Amt）。输入 AVG（Tran_Amt）以代替默认值。

5. 在你输入公式的过程中，公式将会被自动填充。输入 Average（平均值），然后在公式中填充字段 Tran_Amt（交易金额）。

6. 度量类别与度量或 KPI 的工作方式无关。我们将保留默认类型 General（常规）。单击 OK 创建度量。

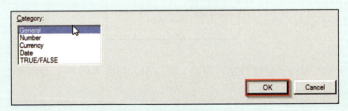

7. 如果你向下拉动 PivotTable Fields（数据透视表字段）窗口的滚动条，你将创建在字段列表的底部看到新创建的度量值。

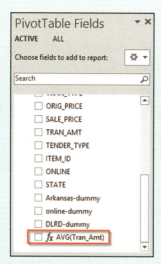

8. 现在,我们将创建 KPI。在功能区的"Power Pivot"选项卡中,单击 KPI,然后选择 New KPI...

9. 因为你仅在当前电子表格中添加了一个度量值,所以此时出现的基本字段的默认值是你刚刚创建的度量值。如果电子表格中有多个度量值,你将可以在下拉菜单中选择你需要的度量值,并将其作为基本字段。你可以创建一个新的度量值或设定一个绝对值作为目标值。

对于刚刚创建的 KPI,我们将使用绝对值作为目标值。我们假设狄乐百货的销售目标是平均单笔交易额不低于 28 美元。

在 Absolute value 右侧输入 28 作为此 KPI 的目标值。

保留 Status thresholds(状态阈值)的默认值。

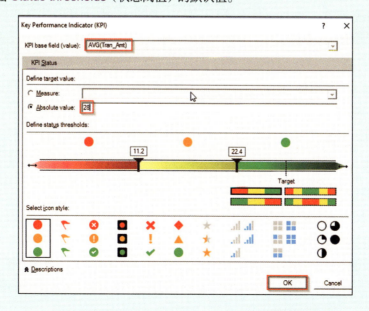

问题 2：你会想要调整状态阈值吗？阈值上限若为 22.4 是否太低？

10. 现在，你已经创建了 KPI，你可以在数据透视表的字段列表中看到它们。

有时，当 KPI 的状态被自动添加到数据透视表时，交通信号灯处可能会显示数字 –1、0 和 1。为了解决这个问题，你可以将状态字段从字段列表中移除，然后将其重新添加到列表中，调整后你将看到交通信号灯图标。

如果展开 KPI 字段，你将看到三个选项：

- Value（2016 年销售额）将显示 2016 年相关交易的实际销售总额（或细分后的每月或每日的销售额，具体取决于数据透视表中其他值的细分规则）。
- Goal 将显示 2015 年的销售总额——这是你用来比较 2016 年销售额的度量值。目标是当年销售量与上一年相比增长幅度超过 2%。
- Status 将显示交通信号灯图标，并根据设置 KPI 时所选的阈值显示红色、黄色或绿色的圆圈。

11. 创建一个数据透视表，显示每 15 天的平均交易额的 KPI 状态。
12. 对屏幕进行截图（命名为图 7-3A）。

问题 3：狄乐百货在 2016 年 9 月的业绩与 2015 年 9 月相比表现如何？你认为你设定的目标是太高还是太低？哪一（些）天的业绩与去年同期相比表现最差？你觉得可能的原因是什么？

案例 7-4　综合案例　狄乐百货数据分析：在 Excel 中创建 KPI（第二部分）

公司简介
狄乐百货公司简介略。

所需数据
本书使用的狄乐百货数据均可在网站 http://walton.uark.edu/enterprise/ 上获得。你的任课教师将为你提供数据的访问权限和使用方法。"2016 Dillard's" 涵盖了 2014 年 1 月 1 日至 2016 年 10 月 17 日的所有交易数据。

所需软件
- Microsoft SQL Server Management Studio（可在阿肯色大学的远程桌面使用此软件）。
- Excel 2016（可在阿肯色大学的远程桌面使用此软件）。

在本案例中，你将：
- 比较狄乐百货所有店铺每年、每月和每日的总销售额，并依次创建 KPI。

第 1 步：提出问题
同时比较 2014 年、2015 年和 2016 年的销售数据。

第 2 步：处理数据
1. 在创建度量和 KPI 之前，我们需要从 SQL Server 中提取数据并将其加载到 Excel 中。为此，在 Data 选项卡中单击 New Query（新查询），然后选择 From Database（从数据库）>

From SQL Server Database（从 SQL Server 数据库）。

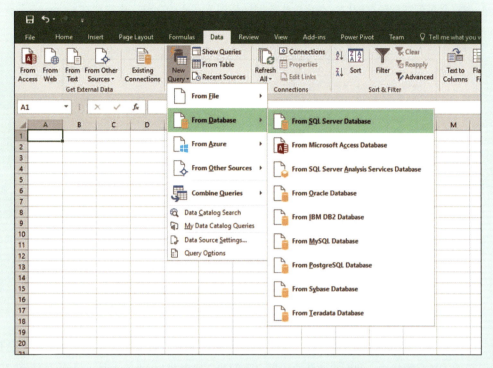

2. 输入网站 walton.uark.edu/enterprise 提供的 Server（服务器）名称和 Database（数据库）名称，然后单击 Advanced options（高级选项），输入以下查询语句：

```
Select year(Tran_Date) as year, month(Tran_Date) as month, day(Tran_Date)
as day, sum(Tran_Amt) as amount
From TRANSACT
Where TRAN_TYPE = 'P'
Group By year(Tran_Date), month(Tran_Date), day(Tran_Date)
Order By year(Tran_Date), month(Tran_Date), day(Tran_Date)
```

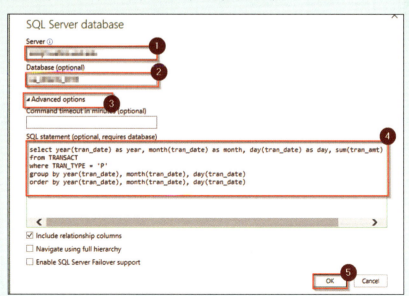

3. 单击 OK。
4. 你将会看到数据预览窗口。在将这些数据加载到 Excel 中之前，你需要在 Query Editor（查询编辑器）中对其进行转换。单击 Edit（编辑）。

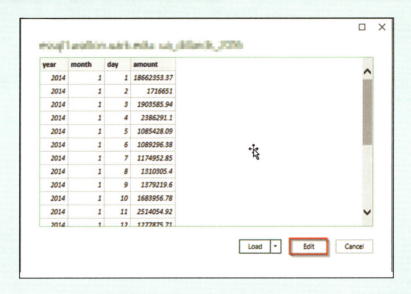

上述步骤已将数据提取到 Excel 的内部数据模型中。接下来，为了更轻松地比较不同年份的单日销售额，我们需要转换数据。我们并不想查看 2014 年 1 月 1 日到 2016 年 10 月 17 日每日的销售记录，我们更希望看到 365 条记录，每条记录包含三列，分别包含不同年份当月当日的交易金额。

5. 选择列 year。
6. 在 Query Editor（查询编辑器）的工具栏选择 Transform（转换）选项卡，然后选择 Pivot Column（透视列）。

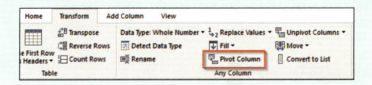

7. 从 Values column（值所在列）的下拉列表中选择 Amount（金额），然后单击 OK。

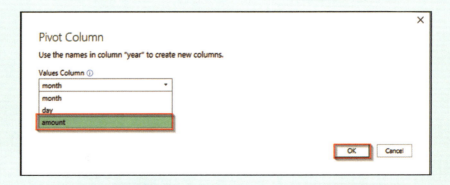

8. 现在，我们已经完成数据转换，我们可以将数据加载到 Excel 中。从 Query Editor 的工具栏点击 Home（主页），然后单击 Close and Load（关闭并加载）。
9. 我们可以在 Power Pivot 中创建 KPI。在 Create PivotTable（创建数据透视表）窗口勾选 Add this data to the Data Model（将此数据添加到数据模型）旁边的复选框，然后点击 OK。

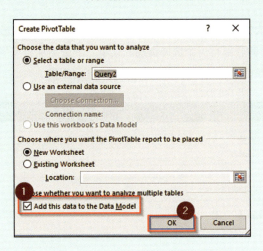

创建数据透视表后（加载数据到数据模型中可能需要花费一些时间），你可以创建一个度量值和一个 KPI。创建 KPI 时需要设定以下信息：

- 确定基本绩效测量值，并创建度量。度量可以是隐性的，也可以是显性的。
  - 隐性度量是指在你将字段拖放到数据透视表中的 values 部分时创建的指标。隐性指标受限于字段设置中有限的标准统计计算（SUM、COUNT、MIN、MAX、DISTINCTCOUNT 或 AVG）。这些隐性指标不能用于创建 KPI。
  - 显性度量是在 Power Pivot 数据模型窗口中创建的。你也可以在 Excel 主窗口工具栏的 Power Pivot 选项卡中的 Measure 对话框创建显性指标。
- 确定**目标值**，从而将度量值与基准值进行比较。
- 创建一个 KPI 来展示度量与基准值的比对结果，设定不同等级（表现很好、表现好和表现差）对应的取值范围。

我们将需要创建三个度量，即每年销售额的总和。

10. 导航到工具栏中的 Power Pivot 选项卡。单击 Measure（度量），然后选择 New Measure...

11. 新度量的默认名称为 Measure 1，描述性不强。因为我们需要计算平均交易金额，所以应将第一个 KPI 的名称改为 2014 Sales。在 Measure name 中输入 2014 Sales 来代替默认名称。

12. 输入公式时，公式将被自动填充。输入 SUM，然后在括号中填充列名称 2014。
13. 在 Measure 窗口的底部有一个选择类别的菜单。度量类别与度量或 KPI 的工作方式无关。因此，我们可以保留默认值 General，单击 OK 创建度量。

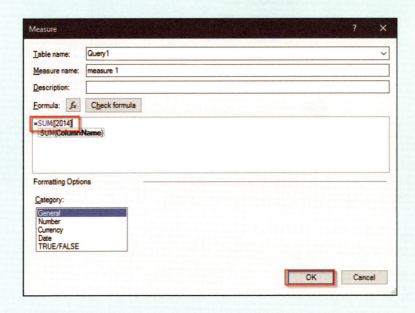

14. 重复上述创建 2014 年销售额的度量值的步骤，创建 2015 年和 2016 年销售额的度量值。
15. 现在，我们将创建 KPI 来比较 2015 年和 2014 年的销售额，以及 2016 年和 2015 年的销售额。在工具栏的 Power Pivot 选项卡中，单击 KPI，然后选择 New KPI...。

16. 我们创建的第一个 KPI 将比较 2015 年和 2016 年的销售额。在 KPI base field (value) 的下拉菜单中选择 2016 Sales，可以创建新的度量值或设定一个绝对值作为目标值。因为要比较 2015 年和 2016 年的销售额，所以我们应在目标值 Measure 的下拉菜单中选择 2015 Sales。

　　我们希望今年的销售额比去年高出两个百分点，因此将目标上限滑块移至 102%。当今年销售与去年同期相比下降 2% 时，我们将其定义为表现不佳，因此将目标下限滑块移至 98%。

问题 1：你认为将 ±2% 设为基准值合适吗？你有什么其他的建议吗？

完成设置后，单击 OK 以创建 KPI。

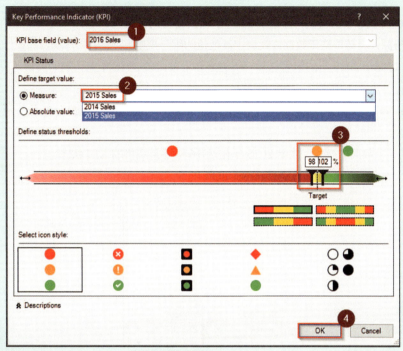

资料来源：Microsoft Excel 2016.

17. 使用相同的阈值创建 KPI，比较 2014 年和 2015 年的销售额。
18. 现在，你已经创建了两个 KPI，你可以在数据透视表的字段列表中看到这两个 KPI。

有时，当 KPI 的状态被自动添加到数据透视表时，交通信号灯处可能会显示数字 –1、0 和 1。为了解决这个问题，你可以将状态字段从字段列表中移除，然后将其重新添加到列表中，调整后你将看到交通信号灯图标。

展开 KPI 字段，你会看到下列三个选项：

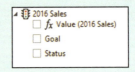

- Value（2016年销售额）将显示2016年相关交易的实际销售总额（或细分后的每月或每日的销售额，具体取决于数据透视表中其他值的细分规则）。
- Goal 将显示2015年的销售总额——这是你用来比较2016年销售额的度量值。目标是当年销售量与上一年相比增长幅度超过2%。
- Status 将显示交通信号灯图标，并根据设置KPI时所选的阈值显示红色、黄色或绿色的圆圈。

19. 创建一个数据透视表，显示2015年和2016年各月销售的KPI状态。

将 month 拖放到 ROWS 中并将两个 KPI 的 Status 拖放到 VALUES 中。

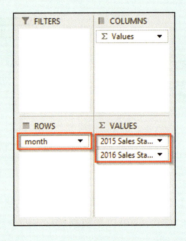

如果勾选month字段旁边的复选框，你会发现数据透视表会将月份值默认读取为数字数据而不是日期数据，因此数据透视表会将日期视为数值并将月份数相加求和。为了解决这个问题，你需要将month拖到VALUES外并拖放到ROWS中。

20. 对屏幕进行截图（将其命名为图7-4A）。

21. 为了进一步分析数据，将字段days添加到ROWS（放置在month下面）。

问题2：观察比较2015年和2016年中有哪些天的销售业绩不好（红色图标）。你是否可以从中发现某些规律？

问题3：比较不同日期（例如，比较2016年9月1日～2015年9月1日）的销售数据可能会存在什么问题？如何改善这些问题呢？

案例7-5　综合案例　狄乐百货数据分析：在Excel中创建KPI（第三部分）

公司简介

狄乐百货公司简介略。

所需数据

本书使用的狄乐百货数据均可在网站 http://walton.uark.edu/enterprise/ 获得。你的任课教师将为你提供数据的访问权限和使用方法。"2016 Dillard's"涵盖了 2014 年 1 月 1 日至 2016 年 10 月 17 日的所有交易数据。

所需软件

- Microsoft SQL Server Management Studio（可在阿肯色大学的远程桌面使用此软件）。
- Excel 2016（可在阿肯色大学的远程桌面使用此软件）。
- Excel 的 Power Pivot 加载项（可在阿肯色大学的远程桌面使用此软件）。为了创建数据表，我们将通过 Power Pivot 提取并加载数据，而不是通过"获取和转换"选项卡。如果在 Excel 功能区上看不到 Power Pivot 选项卡，则需要启用该加载项。

（1）从工具栏的 File（文件）选项卡中，打开 Options（选项）。

（2）在 Excel Options（选项）窗口的左侧选择 Add-ins（加载项）。

（3）从 Add-ins（加载项）窗口底部的下拉菜单中，选择 COM Add-ins，然后单击 Go...。

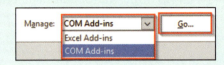

（4）勾选 Microsoft Power Pivot for Excel 旁边的复选框，然后单击 OK。

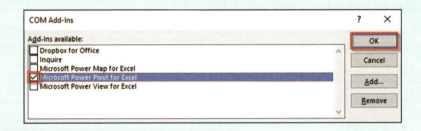

第 1 步：提出问题

如何比较一周中的某一天的销售数据？

第 2 步：处理数据

1. 为了将数据提取并加载到 Power Pivot 中，单击 Power Pivot 选项卡中的 Manage（管理）。

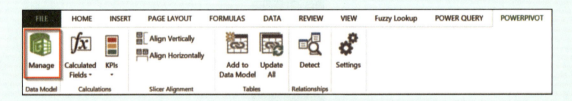

2. 在 Power Pivot for Excel 窗口中，单击 Home（主页）选项卡中的 Get External Data（获取外部数据），然后点击 From Database（从数据库）> From SQL Server（从 SQL Server）。

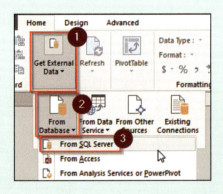

3. 你将看到 Table Import Wizard（表导入向导）窗口。输入从网站 Walton.uark.edu/enterprise 获得的 SQL Server 名称和数据库名称，然后单击 Next（下一步）。

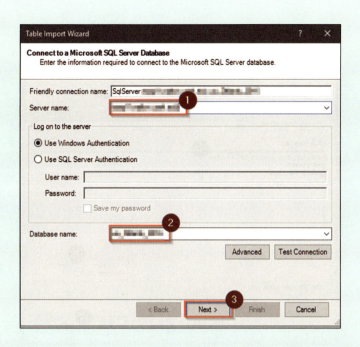

4. 我们将使用查询语句导入数据，因此选择 Write a query that will specify the data to import。

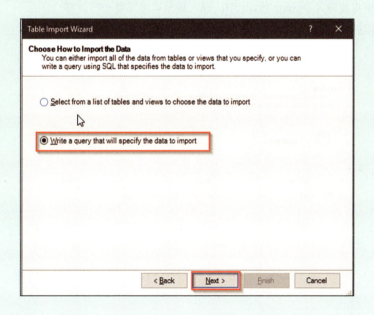

5. 我们只需要导入两个变量。在案例 7-2 中，我们需要拆解日期，从而按月和年（而不是按日）对数据进行分组。在本案例中，我们将使用 Excel 的 Power Pivot 工具创建日期表。该工具将帮助我们拆解日期，因此我们不需要通过查询语句拆分日期。此外，Excel 的 Power Pivot 工具还可以帮助我们查看其他形式的日期，如星期几（不仅仅是日期）。

在 Table Import Wizard 窗口输入以下查询语句，提取数据库中每天交易额的总和：

```
Select Tran_Date, SUM(Tran_Amt) AS Sales
From Transact
Group By Tran_Date
```

输入查询语句后，单击 Validate（验证）以确保查询语句可以正常运行，然后单击 Finish。

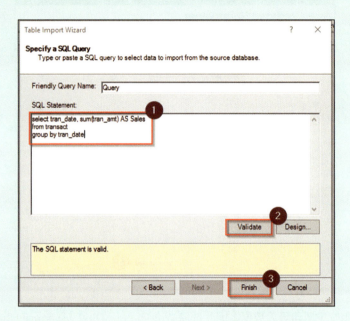

数据将被导入 Power Pivot 中，导入数据可能需要一些时间。

6. 加载数据后，关闭 Table Import Wizard 窗口。单击 Close。

7. 关闭 Table Import Wizard 之后，你将会看到数据被加载到 Power Pivot 中。这并不意味着数据已经被加载到 Excel 中。你可以在 Power Pivot 工具中转换数据。创建日期表需要三个步骤：选择列 Tran_Date，在工具栏的 Design（设计）选项卡中单击 Date Table（日期表），然后单击 New。

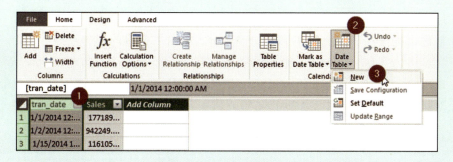

创建日期表后，你可以将转换后的数据加载到 Excel 中。

8. 返回到 Power Pivot 工具栏中的 Home 选项卡，然后选择 PivotTable（数据透视表）。

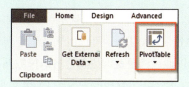

9. 选择 OK，在新工作表中创建数据透视表。

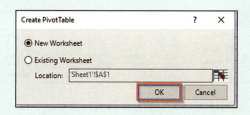

数据透视表的字段列表包含两个表，Calendar（日历）和 Query（查询）。Calendar 表包含可以进行进一步深层探究的层次结构。此外，标题 More Fields 下面也列出了多个方便查询的变量。这些层次结构中包含相同的变量，但查看数据的方式不同，例如"星期几"。Query 表包含你使用 SQL 查询语句提取的数据。你将使用 Query 表中的销售数据，此数据为数字数据（隐形度量值）。

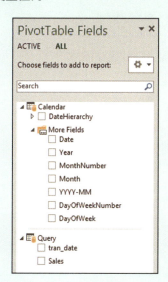

第 3 步：执行分析

10. 创建数据透视表来比较不同月份或年份、相同工作日的销售业绩。为此，将 year（Calendar > More fields drop-down）拖放到 Columns，将 Month 和 DayofWeek 拖放到 ROWS，并将 Sales 拖放到 VALUES。销售数据将被自动转换为度量——销售总和。
11. 对屏幕进行截图（将其命名为图 7-5A）。

问题 1：你发现数字似乎有些不对劲。你发现不同月份的同一工作日（如 3 月 5 日、4 月 5 日）的数据有很大差异。返回查询语句和 ER 图（如果你已完成了案例 7-2，请比较本案例和案例 7-2 中执行的查询语句）。我们在查询中移除了什么？这会导致我们做出错误的决定吗？

第 4 步：处理和优化结果

我们可以通过修改查询语句来提取销售数据。狄乐百货数据的储存方式使属性 Tran_Amt 中既包含销售额又包含退款额。属性 Tran_Type 可以用来区别这两种交易类型。如果我们需要过滤掉所有退货相关的数据，我们可以通过修改查询语句，将销售数据加载到 Excel 中。

12. 为了编辑查询语句，请在 Excel 工具栏的 Power Pivot 选项卡中单击 Manage（管理）。
13. 在 Design 选项卡，点击 Table Properties（表属性）。

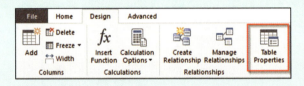

14. 在查询中添加一个 WHERE 语句，验证新查询并保存。

```
Select Tran_Date, SUM(Tran_Amt) AS Sales
From Transact
Where Tran_Type = 'p'
Group By Tran_Date
```

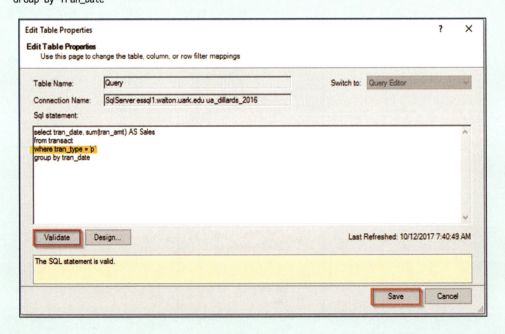

15. PivotTable 工具和 Excel 工作表中的数据将自动刷新。关闭 Power Pivot 工具。

第 5 步：交流结果

刷新后的数据可以更好地帮助管理者制定决策，但数据的展示方式并不易于理解。我们可以使用可视化图表和条件格式来帮助我们展示和解读数据。

问题 2：哪种可视化方法可以更好地帮助管理者做出决定？

案例 7-6　综合案例　狄乐百货数据分析：在 Excel 中创建 KPI（整合以上分析）

公司简介

狄乐百货公司简介略。

所需数据

本书使用的狄乐百货数据均可在网站 http://walton.uark.edu/enterprise/ 获得。你的任课教师将为你提供数据的访问权限和使用方法。"2016 Dillard's"涵盖了 2014 年 1 月 1 日至 2016 年 10 月 17 日的所有交易数据。

所需软件

- Microsoft SQL Server Management Studio（可在阿肯色大学的远程桌面使用此软件）。
- Excel 2016（可在阿肯色大学的远程桌面使用此软件）。
- Excel 的 Power Pivot 加载项（可在阿肯色大学的远程桌面使用此软件）。

为了创建数据表，我们将通过 Power Pivot 提取并加载数据，而不是通过"获取和转换"选项卡。如果在 Excel 功能区上看不到 Power Pivot 选项卡，则需要启用该加载项。

在本案例中，你将：

- 通过在仪表板中显示不同的 KPI，对不同州和店铺的详细信息进行深入探究。

前提条件

- 完成案例 7-4 和案例 7-5。如果你还没有完成这些案例，那么你可以阅读案例 7-4 和案例 7-5 中涉及的有关在 Excel 中提取、转换、加载数据（案例 7-5）和创建 KPI（案例 7-4）的内容。

第 1 步：提出问题

在案例 7-4 中，你创建的 KPI 可以比较 2015 年和 2014 年的销售额。你通过拆解属性 Tran_Date 来分析不同日期的销售额。在案例 7-5 中，你没有创建任何 KPI。你创建了一个日期表，使得 Excel 报表中的日期字段变得更具有描述性。在本案例中，我们将结合这两种方法，创建包含 KPI 的描述性报告。此外，我们还将提取并加载各州店铺的数据，拓展分析报告涉及的内容和功能。

第 2 步：处理数据

1. 在将数据从原始 SQL Server 数据库加载到 Tableau 中之前，我们需要使用 Power Pivot

工具对数据进行转换。使用以下查询语句将狄乐百货的交易和店铺数据提取并加载到 Power Pivot 中：

```
Select Tran_Date, State, Store.Store, SUM(Tran_Amt) AS Amount
From Transact
Inner Join Store
On Transact.Store = Store.Store
Where Tran_Type = 'p'
Group By Tran_Date, State, Store.Store
Order By Tran_Date
```

2. 加载这些数据可能需要几分钟。完成操作后（加载 297 702 行数据），关闭 Table Import Wizard（表导入向导）窗口。找到变量 Tran_Date，使用它创建一个 Date Table（日期表）（提示：在 Design（设计）选项卡中创建日期表）。

3. 现在，你的数据模型中应包含两个表。返回 Home（开始）选项卡，在 Excel 中创建一个数据透视表，然后关闭 Power Pivot 工具。

4. 在 Excel 工具栏的 Power Pivot 选项卡中，创建新度量 Sum(amount)，将其命名为 Current Year。我们将以此度量作为基准值，将其与上一年的数据进行比较。

5. 创建新的度量值来计算上一年的销售额。为了创建此度量，你需要使用 Microsoft's Data Analysis Expressions language (DAX)。DXA 是一种用于创建自定义计算和度量的公式语言。在本案例中你将会用到公式 = CALCULATE，该公式可以帮助你在创建计算的同时对数据进行筛选。

在 formula box（公式框）中输入以下表达式：

```
=CALCULATE([Sum of Amount],SAMEPERIODLASTYEAR('Calendar'[Date]))
```

你可以将此度量命名为 Last Year。

6. 创建一个新的 KPI，将 Current Year 设置为基本度量值，将 Last Year 设置为目标度量值。按以下方式修改状态阈值：

   - 当今年销售额（基本度量）低于去年销售额（目标度量）的 98% 时显示为红色。
   - 当今年销售额（基本度量）高于去年销售额（目标度量）的 98% 且低于去年销售额（目标度量）的 102% 时显示为黄色。
   - 当今年销售额（基本度量）高于去年销售额（目标度量）的 102% 时显示为绿色。

7. 此 KPI 仅适用于 Date Hierarchy（日期层次结构），不适用于拆解的日期。创建数据透视表，将 Date Hierarchy 拖放到 ROWS（行）中，将 KPI Status 拖放到 VALUES（值）中。如果 KPI Status 没有显示为交通信号灯图标，而是显示数字 –1、0 和 1，你需要将 KPI Status 从 VALUES 列表中移除，并将其重新添加到列表中。

   创建另一个 KPI，用以比较当前月份数据和上一月份的数据（也就是说，我们想比较 2016 年 9 月和 2016 年 8 月的数据，而不是比较 2016 年 9 月 2015 年 9 月的数据）。

8. 即使计算当前月份销售额和当前年度销售额的函数为同一个函数 (Sum(Amount))，我们仍需创建一个新的度量，作为 KPI 的基本度量。因为同一度量不可以用来创建多个 KPI。创建一个新的度量，将其命名为 Current Month，用以计算月销售额（这与第 4 步中创建

Current Year 的方法相同，但度量名称不同）。

9. 创建一个新度量作为每月销售额的目标值。我们可以使用以下 DAX 表达式来计算上个月的销售额：

   =CALCULATE([Sum of Amount],PREVIOUSMONTH('Calendar'[Date]))

   你可以将此度量命名为 Previous Month。

10. 创建一个新的 KPI，用以比较当前月份的销售额（基本度量）和上个月份的销售额（目标度量）。使用比较年度销售额时使用的状态阈值创建 KPI 的状态阈值（<98%，98%～102%，>102%）。

11. 将此 KPI 的状态阈值添加到数据透视表中。

12. 对屏幕进行截图（将其命名为图 7-6A）。

第 3 步：处理和优化结果

刚刚创建的报告可能更适用于呈现高层级的数据，但当我们想分析州和店铺层级的数据时，我们需要进一步细化我们的分析。接下来，我们将添加两个切片器来帮助我们按州和店铺筛选数据。

13. 点击 Excel 工具栏中的 PivotTable Analyze（数据透视表分析）选项卡，单击 Slicer（切片器），插入交互式筛选器。

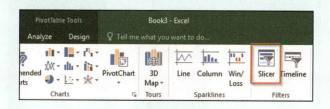

14. 勾选 State 和 Store 旁边的复选框以创建切片器。

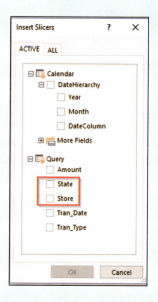

15. 注意数据透视表在你选择不同店铺时发生的变化：在你选择不同的州时，衡量 KPI 的数据会发生变化，该州相关店铺的数据也会被列在店铺切片器的顶部，以方便你进行更深入的研究。
16. 对屏幕进行截图（将其命名为图 7-6B）。

    为了进一步探究数据，我们可以建立州和店铺之间的层次结构。
17. 单击 Excel 工具栏中的 Power Pivot 选项卡，点击 Manage（管理）以打开 Power Pivot 工具。
18. 在 Power Pivot 的 Home 选项卡中，切换到 Diagram View（图表视图）。

19. 在 Query 表中选择变量 State 和 Store，然后右击任一变量，创建层次结构。

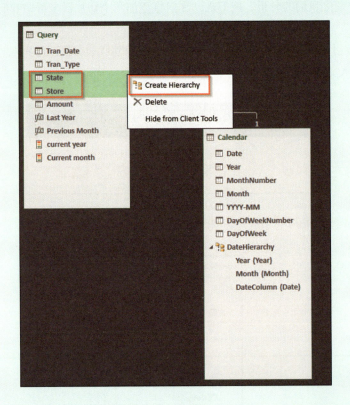

20. 你可以将层次结构的名称改为 Store and State Hierarchy（店铺和州的层次结构）。
21. 关闭 Power Pivot 工具。数据透视表将会被自动刷新。
22. 你将会在数据透视表的字段列表中看到新添加的层次结构。将该层次结构拖放到 ROWS（放置在 DateHierarchy（日期层次结构）上方）。
23. 对屏幕进行截图（将其命名为图 7-6C）。

现在，你可以直接在数据透视表中深入探究州和店铺的数据。同时，你也可以通过切片器筛选数据。

问题1：管理者如何通过深入研究州和店铺的数据来发现重要信息以及潜在的问题和机遇？

问题2：如何获得某一产品（SKU）或某一类产品不同月份的销售变化？你将如何使用这些信息来帮助你制订未来的促销计划或购买计划？

第 8 章

财务报表分析

本章概览

我们将在本章讲解如何访问和分析财务报表数据，重点介绍如何使用 XBRL 快速有效地访问财务报表数据。同时，我们也将讨论如何使用比率来分析公司财务绩效，如何使用迷你图来更形象地展现数据的趋势。最后，我们将讨论如何使用文本挖掘来分析财务报告数据中隐藏的情绪。

上章回顾

在第 7 章中，我们着重讨论了如何创建和评估管理会计中经常使用的关键绩效指标。通过衡量过去的绩效并将其与目标进行比较，我们可以评估公司目标的完成情况。同时，我们也可以依此对公司的决策和业务流程进行必要的调整。

©S Narayan/Dinodia Photo/agefotostock

学习目标

目标 8-1　了解 XBRL 标记财务报告数据的功能
目标 8-2　了解如何通过 XBRL 完成不同类型的比率分析
目标 8-3　说明如何使用财务报表数据创建可视化视图
目标 8-4　描述使用文本挖掘和情感分析分析财务报告的价值

开篇案例

StockSnips 案例

有时候未来就是现在。StockSnips 应用程序使用情感分析、机器学习与人工智能来汇总和分析纳斯达克及纽约股票交易所的上市公司的有关新闻，并依此发现股票的内在信息，跟踪公司的财务和运行情况。数据分析可以通过分类新闻信息来帮助我们预测收入和现金流。同时，这些信息还将帮助我们预测股价，这将直接影响我们对于公司业绩的预测。数据分析接下来又会做什么呢？

8.1　XBRL

XBRL（可扩展商业报告语言）是企业之间互联网通信的全球化标准。XBRL 的全称为 eXtensible Business Reporting Language（可扩展商业报告语言），它是一种用于管理和定义财务要素的可扩展标记语言（XML）。XBRL 数据是计算机可读数据。当公司提供每条财务数据的标签时，各种类型的财务报表用户（包括财务分析师、投资者或贷款方）都可以根据各自的用途通过计算机即时获取财务数据。

自 2011 年 6 月起，美国证券交易委员会要求所有在美国上市的上市公司遵照美国公认会计原则（U.S. generally accepted accounting principles，U.S. GAAP）编制财务报表，并要求海外上市的公司按照 IFRS 编制财务报表。同时，公司需要对以下 5 种基本财务报表进行标记：

- 资产负债表。
- 利润表。
- 综合收益表。
- 现金流量表。
- 所有者权益变动表。

除此之外，公司也必须使用 XBRL 标签详细标记报表脚注中包含的数字，包括脚注中的数据（如事实、数字、年份和百分比）和重要脚注的文字说明。

XBRL 分类法（XBRL taxonomy）定义和描述了财务报表中的关键数据元素（如现金或应付账款）和数据元素之间的关系。例如，现金是流动资产的一部分，而流动资产是总资产的一部分；应付账款是流动负债的一部分，而流动负债是总负债的一部分。

你可以在以下网站找到 2017 年美国 GAAP 财务报告分类法的相关信息：https : //xbrl.us/xbrl-taxonomy/2017-us-gaap/。此分类法定义了超过 19 000 个元素。分类法中的每一个元素对应标记一个财务数据项。

例如，现金的 XBRL 标签为"Cash"，其定义如下：

> Amount of currency on hand as well as demand deposits with banks or financial institutions. Includes other kinds of accounts that have the general characteristics of demand deposits. Excludes cash and cash equivalents within disposal group and discontinued operation.[⊖]

其中文示意为：公司持有的货币和在银行或其他金融机构的活期存款的总和。现金包括其他具有活期存款一般特征的账户，但不包括资产处置过程中涉及的现金和现金等价物以及终止经营情况下的现金和现金等价物。

现金和现金等价物的脚注的 XBRL 标签为"CashAndCashEquivalentsDisclosureText-Block"，其定义如下：

⊖ https://xbrl.us/xbrl-taxonomy/2017-us-gaap/.

> The entire disclosure for cash and cash equivalent footnotes, which may include the types of deposits and money market instruments, applicable carrying amounts, restricted amounts and compensating balance arrangements. Cash and equivalents include: (1) currency on hand (2) demand deposits with banks or financial institutions (3) other kinds of accounts that have the general characteristics of demand deposits (4) short-term, highly liquid investments that are both readily convertible to known amounts of cash and so near their maturity that they present insignificant risk of changes in value because of changes in interest rates. Generally, only investments maturing within three months from the date of acquisition qualify.[①]

其中文示意为：脚注披露了现金和现金等价物的全部信息，其中可能包括存款和货币市场工具的种类、相关的账面金额、限制性金额和准备的补偿性余额。现金和现金等价物包括：①持有的货币；②存入银行或金融机构的活期存款；③具有活期存款一般特征的账户；④短期、具有高流动性的投资，即可以被快速容易地转换为已知数量的现金且已接近到期日期（投资价值受利率变动而变动的风险很小）的投资。通常仅指购买日到到期日短于三个月的投资。

标签的使用使数据可以被快速地发送和接收。使用标签作为输入值，财务分析师可以评估公司业绩，审计人员可以发现报表中可能存在的错误，监管机构可以检查企业是否遵守法律法规（如SEC或IRS）。

8.1.1　XBRL 中的可扩展报告和标准指标

XBRL 中的 X 代表"eXtensible"（可扩展），这意味着当公司认为某些财务数据项不适合现有的财务数据框架时，公司可以自己制作标签。当公司既可以从 19 000 个财务要素中选择标签又可以制定自己的标签时，很多相似的财务数据就会被贴上不同的标签，致使信息使用者很难直接比较这些财务信息。有时候，外部数据供应商会创建**标准化指标**（standardized metrics），使公司报告的 XBRL 数据更具可比性。例如，数据供应商 Calcbench 制定了标准化指标以便于用户使用 XBRL 执行财务分析，注明：

> IBM labels revenue as "Total revenue" and uses the tag "Revenues", whereas Apple, labels their revenue as "Net sales" and uses the tag "SalesRevenueNet". This is a relatively simple case, because both companies used tags from the FASB taxonomy.
>
> Users are typically not interested in the subtle differences of how companies tag or label information. In the previous example, most users would want Apple and IBM's revenue, regardless of how it was tagged. To that end, we create standardized metrics.[②]

其中文示意为：IBM 将收入标记为"Total revenue"，并使用标签"Revenues"，而 Apple 将其收入标记为"Net sales"，并使用标记"SalesRevenueNet"。这是一个相对简单的情况，因为这两家公司都使用了 FASB 分类法中列出的标签。

信息使用者通常对标签或标记之间的细微差别并不感兴趣。在本例中，无论苹果和

---

① https://xbrl.us/xbrl-taxonomy/2017-us-gaap/.

② https://knowledge.calcbench.com/hc/en-us/articles/230017408-What-is-a-standardized-metric (accessed August 2017).

IBM 使用什么标签标记收入，大多数用户只想知道这两家公司的收入信息。为此，我们创建了标准化指标。

不同的数据供应商，如 XBRLAnalyst 和 Calcbench 等，都提供了追溯功能，用户可以通过此功能追溯标准化指标对应的数据资料来源，即标准化指标引用的 XBRL 标签。[⊖]

表 8-1 展示了使用标准化指标编制的波音公司的资产负债表。我们也可以使用波音公司使用的标准化标签，获取其他向 SEC 报送财务报表的公司的资产负债表和其他财务报表中的数据。

表 8-1 使用 XBRL 生成的资产负债表

Ticker	BA	Boeing Co	
Year	2015	2014	2013
Period	Y	Y	Y
Calcbench Normalized Point			
Asset			
Current Assets			
Cash	$11 302 000 000	$11 733 000 000	$9 088 000 000
AccountsReceivable	$8 713 000 000	$7 729 000 000	$6 546 000 000
Inventory	$47 257 000 000	$46 756 000 000	$42 912 000 000
PrepaidExpense	#N/A	#N/A	#N/A
CurrentAssets	**$68 234 000 000**	**$67 767 000 000**	**$55 074 000 000**
PPE	$12 076 000 000	$11 007 000 000	$10 224 000 000
Goodwill	$5 126 000 000	$5 119 000 000	$5 043 000 000
LongTermInvestments	$1 284 000 000	$1 154 000 000	$1 204 000 000
Assets	**$94 408 000 000**	**$92 921 000 000**	**$92 663 000 000**
Liabilities And Equity			
AccountsPayable	$10 800 000 000	$10 667 000 000	$9 498 000 000
AccruedLiabilities	$14 014 000 000	$13 462 000 000	$14 131 000 000
ShortTermDebt	$1 234 000 000	$929 000 000	$1 563 000 000
DeferredRevenue	$24 364 000 000	$23 175 000 000	$20 027 000 000
CurrentLiabilities	**$50 412 000 000**	**$48 233 000 000**	**$51 486 000 000**
NonCurrentLiabilities			
LongTermDebt	$8 730 000 000	$8 141 000 000	$8 072 000 000
NonCurrentTaxLiability	$2 392 000 000	#N/A	#N/A
PensionAndOtherPostretiremenDe	$17 783 000 000	$17 182 000 000	$10 474 000 000
Liabilities	**$88 011 000 000**	**$84 131 000 000**	**$77 666 000 000**
Equity			
RetainedCarnirgs	$38 756 000 000	$36 180 000 000	$32 064 000 000
TreasuryStockValue	$29 568 000 000	$23 298 000 000	$17 671 000 000
StockHoldersEquity	**$6 397 000 000**	**$8 790 000 000**	**$14 997 000 000**

注：XBRL 标签列于最左列。

资料来源：https://www.calcbench.com/xbrl_to_excel。

⊖ https://knowledge.calcbench.com/hc/en-us/articles/230017408-What-is-a-standardized-metric.

8.1.2　XBRL、XBRL-GL 和实时财务报告

相比于等待几周或几个月来获取财务报表，有些人建议使用实时财务报表。也就是说，在交易被记录在会计账簿中的那一刻，就可以将其加入财务报表中并发送给所有感兴趣的用户。许多企业系统中的财务报告系统，例如 Oracle 和 SAP，都使用了符合 XBRL 要求的总分类账，称为 XBRL-GL（XBRL-General Ledger）。这意味着数字被输入财务系统的时候，就已经被标记且可以被实时传输给感兴趣的用户。

当然，很多原因导致这些信息不能被实时传输。例如，未经审计的会计信息可能包含一些错误。同时，其他信息，例如商誉或长期债务，并不会在每分钟都发生改变，因此实时更新此类信息并没有什么用处。但随着系统的持续更新和升级，实时审计变得越来越普遍。随着我们更加了解我们需要哪种类型的实时信息以及如何使用这些信息，我们可以使用 XBRL-GL 在较短的时间内获得实时会计信息。

| 阶段测试 |

1. 分析师如何使用 XBRL 执行数据分析？
2. 标准化的 XBRL 指标在比较通用汽车、Alphabet 和阿里巴巴的财务报表时起到什么作用？
3. 假设 XBRL-GL 可以提供实时财务报告，那么哪些实时财务信息（账户名称）可能对决策者最有价值？哪些信息可能没有价值？

8.2　比率分析

投资者、分析师、审计师和其他利益相关者通过**财务报表分析**（financial statement analysis）审查和评估公司的财务报表和财务状况。这种分析可以帮助利益相关者了解公司的财务健康状况，从而帮助利益相关者做出更明智、更有效的决策。**比率分析**（ratio analysis）是用于分析不同财务报表不同项目之间的相互关系的工具，它可以用于帮助使用者了解公司的财务和运营情况。

财务比率分析是会计、审计和金融人员用来评估企业财务状况、衡量报告财务结果的合理性，以及预测企业未来表现的重要手段。分析程序（包括比率分析等）被认为是制订审计计划和实施实质性测试的重要组成部分。美国审计标准（AU）第 329.02 节指出："应用分析程序的基本前提是，我们可以合理预测数据之间可能存在的关系并预测在现有的前提下这种关系可以持续存在。"⊖ 另外，CPA（注册会计师）、CMA（认证管理会计师）和 CFA（特许财务分析师）等专业资格认证考试也要求应试者了解如何使用比率分析分析财务报表，因此学习比率分析对会计师而言非常重要。

审计师可以使用比率分析比较本公司和行业中的其他公司或本公司上一年的业绩之间的差异，从而发现潜在的审计问题。公司可以使用比率分析来分析竞争对手的弱点。债券投资人可以使用比率分析来分析公司是否违反了债券契约（例如，某些债券合约要求借款人的流动比率保持在 1.0 以上以确保公司有能力偿还贷款）。由此可见，比率分析对信息使用者来

⊖　AICPA, AU section 329, http://www.aicpa.org/Research/Standards/AuditAttest/DownloadableDocuments/AU-00329.pdf.

说非常重要。

这些比率包括流动比率、应收账款周转率、库存周转率、资产周转率、利润率、债务股本比、资产收益率和股本回报率。

8.2.1 比率类别

四种常用的比率类型包括：流动性比率、经营活动比率、偿付能力（或融资）比率和利润率。

流动性（liquidity）评估了公司可以随时转换为现金的资产来偿还公司短期债务的能力。流动性比率可用于衡量公司的流动性。流动性比率（liquidity ratio）包括流动比率（current ratio）和速动比率（acid-test ratio）。

经营活动比率（activity ratios）评估了公司的运营效率。资产周转率通常可以用来衡量公司活动，反映评估期内资产流入和流入公司的次数，以及资产的使用效率。经营活动比率包括应收账款周转率（receivables turnover）、库存周转率（inventory turnover）和总资产周转率（total asset turnover）等。

我们可以使用**偿付能力比率**（solvency ratios）（有时称为融资比率）评估公司偿还债务和维持运营的能力。也就是说，我们可以使用偿付能力比率评估公司的财务风险，即公司选择不同的融资方式（债务或股权）为公司融资带来的风险。债务股本比（debt-to-equity）和长期债务股本比（long-term debt-to-equity）以及利息保障倍数（times interest earned ratios）可以用来衡量公司的偿还能力水平。

我们常常使用**利润率**（profitability ratios）来评估公司的表现。利润率可以用于评估公司的盈利能力及其未来的发展前景。

8.2.2 杜邦比率分析

杜邦比率分析（DuPont ratio analysis）是很受欢迎的用于分析公司绩效和比率的方法。杜邦比率是由杜邦公司开发的，用于衡量公司绩效的比率。杜邦比率按照以下公式分解了净资产收益率。

$$净资产收益率（ROE）= 利润率 \times 资产周转率（或经营杠杆）\times 财务杠杆$$
$$=（净利润/总收入）\times（总收入/平均总资产）\times$$
$$（平均总资产/平均所有者权益）$$

杜邦比率将净资产收益率分解为三种不同类型的比率：盈利能力比率（利润率），经营活动比率（经营杠杆或资产周转率）和偿付能力比率（财务杠杆）。表 8-2 说明了如何使用标准 XBRL 数据计算杜邦比率。

表中第一行分析了 2009 年第二季度的财务数据，杜邦公司（股票代码 DD）的净资产收益率 = 利润率 × 资产周转率 × 财务杠杆，即 $0.294 \times 20.1\% \times 471.7\% = 27.8\%$。

8.2.3 迷你图和趋势线在比率分析中的应用

通过使用迷你图和趋势线，财务报表用户可以轻松直观地查看数据并获取财务数据的内在价值。我们将**迷你图**（sparklines）定义为小的趋势线或趋势图。迷你图可以在无轴图中汇总数字或统计量。我们可以将迷你图放在电子表格的一个单元格中。

表 8-2 使用 XBRL 数据进行杜邦分析

股票代码	年份	季度	收益	收益成本	利润率	资产	经营杠杆	所有者权益	财务杠杆	净资产收益率
DD	2009	Q2	$7 088 000 000	$5 007 000 000	29.4%	$35 258 000 000	20.1%	$7 474 000 000	471.7%	27.8%
DD	2009	Q3	$6 156 000 000	$4 560 000 000	23.9%	$36 168 000 000	17.0%	$8 083 000 000	447.5%	19.7%
DD	2009	Y	$27 328 000 000	$19 708 000 000	27.9%	$38 185 000 000	71.6%	$7 651 000 000	499.1%	99.6%
DD	2010	Q1	$8 844 000 000	$5 796 000 000	34.5%	$37 986 000 000	23.3%	$8 423 000 000	451.0%	36.2%
DD	2010	Q2	$9 080 000 000	$5 984 000 000	34.1%	$37 712 000 000	24.1%	$9 276 000 000	406.6%	33.4%
DD	2010	Q3	$7 067 000 000	$5 443 000 000	23.0%	$39 918 000 000	17.7%	$9 651 000 000	413.6%	16.8%
DD	2010	Y	$28 899 000 000	$20 574 000 000	28.8%	$40 410 000 000	71.5%	$9 800 000 000	412.3%	84.9%
DD	2011	Q1	$10 059 000 000	$6 831 000 000	32.1%	$42 600 000 000	23.6%	$11 279 000 000	377.7%	28.6%
DD	2011	Q2	$10 493 000 000	$7 191 000 000	31.5%	$47 736 000 000	22.0%	$12 502 000 000	381.8%	26.4%
DD	2011	Q3	$8 303 000 000	$6 345 000 000	23.6%	$47 794 000 000	17.4%	$12 024 000 000	397.5%	16.3%
DD	2011	Y	$34 423 000 000	$21 264 000 000	38.2%	$48 643 000 000	70.8%	$9 208 000 000	528.3%	142.9%
DD	2012	Q1	$10 194 000 000	$6 816 000 000	33.1%	$50 223 000 000	20.3%	$10 427 000 000	481.7%	32.4%
DD	2012	Q2	$10 208 000 000	$5 844 000 000	42.8%	$50 031 000 000	20.4%	$10 645 000 000	470.0%	41.0%
DD	2012	Q3	$7 336 000 000	$4 779 000 000	34.9%	$50 607 000 000	14.5%	$10 711 000 000	472.5%	23.9%
DD	2012	Y	$35 310 000 000	$21 538 000 000	39.0%	$49 859 000 000	70.8%	$10 299 000 000	474.1%	133.7%
DD	2013	Q1	$10 500 000 000	$7 105 000 000	32.3%	$50 564 000 000	20.8%	$12 315 000 000	410.6%	27.6%
DD	2013	Q2	$10 003 000 000	$6 057 000 000	39.4%	$51 349 000 000	19.5%	$13 355 000 000	384.5%	29.5%
DD	2013	Q3	$7 805 000 000	$5 165 000 000	33.8%	$51 990 000 000	15.0%	$13 900 000 000	374.0%	29.0%
DD	2014	Q1	$10 145 000 000	$6 000 000 000	40.9%	$47 800 000 000	21.2%	$16 442 000 000	290.7%	25.2%

资料来源：https://www.calcbench.com/xbrl_to_excel.

我们通常根据报告类型来决定是否需要使用迷你图。例如，如果数字仪表板中已经包含了许多图表和转盘，则添加迷你图可能会使整体外观变得混乱。但如果迷你图可以显示数据趋势并可以有效替代或补充大量数字，则迷你图可以作为非常有效的可视化工具被添加到图表中。迷你图的优势在于图小且仅显示了简单的趋势，而不是像普通图形在横轴和纵轴上显示所有的详细信息。

图 8-1 展示了如何在杜邦分析中使用迷你图来分析沃尔玛的财务数据。本章的最后一个案例详细介绍了如何在比率分析中使用 XBRL 数据和迷你图，图 8-1 也是该案例中的一部分。

图 8-1　在杜邦分析中使用迷你图来分析沃尔玛的财务数据

| 阶段测试 |

4. 图 8-1 中的迷你图对杜邦分析有帮助吗？你是建议给 ROE 的三个组成部分添加迷你图，还是建议给 ROE 添加迷你图？
5. 使用表 8-2 中杜邦公司 2009 年第二季度的数据计算利润率、经营杠杆和财务杠杆，并分析这三个比率和净资产收益率。

8.3　文本挖掘和情感分析

一些数据分析可以用于发现文本中隐藏的情感。例如，Uber 可以使用文本挖掘和情感分析来读取社交媒体中有关驾驶体验、手机应用软件使用体验和客户服务质量的文字。公司可以通过分析文字中的情感，了解社交媒体用户对公司服务和产品创新的看法，也可以通过相似的分析来分析公司的竞争对手（如 Lyft 或传统出租车服务）。

类似的分析也可用于分析财务报告、分析师报告等其他相关文件中的文字。我们可以通过这些分析评估财务报告的整体基调，了解管理层对过去或未来业绩的期许，将其作为对报告中的数字和图表的补充。

为了说明文本挖掘和情感分析的使用方法和预测能力，Loughran 和 McDonald[○]使用文本挖掘和情感分析计算了公司年报中负面词语的比例并以此预测了股票市场对财报的回应。图 8-2 摘自他们的研究，研究结果表明股市反应与负面词语的比例有关（反之亦然）。他们称这种现象称为重叠（overlap）。他们通过这个方法来找出报告中的情感基调，并确定报告中负面词汇的比例和股市对年报的反应。

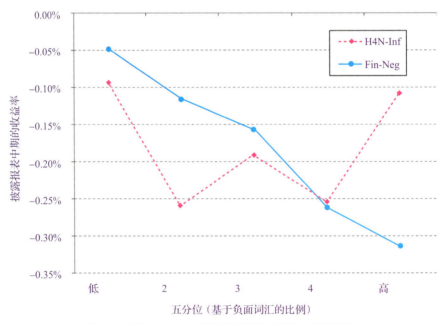

图 8-2 按负面词汇比例排序的股票市场反应（超额收益）

注：图中的两条折线分别是根据金融词典（Fin-Neg）和标准英语词典（H4N-INF）中的单词执行的分析。
资料来源：Tim Loughran and Bill McDonald, "When Is a Liability Not a Liability? Textual Analysis, Dictionaries, and 10-Ks," Journal of Finance 66, no. 1 (2011), pp. 35-65.

他们首先定义了 2 337 个财务领域的负面词汇，然后对报告中的负面词汇进行了计数，最后将其与单词总数进行比较以获得报告中负面词汇的比例（图 8-2 中的变量 Fin-Neg）。同时，他们提出，金融词典比标准英语词典更适用于他们的分析。因此，他们分别依照财务词典（Fin-Neg）和标准英语词典找出报告中的负面词汇。例如，cost（成本）、expense（费用）以及 liability（负债）在标准英语中可能被认为是负面词汇，而在金融词典中不会被视为负面词汇。金融词典中最常见的负面词汇包括 loss（损失）、claims（索赔）、impairment（减损）、adverse（不利的）、restructuring（重组）和 litigation（诉讼）等。

○ Tim Loughran and Bill McDonald, "When Is a Liability Not a Liability? Textual Analysis, Dictionaries, and 10-Ks," Journal of Finance 66, no. 1 (2011), pp. 35-65.

| 阶段测试 |

6. 你认为是财务报表附注中的文字更积极还是财报中的管理层讨论与分析（MD&A）中的文字更积极？
7. 为什么使用金融词典（Fin-Neg）和标准英语词典（H4N-Inf）分析年报中负面词汇的比例和股市对财报的反应的结果不同？

本章小结

数据分析拓展到了财务会计和财务报告领域。

以计算机可读的方式标记财务要素，XBRL 可以将财务报告中的数据准确及时地传输给所有感兴趣的利益相关者。

XBRL 分类法为 19 000 个财务要素提供了标签，并允许公司在无法找到合适的标签时定义自己的标签。

XBRL 和数据分析可以帮助我们更及时地分析财务报表并计算财务比率。本章讲解了如何通过 XBRL 计算杜邦比率。

我们介绍并讨论了如何使用迷你图和趋势线来更有效地对公司绩效进行可视化分析。

本章最后，我们解释了如何使用情感分析分析财务报表等其他财务报告和其他相关的财务信息。

关键术语

杜邦比率分析（DuPont ratio analysis） 杜邦比率是由杜邦公司开发的，用于将公司绩效（特别是净资产收益率（ROE））拆分成不同组成部分的比率。

财务报表分析（financial statement analysis） 投资者、分析师、审计师和其他感兴趣的利益相关者常常使用财务报表分析来评估公司的财务报表和财务绩效。

比率分析（ratio analysis） 比率分析可以帮助我们评估不同财务报表项目之间的关系，了解公司的财务和运营表现。

迷你图（sparkline） 迷你图是小型趋势线或小型图形，它可以在无轴图中汇总数字或统计数据。

标准化指标（standardized metrics） 数据提供者使用标准化指标来帮助用户更轻松地比较 XBRL 数据。

XBRL XBRL 是使用可扩展标记语言（XML）标记财务报告信息的全球标准，是全球企业互联网通信的标准。

XBRL-GL XBRL-GL 代表了 XBRL 总分类账，这与公司在企业财务系统中标记财务信息的能力有关。

XBRL 分类法（XBRL taxonomy） 该分类法定义并描述了每个关键数据元素（如现金或应付账款）。同时，分类法还定义了每个元素之间的关系（例如，库存是流动资产的组成部分，流动资产是总资产的组成部分）。

选择题

1. 杜邦分析中不包括以下哪项内容？
   a. 资产周转率
   b. 存货周转率
   c. 财务杠杆
   d. 利润率
2. XBRL 是以下哪项词组的缩写？
   a. Extensible Business Reporting Language
   b. Extensive Business Reporting Language
   c. XML Business Reporting Language
   d. Excel Business Reporting Language
3. 以下哪个术语定义和描述了每个 XBRL 财务要素？
   a. 数据字典
   b. 描述性统计

c. XBRL-GL
d. 分类法
4. IMPACT 循环模型（详见第 1 章）的哪个阶段适合使用迷你图？
   a. 追踪结果
   b. 交流见解
   c. 处理和优化结果
   d. 执行测试计划
5. 数据提供者使用以下哪个选项来帮助用户比较使用不同标签标记的不同公司的收入数据。
   a. XBRL 分类法
   b. 数据同化
   c. 辅音标记
   d. 标准化指标
6. 用来描述在财务报告或企业系统内部分配 XBRL 标签的这个过程的术语是什么？
   a. XBRL 标签
   b. XBRL 分类法
   c. XBRL-GL
   d. XBRL 字典
7. 我们可以使用哪种计算机分析工具来实现对会计年报的情感分析？
   a. 文字挖掘
   b. 情感挖掘
   c. 文字分析
   d. 决策树
8. 以下哪种比率分析可以评估公司的运营效率？
   a. 杜邦比率
   b. 流动比率
   c. 经营活动比率
   d. 偿付能力比率
9. 以下哪种比率可以衡量公司偿还债务和持续经营的能力？
   a. 杜邦比率
   b. 流动比率
   c. 经营活动比率
   d. 偿付能力比率
10. 以下哪种方式（包括比率分析等）是计划审计工作和执行实质性测试的重要组成部分。
    a. 环境分析
    b. 竞争分析
    c. 管理完整性分析
    d. 分析程序

讨论题

1. 你认为是财务报表附注的文字更积极还是财报中的管理层讨论与分析（MD&A）中的文字更积极？为什么？
2. 你是否会建议证券交易委员会要求公司在财务报表封面添加迷你图？为什么？
3. 审计事务所为什么要通过分析程序来识别公司面临的风险？哪种比率（流动性比率、偿付能力比率、经营活动比率和利润率）可以评估公司的持续经营能力？
4. 在网站 https://xbrl.us/data-rule/dqc_0015-lepr/ 上找到以下财务信息的 XBRL 标签：利息费用、销售和行政开支。
5. 在网站 https://xbrl.us/data-rule/dqc_0015-lepr/ 上找到其他非营业收入的 XBRL 标签。XBRL 提供的信息说明其他非营业收入应被记为借方还是贷方？
6. 在网站 finance.yahoo.com 上输入苹果公司的股票代码 AAPL，然后单击统计（statistics）信息标签。我们可以使用哪些数据来评估公司的盈利能力？
7. 除财务报告之外，还有哪些其他信息可以通过数据标签转化为计算机可读的、易于分析的数据？可以在医院环境中应用数据标签吗？可以在大学中应用数据标签吗？
8. 情感分析可以被应用于市场营销中吗？医院可能会需要使用情感分析吗？大学呢？什么情况下适合使用情感分析呢？

简答题

1. 我们在什么情况下会使用情感分析来分析新闻或公司收益？情感分析可以提供哪些

公告中未直接披露的信息？
2. 金融词典中的负面词汇包括损失、索赔、减值、重组和诉讼等。你还能想到哪些其他的负面词汇呢？你认为金融词典中可能包括的正面词汇有哪些呢？哪些金融词典中的正面词汇可能与标准英语词典对正面词汇的划分不一样呢？
3. 亚马逊在2017年6月16日宣布收购Whole Foods，这是亚马逊、沃尔玛和整个零售行业的一次重大变革。公司要求你分析股票市场对该声明的回应。

   要求：
   a. 在网页finance.yahoo.com上输入亚马逊的股票代码AMZN，单击历史数据（historical data），然后输入2017年6月16日前后的日期，查看股票价格在6月16日前后的变化。
   b. 重复上一步骤，分析受此事件影响的沃尔玛（WMT）的股票价格在2017年6月16日前后的变化。
4. 前面的问题要求你弄清楚股市对亚马逊宣布将收购Whole Foods这个事件的反应。接下来，你需要分析亚马逊股票当天的交易量是否高于之前的平均水平。

   要求：
   a. 在网页finance.yahoo.com上输入亚马逊的股票代码AMZN，单击历史数据，然后输入日期2017年5月15日～2017年6月16日。下载数据并计算6月16日之前的一个月的平均交易量，然后将其与6月16日的交易量进行比较。亚马逊收购Whole Foods的公告对公司的股票交易量有什么影响？
   b. 重复上一步骤，分析上述事件对沃尔玛（WMT）的股票交易量的影响。上述事件对Whole Foods的股票交易量有影响吗？
5. 在https://www3.nd.edu/~mcdonald/Word_Lists_files/Documentation/Documentation_LoughranMcDonald_MasterDictionary.pdf上下载Loughran和McDonald汇总的情感词汇表——Master Dictionary。这些词汇是他们用来评估财务报表和相关财务报告中的文字情绪的情感词汇表。列出五个"负面"词汇和五个"限制"相关的词汇。你会如何使用这些词汇分析会计报告中的文字情绪呢？
6. 在网站https://www3.nd.edu/~mcdonald/Word_Lists_files/Documentation/Documentation_LoughranMcDonald_MasterDictionary.pdf下载Loughran和McDonald汇总的情感词汇表——Master Dictionary。这些词汇是他们用来评估财务报表和相关财务报告中的文字情绪的情感词汇表。列出五个"正面"词汇和五个"诉讼"相关的词汇。

参考答案

阶段测试答案

选择题答案

案例 8-1 使用 XBRLAnalyst 访问 XBRL 数据

公司简介

本案例将提取美国证券交易委员会列出的《财富》100 强（Fortune 100）企业的 XBRL 数据。你也可以根据自己的兴趣选择和分析你感兴趣的公司。同时，你也将在本案例中对比其他公司的数据。

所需数据

本案例中使用的数据是《财富》100 强企业的带有 XBRL 标签的数据。我们将通过 FinDynamics 提取证券交易委员会提供的数据。

所需技术

- 你将通过电子表格提供的公式和实时 XBRL 数据生成动态的可调整的电子表格。也就是说，你将创建一个模版，并通过这个模版分析数据、回答财务报表分析的相关问题。

所需软件

- Google 工作表（sheets.google.com）。
- iXBRLAnalyst 脚本（https://findynamics.com/gsheets/ixbrlanalyst.gs）。

在本案例中，你将：

第 1 步：提出有关利润表的问题。
第 2 步：分析所选公司的财务比率。
第 3 步：创建一个动态的电子表格，将 XBRL 数据提取到电子表格中。
第 4 步：根据比率创建公式。

第 1 步：提出问题

在分析财务报表时，我们常常需要分析指定数据之间的关系。我们可能需要了解财务数据随时间的变化，以及其组成部分随时间的变化。

问题 1：选择一家《财富》100 强企业，例如 Apple（AAPL）或 Nike（NKE），提出 3 个与公司过去 3 年收入有关的问题。例如："公司运营成本呈现什么趋势？"

问题 2：为每个问题提出一个假设。例如："我预期耐克的运营成本提高了。"

第 2 步：处理数据

为了创建动态电子表格，你首先需要将电子表格连接到互联网上的数据源。在这种情况下，你将使用在线托管的 Google 工作表，然后将 iXBRLAnalyst 脚本添加到电子表格中，并通过 iXBRLAnalyst 脚本连接 FinDynamics，从而通过公式查询财务报表要素。

1. 登录到 Google 工作表（sheets.google.com），新建一个空白工作表，将其命名为"XBRL Common"。
2. 在菜单中单击 Tools（工具）>Script Editor（脚本编辑器）。
3. 在新浏览器窗口，打开网页 findynamics.com/gsheets/ixbrlanalyst.gs。
4. 复制 FinDynamics 页面中的全部内容，并粘贴到 Script Editor 窗口中（替换现有文本）。
5. 单击保存，并将项目命名为 XBRL。
6. 关闭"脚本编辑器"窗口，然后返回到你的 Google 表格。
7. 重新加载/刷新页面。如果 Google 表格中出现了一个新的 iXBRLAnalyst 菜单，则你已连接到 XBRL 数据。
8. 你可以通过在工作表的任意单元格中输入以下公式来测试是否已成功连接到数据源：

=XBRLFact（"AAPL"，"AssetsCurrent"，"2017"）。

如果公式可以正常运行，则应该返回 Apple Inc. 2017 年流动资产余额 128 645 000 000。

9. 删除公式，然后继续下一步。

注意：将 iXBRLAnalyst 脚本添加到 Google 工作表后，你只需打开该工作表，然后转到 File（文件）>Make a copy...（制作副本…），脚本将自动被复制到新工作表中。

iXBRLAnalyst 脚本中包含的基本公式有：

=FinValue(company, tag, year, period, member, scale)
=XBRLFact(company, tag, year, period, member, scale, true)
=SharePriceStats(company, date, duration, request)

其中：

company = 股票代码（例如，Apple Inc. 的股票代码为"AAPL"）

tag = XBRL 标签或标准化标签（例如，"NetIncomeLoss"或"[Net Income]"）

year = 报告年度（例如，"2017"）

period = 会计期间（例如，第一季度为"Q1"，年份为"Y"）

scale = 单位（四舍五入）（例如，"k""thousands"或"1 000"代表千位）[注意：由于四舍五入的误差较大，因此建议直接将公式除以 scale，例如 =XBRLFact(c,t,y,p)/scale。]

由于公司经常使用不同的标签来表示相似的概念（例如，使用标签 ProfitLoss 或 NetIncome-Loss 标记 Net Income（净收入）），你需要确保你使用的值是正确的。FinDynamics 尝试通过使用标准化标签（定义的公式和关系）代替原有标签来解决标签多样性可能会带来的问题。标准化的标签必须显示在方括号中。表 8-3 为部分标准化标签的示例。

表 8-3 FinDynamics 为 XBRLAnalyst 创建的标准化标签

Balance Sheet	Income Statement	Statement of Cash Flows
Cash, Cash Equivalents and Short-Term Investments]	[Revenue]	[Cash From Operations (CFO)]
	[Cost of Revenue]	[Changes in Working Capital]
[Short-Term Investments]	[Gross Profit]	[Changes in Accounts Receivables]
[Accounts Receivable, Current]	[Selling, General & Administrative]	[Changes in Liabilities]

（续）

Balance Sheet	Income Statement	Statement of Cash Flows
[[Inventory]	Expense]	[Changes in Inventories]
[Other Current Assets]	[Research & Development Expense]	[Adjustments of Non-Cash Items, CF]
[Current Assets]	[Depreciation (& Amortization), IS]	[Provision For Doubtful Accounts]
[Net of Property, Plant & Equipment]	[Non-Interest Expense]	[Depreciation (& Amortization), CF]
[Long-Term Investments]	[Other Operating Expenses]	[Stock-Based Compensation]
[Intangible Assets, Net]	[Operating Expenses]	[Pension and Other Retirement Benefits]
[Goodwill]	[Operating Income]	[Interest Paid]
[Other Noncurrent Assets]	[Other Operating Income]	[Other CFO]
[Noncurrent Assets]	[Non-Operating Income (Expense)]	[Cash from Investing (CFI)]
[Assets]	[Interest Expense]	[Capital Expenditures]
[Accounts Payable and Accrued Liabilities, Current]	[Costs and Expenses]	[Payments to Acquire Investments]
[Short-Term Borrowing]	[Earnings Before Taxes]	[Proceeds from Investments]
[Long-Term Debt, Current]	[Income Taxes]	[Other CFI]
[Other Current Liabilities]	[Income from Continuing Operations]	[Cash From Financing (CFF)]
		[Payment of Dividends]

如果你要查找特定的 XBRL 标签，你可以在 XBRL 分类法（xbrlview.fasb.org）中查找。

第 3 步：执行分析

首先，我们将创建一个常规的 3 年期的利润表。

10. 首先，在 Google 工作表中，输入以下标签：

	A	B
1	Company	AAPL
2	Year	2016
3	Period	Y
4	Scale	1 000 000

11. 然后，使用以下标准化标签和公式生成财务报表模版。

注意：因为你已在 A2 中设定了当前年份，所以我们可以使用公式设置最近 3 年的会计年份。

	A	B	C	D
6		=$B2	=B6-1	=C6-1
7	[Revenue]			
8	[Cost of Revenue]			
9	[Gross Profit]			
10	[Selling, General & Administrative Expense]			
11	[Research & Development Expense]			
12	[Other Operating Expenses]			
13	[Operating Expenses]			
14	[Operating Income]			
15	[Depreciation (& Amortization), CF]			
16	[Interest Income]			
17	[Earnings before Taxes]			
18	[Income Taxes]			
19	[Net Income]			

12. 输入公式 = XBRLFact（ ）来提取相应的财务数据，并在需要的时候使用绝对引用（如 $ A $ 1）。例如，B7 中的公式应为：
    =XBRLFact($B$1,$A7,B$6,$B$3)/$B$4。
13. 向下然后向右拖动单元格右下方的十字箭头到 D 列，将公式填充到单元格下方和右侧两列单元格。
14. 使用格式工具清理电子表格，然后对屏幕进行截图（将其命名为图 8-1A）。

    接下来，你可以开始编辑动态数据并扩展你的分析，计算比率并发现数据中隐含的趋势。
15. 在 Google 工作表中，使用迷你图显示利润表中账户的变化：
    （1）在单元格 E7 中，输入：=SPARKLINE(B7:D7)。
    （2）注意：该线的趋势为从右向左。
16. 接下来，在最右列执行垂直分析（分析结果将显示该值和收益的比值）：
    （1）复制单元格 B6：D6，将其粘贴到 F6：H6。
    （2）在单元格 F7 中，输入 =B7/B$7。
    （3）将公式填充到 F7：H19。
    （4）将数字格式改为百分比。
    （5）在列 I 中添加迷你图。
17. 对屏幕进行截图（将其命名为图 8-1B）。

第 4 步：处理和优化结果

现在你已生成了一个常规的利润表，你可以将单元格 B1 中的公司代码替换为你想分析的公司的股票代码。电子表格中的数据将随即更新。

问题 3：查看利润表呈现的数据趋势，并依次回答问题 1 中提出的三个问题。

问题 4：实际结果与你提出的假设相比有什么差异？

问题 5：将公司代码替换为竞争对手的公司代码（例如，AAPL 的竞争对手为 MSFT）。竞争对手的数据呈现的趋势和公司数据呈现的趋势是否相同？

问题 6：如何将多个竞争对手的数据汇总在同一张工作表中？

案例 8-2　使用 XBRLAnalyst 创建动态的财务报表

我们可以使用 XBRLAnalyst 轻松地创建常规的财务报表。在本案例中，我们将进一步计算和比较财务比率。表 8-4 列出了几家不同行业的《财富》100 强企业，其 2016 财年的收入和资产信息如下所示。

表 8-4　选自《财富》100 强企业的背景资料

公司	2016 年度收益（百万美元）	2016 年度资产（百万美元）
美国银行（BAC）通过其子公司向个人客户、中小型企业、机构投资者、企业和美国和国际政府机构提供多种银行与金融产品及服务	80 104	2 187 702

（续）

公司	2016 年度收益（百万美元）	2016 年度资产（百万美元）
沃尔玛（WMT）是一家美国的跨国零售企业，该公司的业务主要分为三个部分：美国沃尔玛、沃尔玛国际和山姆俱乐部	482 130	199 581
思科（CSCO）设计、制造和销售基于互联网协议（IP）的网络与国际通信相关的产品	49 247	121 652
可口可乐（KO）是一家从事饮料生产的饮料公司，在全球范围内销售非酒精饮料	41 863	87 270
波音（BA）在全球范围内设计、开发、制造和销售商用飞机、军用飞机、卫星、导弹、国防、载人航天以及发射系统和服务	94 571	89 997
EBAY（EBAY）为美国和国际的个人与企业提供线上和移动商务的交易支付平台	8 979	23 847
亚马逊（AMZN）是业务覆盖北美和国际的线上购物零售商	135 987	83 402
默克（MRK）为全球消费者提供如处方药、疫苗、生物疗法、动物健康和护理产品等多种健康解决方案	39 807	95 377
迪士尼公司（DIS）是一家娱乐公司，其主营业务包括电视和电影制片厂以及主题公园	55 632	92 033
亿滋（MDLZ）生产消费性食品，如奥利奥（Oreo）饼干	25 923	61 538

表 8-5 为使用上述企业利润表（占收入的百分比）和资产负债表（占资产的百分比）中的数据计算的比率。

1.使用 Google 工作表、iXBRLAnalyst 脚本和表 8-5 中的标准化标签（如果无法直接使用标准化标签，你可以在 FASB 分类法中搜索 XBRL 标签），重新创建表 8-5，计算相关比率。

2.将完整工作表进行截图（将其命名为图 8-2A）。

问题 1：根据你之前学过的会计知识，提取 XBRL 数据的技巧，匹配表 8-4 中的公司名称和表 8-5 中的比率。

- 列 A = _____（哪家公司？）
- 列 B = _____
- 列 C = _____
- 列 D = _____
- 列 E = _____
- 列 F = _____
- 列 G = _____
- 列 H = _____
- 列 I = _____
- 列 J = _____

表 8-5 神秘比率

	A	B	C	D	E	F	G	H	I	J
占销售额的百分比	100.0%	100.0%	100.0%	100.0%	100.0%	100.0%	100.0%	100.0%	100.0%	100.0%
收益	100.0%	100.0%	100.0%	100.0%	100.0%	100.0%	100.0%	100.0%	100.0%	100.0%
收益成本	64.9%	37.1%	74.9%	22.4%	9.6%	34.9%	60.9%	4.5%	39.3%	85.4%
利润率	35.1%	62.9%	25.1%	77.6%	90.4%	65.1%	39.1%	95.5%	60.7%	14.6%
研发	0.0%	12.8%	0.0%	12.4%	0.0%	25.4%	0.0%	0.0%	0.0%	4.9%
销售和管理费用	7.1%	23.2%	20.1%	36.4%	15.7%	24.5%	25.2%	53.8%	36.5%	3.8%
其他营业费用	89.8%	0.5%	0.0%	3.0%	−4.3%	1.6%	3.3%	0.0%	0.0%	0.0%
总营业费用	96.9%	37.2%	20.1%	51.8%	16.0%	51.6%	29.2%	54.7%	36.5%	8.7%
营业收入/损失	3.1%	25.7%	5.0%	25.9%	84.0%	13.5%	9.9%	47.7%	20.6%	6.2%
总其他收入/费用/净值	−0.2%	0.5%	0.0%	0.0%	0.0%	−1.8%	−4.3%	0.6%	−1.4%	0.0%
利息费用	0.4%	1.4%	0.5%	0.0%	−0.5%	0.0%	0.0%	12.4%	1.8%	0.3%
税前收入	2.8%	26.2%	4.5%	40.7%	26.7%	11.7%	5.6%	31.4%	19.4%	5.9%
收入所得税费用	1.0%	4.4%	1.4%	−40.5%	9.1%	1.8%	0.5%	9.0%	3.8%	0.7%
少数股东权益	0.0%	0.0%	0.1%	0.0%	0.7%	0.1%	0.0%	0.0%	0.1%	0.0%
净收入	1.7%	21.8%	3.1%	80.9%	17.6%	9.9%	6.4%	22.4%	15.6%	5.2%
占资产的百分比	100.0%	100.0%	100.0%	100.0%	100.0%	100.0%	100.0%	100.0%	100.0%	100.0%
流动资产	54.9%	64.7%	30.2%	37.2%	18.4%	32.1%	13.8%	0.0%	39.0%	69.4%
现金	23.2%	6.3%	4.4%	7.6%	5.0%	6.8%	0.0%	6.8%	9.8%	9.8%
投资	8.0%	47.8%	0.0%	22.4%	0.0%	8.2%	0.0%	8.2%	15.6%	1.4%
应收账款	10.0%	4.8%	2.8%	2.5%	9.8%	7.4%	4.2%	40.9%	4.4%	9.8%
库存	13.7%	1.0%	22.3%	0.0%	1.5%	5.1%	4.0%	0.0%	3.1%	48.0%
其他流动资产	8.0%	52.6%	4.9%	27.1%	6.9%	12.8%	2.7%	0.0%	21.7%	11.5%
总流动资产	54.9%	64.7%	30.2%	37.2%	18.4%	32.1%	13.8%	0.0%	39.0%	69.4%
长期投资	0.0%	3.4%	0.0%	16.6%	4.7%	12.0%	9.1%	13.4%	18.6%	1.5%
不动产、厂房和设备	34.9%	2.9%	55.2%	6.4%	29.7%	12.6%	13.4%	0.4%	12.2%	14.2%
商誉	4.5%	21.9%	8.4%	18.9%	30.2%	19.0%	32.9%	3.2%	12.2%	5.9%

(续)

	A	B	C	D	E	F	G	H	I	J
无形资产	0.0%	2.1%	0.0%	0.4%	7.6%	18.1%	29.4%	0.1%	11.2%	2.8%
摊销	0.0%	0.0%	0.0%	0.0%	0.0%	0.0%	0.0%	0.0%	0.0%	0.0%
其他资产	5.7%	5.0%	6.3%	20.5%	9.4%	6.1%	1.4%	0.0%	6.8%	6.1%
长期资产	45.1%	35.3%	69.8%	62.8%	81.6%	67.9%	86.2%	85.0%	61.0%	30.6%
总资产	100.0%	100.0%	100.0%	100.0%	100.0%	100.0%	100.0%	100.0%	100.0%	100.0%
负债	76.9%	47.7%	58.1%	55.8%	48.6%	57.7%	59.0%	87.8%	73.4%	99.0%
流动负债	52.5%	20.5%	32.4%	16.1%	18.3%	18.0%	23.4%	0.0%	30.4%	55.7%
应付账款	30.3%	3.7%	29.4%	1.6%	9.9%	6.7%	12.7%	0.0%	10.9%	28.8%
1年内到期的长期负债	0.0%	0.0%	1.7%	0.0%	4.0%	0.0%	2.4%	7.8%	4.0%	0.0%
其他流动负债	22.2%	13.3%	0.0%	8.4%	4.4%	10.8%	4.3%	57.6%	15.5%	26.5%
长期负债	9.2%	20.1%	19.1%	31.5%	17.9%	25.5%	0.0%	0.0%	34.0%	0.0%
其他负债	15.1%	6.4%	2.9%	8.2%	12.4%	14.2%	14.1%	0.0%	9.0%	32.7%
少数股东权益	0.0%	0.0%	1.5%	0.0%	4.4%	0.2%	0.1%	0.0%	0.2%	0.1%
总负债	76.9%	47.7%	58.1%	55.8%	48.6%	57.7%	59.0%	87.8%	73.4%	99.0%
总所有者权益	23.1%	52.3%	41.9%	44.2%	51.4%	42.3%	41.0%	12.2%	26.6%	1.0%
总负债和所有者权益	100.0%	100.0%	100.0%	100.0%	100.0%	100.0%	100.0%	100.0%	100.0%	100.0%

案例 8-3　使用 XBRL 计算和分析财务报表比率：杜邦比率的运用

金融分析师、投资者、债权人、审计师和许多其他信息使用者常常使用比率分析分析并评估公司的财务报表与财务业绩。比率分析可以帮助利益相关者了解公司的财务健康状况，帮助他们发现数据的内在价值，做出更有效、更有价值的决策。

在本案例中，你将通过访问 XBRL 数据完成数据分析、计算财务比率、比较多个公司的财务业绩。你可以使用电子表格和 XBRL 数据更轻松地计算财务比率。你将：①选择一个想要分析的行业；②创建一份电子表格模板；③输入三个美国上市公司的股票代码；④计算财务比率。

所需数据
- SEC 文件中的 XBRL 财务要素。

所需软件
- Google 账户。
- Google 工作表。
- 连接到网络的浏览器。

在本案例中，你将：
第 1 步：分析一个公司的财务数据在 3 年内的变化。
第 2 步：比较一个行业相互竞争的公司在某一个时期的财务指标。
第 3 步：找出数据中潜在的缺陷或不足。
第 4 步：了解如何使用 XBRL 完成复杂的财务分析。

第 1 步：提出问题
公司的利益相关者想要获取实时、准确的财务数据。自 2011 年以来，利益相关者使用 XBRL 数据来满足这一需求。

问题 1：利益相关者如何通过 XBRL 获得实时、准确的财务数据？
问题 2：同时比较多个公司有什么好处？

第 2 步：处理数据并为数据分析做好准备
为了处理数据并为数据分析做好准备，我们需要选择想要分析的行业和公司。

1. 以下是来自 5 个不同行业的 15 家《财富》100 强企业。每个公司和竞争对手在特征和战略方面都有可能有相似之处以及截然不同的地方。选择一个行业进行分析。

    零售行业：Walmart (WMT), Target (TGT), Costco (Cost)
    技术行业：Microsoft (MSFT), Apple (AAPL), Facebook (FB)
    制药行业：Johnson & Johnson (JNJ), Merck (MRK), Bristol-Myers Squibb (BMY)
    金融行业：Citigroup (C), Wells-Fargo (WFC), JPMorgan Chase (JPM)
    能源行业：ExxonMobil (XOM), Chevron (CVX), ConocoPhillips (COP)

    通过以下方式创建一份电子表格模板的副本：
2. 打开网页浏览器，输入网址 drive.google.com。

3. 如果你之前未登录过 Google 账户，请登录你的 Google 账户。
4. 转到 http://tinyurl.com/xbrlratios。你将看到与图 8-3A 相似的电子表格。
5. 如下图所示，单击 File（文件）> Make a copy...（制作副本 ...）。

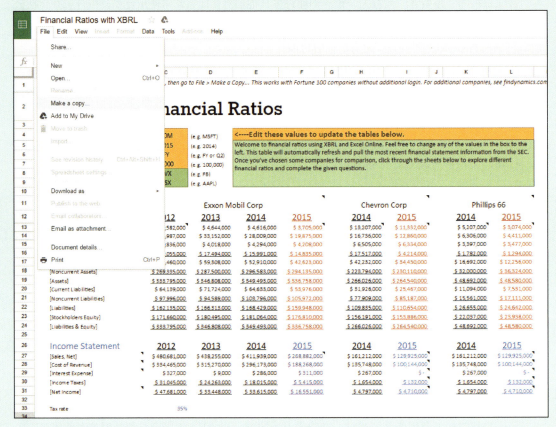

资料来源：Microsoft Excel 2016.

6. 重命名电子表格，然后单击 OK，将副本保存到云盘。一个包含你创建的电子表格副本的新的选项卡将随即打开。现在，你可以编辑公式和值。

第 3 步：输入股票代码

参考表 8-6 中列出的各行业公司的股票代码，如表 8-6 所示。

表 8-6 股票代码

Retail	Technology	Pharmaceutical	Finance	Energy
WMT	MSFT	JNJ	C	XOM
TGT	AAPL	MRK	WFC	CVS
KR	FB	BMY	JPM	PSX

7. 参考表 8-6 中列出的公司的股票代码，在 Main Company Ticker 字段输入你关注的公司的股票代码然后按下"Enter"。稍后，电子表格中的值将变成"Loading...（正在加载……）"，加载完成后工作表中将显示该公司的财务数据。

8. 在 Most Recent Year 字段中输入最近一期财务报表的年份。可能是当年或上一年。

9. 在 Period 字段中，输入 FY（代表年度）或 Q1（代表季度）。
10. 在 Round to 字段中，选择对应的四舍五入方式。如 1 000 代表将数字四舍五入到千元（美元）；如 1 000 000 代表将数字四舍五入到百万元（美元）。
11. 在 Comparable 1 Ticker 字段，输入你所选的用以和第一家公司做比较的第二家公司。
12. 在 Comparable 2 Ticker 字段，输入你所选的用以和第一家公司做比较的第三家公司。
13. 将你创建的财务报表进行截图（将其命名为图 8-3A）。

第 4 步：分析财务比率

首先，查看 Facts 表（或标签），判断你正在分析的公司数据是否包含缺失值。描述缺失值（如果有）对比率的影响。判断数据是否有缺失值之后，你将可以尝试找到数据中隐藏的有趣的趋势并比较数据。点击其他工作表，查看比率。为了帮助你分析公司数据，此模板还包含了一个迷你图，以帮助你快速地通过可视化发现重要的值或趋势。

问题 3：查看 14 个财务比率，总结和判断数据的值和趋势并比较不同公司之间的差异。例如，如果一家公司的债务股本比明显高于其他两家公司，那么可能的原因是什么？

问题 4：你分析的公司的比率是否在过去 3 年有显著改变？三家公司中哪一家公司最近一年的流动性最高？

问题 5：在过去 3 年中，你分析的公司是如何管理其短期负债的？

问题 6：分析公司的流动性、盈利能力、融资（杠杆）能力和活动水平。公司在哪个方面有优势？

问题 7：使用杜邦框架解释分析结果并根据数据判断公司的财务状况。

案例 8-4　使用 SQL 查询语句获取 XBRL 数据库的数据

公司简介

如本章所述，XBRL 分类法包含了 19 000 个标签。除此之外，你可以根据自己的需求创建自定义标签。你可以选择使用 XBRLAnalyst 提供的标准化标签，同时在你需要某一个具体的标签时，你也可以使用自己创建的标签。你可以通过 SQL 查询语句找到 XBRL 数据库中与标准化标签相似的所有标签。

所需数据

我们在 Access 数据库文件 XBRLsubset.accdb 中提供了 XBRL 数据库的子集，请扫二维码 8-1 获取数据。该子集是通过 Arelle 开源平台创建的，子集中的数据提取自美国证券交易委员会。

所需技术

- 你将使用 SQL 查询数据库。

所需软件

- Microsoft Access。

二维码 8-1

在本案例中，你将：

第 1 步：提出与 XBRL 标签和分类法有关的问题。

第 2 步：分析标签，按照自己的需要编写查询语句。

第 1 步：提出问题

我们可以使用查询语句在 XBRL 数据库快速地搜索符合特定要求的公司和相似的标签。

问题 1：在 XBRL 子集搜索相似的标签，提出三个与之相关的问题。

问题 2：除了使用 SQL 查询语句，你还可以使用哪个工具来回答你在问题 1 中提出的三个问题？

我们将回答的问题包括：

1. 如何找出去年三月提交年报的大型加快披露公司？
2. 创建一个查询语句，找出所有包含"cash"的 XBRL 标签。

第 2 步：处理数据

XBRL 数据库本身是一个完整的、庞大的数据库。本案例提供的数据库子集数据量更少、更易于管理。下图描述了你将在 Access 数据库中分析的数据子集的数据库架构。如果你对此感兴趣，你可以在以下网站找到完整的数据库架构：http://arelle.org/wordpress/wp-content/uploads/2014/07/sql_diagram.png。

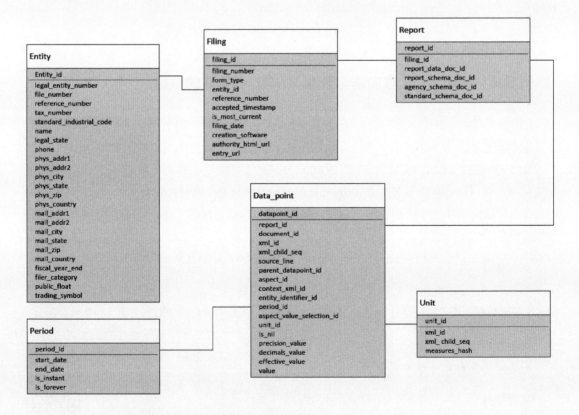

表 8-7 介绍了数据库中常用的表格及其相关描述。

表 8-7　表格说明

表头	描述
Entity（实体）	提交备案信息的企业的信息
Filing（备案）	备案相关信息
Report（报表）	联结备案相关信息和备案的具体内容
Period（期间）	时间信息
Unit（个体）	记录值的范围

问题 3：浏览数据库架构，确定你需要检索的数据所在的表格以回答我们在本案例中提出的两个问题。

第 3 步：执行分析

3. 在 Access 中，创建查询语句，找出大型加快披露公司⊖。
4. 对屏幕进行截图（将其命名为图 8-4A）。截图应包含输出结果最上面几行和界面右下角说明查询结果行数的信息。
5. 在 Access 中，创建查询语句，找出所有包含"cash"的标签。
6. 对屏幕进行截图（将其命名为图 8-4B）。截图应包含输出结果最上面几行和界面右下角说明查询结果行数的信息。

第 4 步：处理和优化结果

获得所有包含"cash"的标签后，我们可能会增加更多的查询要求。

7. 这一次，让我们进一步优化查询语句，查找以"cash"为开头的标签。
8. 对屏幕进行截图（将其命名为图 8-4C）。截图应包含输出结果最上面几行和界面右下角说明查询结果行数的信息。

问题 4：有关第一个问题提到的大型加快披露公司，你还想继续探究哪些问题？

问题 5：你认为你获得的含有"cash"的标签的数量是否合理？你对此有什么建议？你认为应该如何修改分类法？

⊖ 大型加速披露公司是截至最近的第二季度末，公众流通股市值超过 7 亿美元的美国上市企业。

推荐阅读

中文书名	原作者	中文书号	定价
会计学：企业决策的基础 （财务会计分册・原书第17版）	简R.威廉姆斯 （田纳西大学）	978-7-111-56867-4	75.00
会计学：企业决策的基础 （管理会计分册・原书第17版）	简R.威廉姆斯 （田纳西大学）	978-7-111-57040-0	59.00
会计学：企业决策的基础 （财务会计分册・英文原书第17版）	简R.威廉姆斯 （田纳西大学）	978-7-111-58012-6	99.00
会计学：企业决策的基础 （管理会计分册・英文原书第17版）	简R.威廉姆斯 （田纳西大学）	978-7-111-58011-9	85.00
管理会计（原书第14版）	雷H.加里森 （杨百翰大学）	978-7-111-55796-8	79.00
财务会计教程（原书第10版）	查尔斯 T.亨格瑞 （斯坦福大学）	978-7-111-39244-6	79.00
管理会计教程（原书第15版）	查尔斯 T.亨格瑞 （斯坦福大学）	978-7-111-39512-6	88.00
财务会计：概念、方法与应用（原书第14版）	罗曼 L. 韦尔	978-7-111-51356-8	89.00
会计学：教程与案例（管理会计分册原书第13版）	罗伯特N.安东尼 （哈佛大学）	978-7-111-44335-3	45.00
会计学：教程与案例（财务会计分册原书第13版）	罗伯特N.安东尼 （哈佛大学）	978-7-111-44187-8	49.00
亨格瑞会计学：管理会计分册（原书第4版）	特蕾西・诺布尔斯	978-7-111-55407-3	69.00
亨格瑞会计学：财务会计分册（原书第4版）	特蕾西・诺布尔斯	978-7-111-59907-4	89.00
会计学（原书第5版）	卡尔 S. 沃伦 （佐治亚大学）	978-7-111-53005-3	69.00
会计学基础（原书第11版）	莱斯利 K.布莱特纳	978-7-111-44815-0	39.00
公司理财（原书第11版）	斯蒂芬A.罗斯 （MIT斯隆管理学院）	978-7-111-57415-6	119.00
财务管理（原书第14版）	尤金F.布里格姆 （佛罗里达大学）	978-7-111-58891-7	139.00
高级经理财务管理：创造价值的过程（原书第4版）	哈瓦维尼 （欧洲工商管理学院）	978-7-111-56221-4	89.00

推荐阅读

中文书名	作者	书号	定价
税务会计与税务筹划（第6版）	王素荣（对外经济贸易大学）	978-7-111-57537-5	45.00
成本管理会计（第4版）	崔国萍（河北经贸大学）	978-7-111-58015-7	49.00
企业财务分析（第3版）	袁天荣（中南财经政法大学）	978-7-111-60517-1	45.00
成本会计	李玉周（西南财经大学）	978-7-111-59111-5	45.00
财务会计学	徐泓（中国人民大学）	978-7-111-55753-1	45.00
基础会计学（第2版）	潘爱玲（山东大学）	978-7-111-57991-5	39.00
基础会计学（第4版）	徐泓（中国人民大学）	978-7-111-60517-1	45.00
财务管理原理（第3版）	王明虎（安徽工业大学）	978-7-111-59375-1	45.00
财务管理专业英语（第3版）	刘媛媛（东北财经大学）	978-7-111-47499-9	30.00
管理会计：理论·模型·案例（第2版）	温素彬（南京理工大学）	978-7-111-46850-9	40.00
会计信息系统（第3版）	韩庆兰（中南大学）	978-7-111-54896-6	39.00
审计学（第2版）	叶陈刚（对外经济贸易大学）	978-7-111-50635-5	39.00
成本与管理会计（第4版）	赵书和（天津工业大学）	978-7-111-49580-2	39.00
海外投资税务筹划	王素荣（对外经济贸易大学）	978-7-111-59305-8	89.00
政府与非营利组织会计（第2版）	杨洪（武汉纺织大学）	978-7-111-54822-5	49.00
会计审计专业英语（第3版）	贺欣（中南财经政法大学）	978-7-111-51721-4	30.00
公司财务管理（第2版）	马忠（北京交通大学）	978-7-111-48670-1	69.00
公司财务管理案例分析	马忠（北京交通大学）	978-7-111-49470-6	55.00

推荐阅读

中文书名	原作者	中文书号	定价
公司理财（原书第11版）	斯蒂芬A.罗斯（MIT斯隆管理学院）	978-7-111-57415-6	119.00
公司理财（英文版·原书第11版）	斯蒂芬A.罗斯（MIT斯隆管理学院）	978-7-111-58856-6	145.00
公司理财（精要版·原书第10版）	斯蒂芬A.罗斯（MIT斯隆管理学院）	978-7-111-47887-4	75.00
公司理财精要（亚洲版）	斯蒂芬A.罗斯（MIT斯隆管理学院）	978-7-111-52576-9	59.00
公司理财（精要版·英文原书第10版）	斯蒂芬A.罗斯（MIT斯隆管理学院）	978-7-111-44907-2	99.00
公司理财习题集（第8版）	斯蒂芬A.罗斯（MIT斯隆管理学院）	978-7-111-32466-9	42.00
财务管理（原书第14版）	尤金F.布里格姆（佛罗里达大学）	978-7-111-58891-7	139.00
中级财务管理（原书第11版）	尤金F.布里格姆（佛罗里达大学）	978-7-111-56529-1	129.00
财务管理精要（亚洲版·原书第3版）	尤金F.布里格姆（佛罗里达大学）	978-7-111-57017-2	125.00
财务管理精要（英文版·原书第3版）	尤金F.布里格姆（佛罗里达大学）	978-7-111-57936-6	129.00
高级经理财务管理：创造价值的过程（原书第4版）	哈瓦维尼（欧洲工商管理学院）	978-7-111-56221-4	89.00
国际财务管理（原书第8版）	切奥尔·尤恩	978-7-111-60813-4	79.00
管理会计（原书第14版）	雷H.加里森（杨百翰大学）	978-7-111-55796-8	79.00
财务管理：以EXCEL为分析工具（原书第4版）	格莱葛W.霍顿	978-7-111-47319-0	49.00
投资学（原书第10版）	滋维·博迪	978-7-111-57407-1	149.00